HÜTTEN FERIEN-FÜHRER SKANDINAVIEN

HÜTTEN FERIEN-FÜHRER SKANDINAVIEN

Dänemark • Norwegen
Schweden • Finnland

Hütten · Bungalows · Ferienhäuser auf Campingplätzen

Drei Brunnen Verlag

Impressum

Konzeption	Emmerich Müller
Redaktion	Heidi Fischer, Jana Güttler, Sandra Lengwenus, Jochen Müller
Abbildungen	mauritius-images
Karten	cartomedia, Karlsruhe
Produktionsleitung	Thomas Müller

Die Redaktion bemüht sich, den Hütten-Ferien-Führer Skandinavien mit größter Gewissenhaftigkeit zu bearbeiten. Dennoch ist nicht auszuschließen, dass einzelne Daten unvollständig, fehlerhaft oder nicht mehr aktuell sein können. Deshalb kann der Verlag für die Richtigkeit der Informationen keine Gewähr übernehmen. Jegliche Haftung für fehlerhafte oder unvollständige Einträge wird ausgeschlossen. Anspruch auf die redaktionelle Erwähnung eines Platzes besteht nicht – auch nicht bei Erteilung eines Anzeigenauftrages.

Für das vom Auftraggeber für die Anzeigen zur Verfügung gestellte Bildmaterial übernimmt der Verlag keinerlei Haftung (insbesondere urheberrechtlicher, leistungsrechtlicher oder persönlichkeitsrechtlicher Art).

Titelfotos:
HENNE STRAND CAMPING
Henne Strand / Dänemark · www.hennestrandcamping.dk

Bibliografische Information Der Deutschen Bibliothek:

Die Deutsche Bibliothek verzeichnet diese Publikation in der Deutschen Nationalbibliografie; detaillierte bibliografische Daten sind im Internet über http://dnb.ddb.de abrufbar.

ISBN 978-3-7956-0312-0
4. Ausgabe 2009

www.drei-brunnen-verlag.de · E-Mail: mail@drei-brunnen-verlag.de

Printed in Germany 2009

Vorwort

Skandinavien liegt voll im Trend. Egal ob Urlaub in unberührter Natur oder am Meer mit schönen, nicht überlaufenen Stränden, an malerischen Seen oder bei reizvollen Städtetouren wie beispielsweise nach Kopenhagen, Oslo, Stockholm oder Helsinki - jeder kann sich seine individuellen Urlaubswünsche in Skandinavien erfüllen. Hinzu kommt, dass viele Campingplätze ihren Gästen inzwischen eine hervorragende Infrastruktur, umfangreiche Dienstleistungen sowie attraktive Sport- und Freizeitanlagen zur Verfügung stellen. Nicht nur »klassische« Camper mit eigenem Zelt, Caravan oder Wohnmobil profitieren von den komfortablen Einrichtungen. Immer mehr Touristen möchten ihren Urlaub in Hütten, Bungalows und Ferienhäusern genießen. Vor allem in den skandinavischen Ländern ist dies die klassische Urlaubsform. Um den steigenden Informationsbedarf zu diesem Ferienangebot zu decken, hat der Drei Brunnen Verlag den »Hütten-Ferien-Führer Skandinavien« konzipiert.

In kompakter Form stellt der handliche Reiseführer in seiner vollständig überarbeiteten 4. Auflage ca. 400 Campingplätze in Dänemark, Schweden, Finnland und Norwegen vor, die Campinghütten und Ferienhäuser vermieten. Neben aktualisierten Informationen zu den Mietunterkünften und Mietpreisen findet der interessierte Urlauber auch Auskünfte zu Platzausstattung, Öffnungszeiten, Lage sowie Service- und Freizeitangeboten. Übersichtskarten sowie allgemeine Angaben und Reisetipps zu den einzelnen Ländern ergänzen diese Campingplatzdaten.

Der »Hütten-Ferien-Führer Skandinavien« setzt die erfolgreiche Reihe der Touristik-Führer aus dem Drei Brunnen Verlag fort. Alle hier vorgestellten Anlagen sind auch im »ECC-Campingführer« mit 5.500 Campingplätzen in ganz Europa (davon über 600 in Skandinavien) beschrieben und enthalten alle wichtigen Daten für Camper (z.B. Stellplatzpreise). Ebenfalls eine ideale Ergänzung für die Urlaubsplanung bilden der »FKK-Reiseführer Europa« sowie der »Ferien-Bungalow-Führer«, der Mietunterkünfte auf Campingplätzen und in Feriendörfern in Frankreich, Spanien, Italien, Kroatien und Deutschland vorstellt. Wie diese Publikationen soll auch der »Hütten-Ferien-Führer« stetig wachsen und immer wieder neue Campingplätze mit Hütten- und Ferienhausangeboten vorstellen. Möge er Sie zu Ihrem Traumurlaub zwischen Meer, malerischen Seen und weitläufigen Waldgebieten im Licht der Mitternachtssonne führen!

Erholsame Urlaubstage wünscht Ihnen
Ihre Hütten-Ferien-Führer-Redaktion

Die Reservierung

Um unangenehme Überraschungen am Uralubsort zu vermeiden, sollten Sie sich einige Fragen stellen, bevor Sie eine Reservierung vornehmen. Beachten Sie bitte auch die Hinweise zu den Mietunterkünften in den einzelnen Ländern, die Sie in den allgemeinen Informationsteilen zu den jeweiligen Länderkapiteln finden:

- Grundsätzlich für die Hauptsaison rechtzeitig reservieren! In der Nebensaison können die Unterkünfte häufig auch kurzfristig für den nächsten Tag vorausgebucht werden, z. B. auf einer Rundreise.
- Was genau ist im Mietpreis inbegriffen und was nicht?
- Gibt es spezielle Pauschalangebote oder Ermäßigungen und zu welchen Jahreszeiten?
- Wird eine Anzahlung verlangt?
- Wird eine Reservierungsgebühr erhoben?
- Beschreibung der Unterkunft und ihrer Ausstattung beachten
- Lage der Wohnung (evtl. Ruhestörung durch Straße, Disco o. ä. bzw. Nähe zum Strand, Bad oder sonstigen Freizeitmöglichkeiten).
- Exakte Lage der Anlage. Wie weit ist es in die Stadt, ins Dorf, ans Meer, zu Geschäften und anderen Dienstleistungen?
- Welche Möglichkeiten zur Freizeitgestaltung befinden sich direkt vor Ort? Wird ein Animations- oder Unterhaltungsprogramm angeboten? Da für die meisten Skandinavien-Urlauber das Naturerlebnis im Vordergrund steht, spielen Animationsprogramme auf den Ferienanlagen eine eher untergeordnete Rolle. Für Kinder und Jugendliche werden aber zunehmend Aktivitäten angeboten.
- Welche Freizeitaktivitäten sind im Preis enthalten, für welche muss man extra bezahlen?
- Welche Kurse werden angeboten? Wann muss man reservieren?
- Wann sind Unterhaltungs- und Animationsangebote nur in begrenztem Umfang möglich (Vor- bzw. Nachsaison)?
- Welchen Service bietet die Anlage zusätzlich? Was kann alles ausgeliehen werden? Auf manchen Anlagen stehen Service-Einrichtungen wie Lebensmittelläden, Restaurants o. ä. nur in der Hauptsaison zur Verfügung. Viele skandinavische Campingplätze verleihen Bettwäsche und Handtücher, auch Sportgeräte wie Kanus, Kajaks, Ruderboote und Fahrräder.
- Sind Haustiere erlaubt? Wenn ja, werden Gebühren erhoben?
- Gibt es ärztliche Versorgung auf dem Platz oder in der Nähe?

Die Angebote rund um Service und Unterhaltung sind in den skandinavischen Ländern sehr unterschiedlich. Daher gilt: Je genauer Sie sich vor Buchung Ihrer Urlaubsreise informieren, desto angenehmer und schöner werden Sie Ihren Urlaub genießen können.

Die Länder

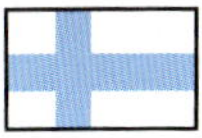

Dänemark **8**

Norwegen **98**

Schweden **146**

Finnland **210**

Gesamtregister **245**

Camping Card Scandinavia und Camping Card International

Die **Camping Card Scandinavia (CCS)** ist bei den nationalen skandinavischen Campingverbänden erhältlich und bietet viele Vorteile wie schnelleres Ein- und Auschecken, eine Unfallversicherung sowie Rabatte bei Campingaufenthalten und vielen Kooperationspartnern (Freizeitparks, Museen, Gastronomie, Fähren, Autovermietung etc.).
Die auf skandinavischen Camping-Clubplätzen obligatorische Karte kostet 2009 14.- €, muss mit einer Gültigkeitsmarke für das laufende Jahr versehen sein und gilt jeweils für eine Familie. Falls die Karte nicht mehr rechtzeitig zum Urlaubsbeginn eintrifft (Lieferzeit ca. 2-3 Wochen), stellen Campingplätze eine vorläufige Karte aus. Die CCS gilt auch in vielen anderen europäischen Ländern.
Die **Camping Card International (CCI)** wurde von den Verbänden AIT, FIA und FICC konzipiert, um den Check-in bei Campingplätzen schneller und einfacher zu gestalten. Die bei Automobil- und Campingclubs erhältliche CCI gilt ein bzw. 3 Jahre ab dem Ausstellungsdatum. Neben Rabatten auf vielen Campingplätzen beinhaltet die CCI eine Camping-Haftpflichtversicherung.
Infos zu Kartenpreis, -bestellung und nationalen Besonderheiten in den Texten über die Mietunterkünfte in den einzelnen Ländern!

Dänemark

Die Heimat des Märchendichters Hans Christian Andersen gehört zwar zu den kleinsten Ländern Europas, bietet jedoch eine außerordentliche landschaftliche und kulturelle Vielfalt. Mehr als zwei Drittel der Fläche des Landes wird von Jütland eingenommen, das auf einer Länge von ca. 67 km an Deutschland grenzt. Den nördlichsten Punkt der Halbinsel bildet Grenen bei Skagen, wo Nord- und Ostsee aufeinander treffen und mit ihren Strömungen die Sandbank immer wieder neu formen. Entlang der Ostseeküste reihen sich zahlreiche sehenswerte Städte aneinander. Grenaa bietet im »Kattegatcentret« die Möglichkeit, die Unterwasserwelt mit heimischen und exotischen Fischarten zu erleben. Århus, die zweitgrößte Stadt Dänemarks, lädt in seinem Freilichtmuseum »Den Gamble By«(»Die alte Stadt«) zu einer Reise durch die Geschichte ein. Horsens und Vejle, zwei moderne Städte mit internationalem Flair, liegen im Gebiet der »Grünen Lagune«, das durch seine landschaftliche Vielfalt mit Fjorden, Seen, Badestränden, Naturschutzgebieten und Hügeln bezaubert. Eine vielseitige Museumslandschaft und breit gefächerte Veranstaltungsprogramme machen die Städte zu Anziehungspunkten für Kulturfreunde. Die alte Festungsstadt Fredericia liegt direkt am Kleinen Belt, über den eine imposante Brücke nach Fünen führt. Die das Zentrum umgebende Wallanlage dient heute als Stadtpark, in dem alte Kanonen, Pulverkammern und Wachgebäude noch an ihren ursprünglichen Zweck erinnern. Der Madsby-Park bietet Freizeitmöglichkeiten für die ganze Familie, vom Spielplatz über die »Tarzanbahn« bis hin zum Tierpark. In der Nähe stellt »Den historiske Miniby« Fredericia anno 1849 dar. Das nur 30 Autominuten vom Legoland entfernte Kolding erwartet den Besucher

mit der ältesten Königsburg Jütlands, Koldinghus, und dem modernen Kunstmuseum Trapholt. Abenraa besitzt die mit 1,2 km längste Fußgängerzone Dänemarks, und auch abseits der Shoppingmeile gibt es im historischen Kern der Schiffs- und Seefahrerstadt mit ihren verwinkelten Gassen und malerischen Plätzen viel zu entdecken.

Die Region um Sønderborg wird auch als Garten Jütlands bezeichnet. Neben der einmaligen Atmosphäre der Hafenstadt lassen sich hier zahlreiche Möglichkeiten zur Freizeitgestaltung wie Radtouren, Wanderungen auf dem 74 km langen »Gendarmstien«, Boots- und Angelausflüge sowie die unterschiedlichsten Wassersportaktivitäten finden. Ganz im Südwesten Jütlands liegt das älteste dänische Städtchen, Tønder. Die Nordseeküste ist geprägt von kilometerlangen breiten Sandstränden und sanft geschwungenen Dünen. Das Meer, die Fjorde und Flüsse wie beispielsweise der Ribe sind von großer Bedeutung für die Bevölkerung und beheimaten eine artenreiche Flora und Fauna. Im Hinterland der Küste eröffnen sich weite Heidelandschaften. Malerische Städte wie Ribe und Ringkøbing mit ihren kopfsteingepflasterten Straßen und urigen Fachwerkhäusern laden zum Schlendern ein.

Östlich von Jütland liegt die durch einen Damm mit dem Festland verbundene die Insel Fyn (Fünen). In ihrem Zentrum befindet sich Odense, drittgrößte Stadt Dänemarks und Geburtsstadt Hans Christian Andersens. Der Märchendichter kehrte zeit seines Lebens immer wieder hierher zurück und weilte auch häufig auf einem der zahlreichen fünischen Schlösser und Herrensitze, beispielsweise auf Lykkesholm Slot und Glorup Slot. Selbst heute noch ist das märchenhafte Flair, welches Andersen dort zum Schreiben inspirierte, bei einem Besuch deutlich zu spüren. Neben Odense liegen auf Fyn zahlreiche weitere sehenswerte Hafen- und Seehandelsstädte, die zu einem Spaziergang durch ihre malerischen Gassen, vorbei an schmucken Häusern, einladen. Das »Grüne Herz« der Insel bildet das fünische Hochland (Hochfünen), das durch mächtige Hügelketten, tiefe Täler und idyllische Wälder beeindruckt und bei Rad- und Wandertouren oder mit der Draisine erlebt werden kann. Für »Petrijünger« bieten drei große Seen Chancen auf einen guten Fang. Ein Vogel- und ein Freizeitpark sind beliebte Ziele für Familien. Weitere Beispiele für die Schönheit der hiesigen Natur finden sich im Feuchtgebiet Brende Mølle Adål im Norden Fünens oder auf den vorgelagerten Inseln Drejø, Skarø und Hjortø. An der Küste Fünens locken überall herrliche Badestrände. Ein lohnendes Ziel für einen Fahrradurlaub ist die

Insel Ærø. Auf einer Länge von ca. 60 km führt eine Route entlang der Küste rund um die Insel, durch reizvolle Ortschaften und zu familienfreundlichen Stränden. Östlich von Ærø liegt Langeland, wo man Exmoor Ponys, kleine Wildpferde, auf Strandweiden an der rauen Küste von Klise Nors beobachten kann.

Die dänische Hauptstadt Kopenhagen befindet sich auf der größten Insel, Sjælland. Trotz des lebhaften Großstadttreibens konnte sich Kopenhagen sein gemütliches Flair erhalten, das man vor allem bei einem Spaziergang entlang des Nyhavn oder beim Flanieren über einen der großen Plätze und durch die weitläufigen Parks spüren kann. Weitere Oasen der Erholung sind die mitten in der Stadt gelegenen Bäder wie die »Copencabana« am Fischmarkt und das Hafenbad an der Islands Brygge. In den zahlreichen Museen wie dem Staatlichen Kunstmuseum oder in der dänischen Schatzkammer unter Schloss Rosenborg können nationale und internationale Kunstschätze bestaunt werden. Nicht nur die königliche Residenz Schloss Amalienborg im Stadtzentrum Kopenhagens, sondern auch viele Schlösser im Umland erinnern an die lange Tradition der weltweit ältesten Monarchie. Als Sommerresidenz der königlichen Familie dient Schloss Fredensborg. Im Park von Schloss Ledreborg finden alljährlich große Konzerte und Lifestyle-Ausstellungen statt. Das Hamlet-Schloss Kronborg in Helsingør ist heute als Museum eingerichtet. Für Kunst- und Kulturliebhaber hat nicht nur die Hauptstadt viel zu bieten, auch die Kleinstädte Seelands sind diesbezüglich einen Besuch wert. Der als UNESCO-Weltkulturerbe ausgezeichnete Dom von Roskilde dient als Grablege des Königshauses. Spannendes aus der Geschichte findet sich hier auch im Wikingerschiffsmuseum. Seelands größter Fischereihafen befindet sich in Gilleje. An Markttagen lohnt sich ein Abstecher nach Helsingør.

Wem nach Besichtigungen und Einkaufsbummel der Sinn nach Natur steht, kann rund um Kopenhagen die wunderschöne Landschaft auf Radwegen entlang der Küste und durch das bewaldete Hinterland erkunden. Ein reizvolles Ziel ist Gilbjerg Hoved, der höchste Punkt der Insel.

Südlich von Seeland schließen sich die Inseln Lolland-Falster und Møn an. Lolland-Falsters Bild ist von traumhaften weißen Sandstränden, stillen Wäldern und alten Provinzstädten geprägt. Møn beeindruckt vor allem durch seine imposante Kreidesteilküste (Møns Klint), aber auch hier finden sich lange Sandstrände, Vogelschutzgebiete, tiefe Wälder und geschützte Ödflächen.

Ein wahres Ferienparadies ist die Insel Bornholm, die man mit der Schnellfähre von Kopenhagen in unter drei Stunden erreicht. Der Sage nach entstand sie, als Gott mit der Schöpfung Skandinaviens fertig war und von allen schönen Dingen des Nordens noch etwas übrig hatte. Diese warf er in die Ostsee, und so entstand Bornholm. Dass Bornholm eine geologisch interessante Entstehungsgeschichte hat, zeigen die starken landschaftlichen Kontraste. Während es im Süden lange, weiße Sandstrände gibt, wird der Norden von steilen Felsküsten, tiefen Spalten-Tälern und rauschenden Wasserfällen beherrscht. In der Mitte der Insel finden sich malerische Waldseen und imposante Felspartien. Markant sind auch die vier Bornholmer Rundkirchen, alte Mühlen und prähistorische Grabhügel. Rückblicke in die Geschichte gewähren das Mittelalterzentrum Bornholm, die größte Burgruine Nordeuropas, Hammershus und die Festungsinsel Christiansø. Besuche im Schmetterlingspark Bornholm oder im Vergnügungspark Joboland sind Erlebnisse für die ganze Familie. Ein gut ausgebautes und markiertes Wander- und Radwegenetz ermöglicht ausgiebige Streifzüge quer über die Insel. Zum Königreich Dänemark gehören auch die nordwestlich von Schottland gelegenen Faröer-Inseln, deren Landschaft mit Fjorden, Buchten und hohen Bergen aufwartet. Die Städte und Dörfer am Meer bezaubern durch ihre bunten Holzhäuser. Die Färöer-Inseln sind Heimat für ungefähr 300 Vogelarten.

Auch die größte Insel der Welt, Grönland, gehört zum dänischen Staatsgebiet. In diesem Land voller Kontraste kann man Eis in all seiner Farbenpracht und fruchtbare, grüne Ebenen erleben. Der Winter bringt Kälte und Dunkelheit mit sich, in der die Nordlichter den Himmel strahlen lassen, während die Sommertage mit der Mitternachtssonne und ihrer herrlichen Vegetation nicht enden...

Dänemark auf einen Blick

Fläche: 43 000 km²

Einwohnerzahl:
5,3 Millionen

Landessprache: Dänisch

Währung:
1 Dänische Krone (DKK) = 100 Øre

Euro-Wechselkurs (Stand 11.02.09):
1 Euro (€) = 7,46 DKK

Campingplätze: ca. 500

Grenzübertritt Personen:
Pass/Personalausweis.

Grenzübertritt Haustiere:
EU-Heimtierausweis mit Impfung und Identitätskennzeichnung.
Einfuhr von Kampfhunden verboten.

Grenzübertritt Kraftfahrzeuge:
Führerschein. Zulassungsbescheinigung Teil 1. Internationale Grüne Versicherungskarte empfohlen.

Treibstoff:
Bleifrei 92 Oktan.
Bleifrei Super 95 Oktan.
Bleifrei Super Plus 98 Oktan.
Diesel.

Geschwindigkeitsbegrenzungen:
Pkw Straße: 80 km/h
Pkw Autobahn: 130 km/h
Caravan Straße: 70 km/h
Caravan Autobahn: 80 km/h
Wohnmobil bis 3,5 t: siehe Pkw.
Wohnmobil über 3,5 t: siehe Caravan.

Besondere Verkehrsbestimmungen:
Promillegrenze: 0,5 ‰.
Fahren mit Abblendlicht ist auch am Tage obligatorisch.

Straßengebühren:
Gebührenpflichtig sind die Brücke über den Großen Belt (Knudshoved-Halsskov) sowie die Tunnel-Brücken-Verbindung über den Øresund.

Polizei/Notruf: 112

MwSt: MOMS (inkl.)

Telefon-Vorwahl aus dem Ausland:
0045 + 8-stellige Teilnehmer-Nummer (keine Vorwahl!).

Mobiltelefon:
Telefonieren während der Fahrt ist nur mit Freisprechanlage erlaubt.

Automobil-Club:
FDM: Firsskovvej 32,
DK-2800 Lyngby.

Camping-Club:
DCU: Korsdalsvej 134,
DK-2605 Brøndby.

Touristik:
Turistinformationen:
Bernstorffsgade 1,
DK-1577 København.

Visit Denmark,
Glockengießerwall 2,
D-20095 Hamburg.
http://www.visitdenmark.com

Norwegen
Dänemark
Färöer Inseln
Steymoy
Eysturoy
Klakskiv
Bordoy
Leirvik
Sørvagur
Vagar
Thorshavn
Skalavik
Sandoy
Tværa
Sudhuroy
Vagur
Arendal
0
50 km
Skagerrak
Vänersborg
Uddevalla
Schweden Finnland
Lerum
Göteborg
Kungsbacka
Varberg
Kattegat
Anholt
Læsø
Skagen
Hirtshals
Hjørring
Frederikshavn
Sæby
Løkken
Brønderslev
Nørresundby
Aalborg
Hals
Hanstholm
Thisted
Fjerritslev
Limfjord
Løgstør
Nykøbing
Års
Hobro
Hadsund
Lemvig
Skive
Struer
Thorsminde
Holstebro
Viborg
Ulfborg
Herning
Randers
Fjellerup
Grenaa
Djursland
Silkeborg
Århus
Ebeltoft
Helgenæs
Ringkøbing
Hvide Sande
Dänemark
Skanderborg
Odder
Samsø
Nymindegab
Give
Grindsted
Horsens
Varde
Blåvand
Vejle
Fredericia
Kolding
Esbjerg
Fanø
Ribe
Rømø
Sylt
Haderslev
Assens
Fyn
Odense
Bogense
Kerteminde
Nyborg
Helnæs
Fåborg
Fynshav
Sønderborg
Als
Ærø
Langeland
Lohals
Bagenkop
Aabenraa
Tønder
Niebüll
Flensburg
Kalundborg
Holbæk
Roskilde
København
Helsingør
Hillerød
Helsingborg
Nykøbing S.
Frederikssund
Slagelse
Ringsted
Sjælland
Køge
Korsør
Næstved
Feddet
Vordingborg
Møn
Tårs
Nakskov
Maribo
Lolland
Rødbyhavn
Nykøbing F.
Falster
Gedser
Schleswig
Eckernförde
Husum
St.-Peter Ording
Kiel
Heide
Nord-Ostsee-Kanal
Neumünster
Puttgarden
Fehmarn
Travemünde
Cuxhaven
Brunsbüttel
Itzehoe
Glückstadt
Lübeck
Wismar
Deutschland
Allinge
Gudhjem
Svaneke
Rønne
Nexø
Bornholm
E 39
E 45
E 20
E 47
E 55
01
02
03
04
05
06
07
08

Mietunterkünfte in Dänemark

Das Angebot an Mietunterkünften auf Campingplätzen reicht von älteren, einfach ausgestatteten Hütten bis hin zu neuen Holzbungalows. Gesetzliche Regelungen, die bei Hütten eine Wohnfläche von mehr als 25 m² und den Einbau von Nasszellen verbieten, werden gelockert bzw. durch entsprechende Um- und Anbauten umgangen, so dass die oft am Rand der Campingplätze errichteten Holzhäuser zunehmend Ferienhausniveau erreichen.
Gästen in Hütten ohne Bad und WC stehen selbstverständlich die Sanitäranlagen des Campingplatzes zur Verfügung, auch können eigene Waschkabinen gemietet werden.
Die Camping Card International bzw. die Camping Card Scandinavia ist für einen Aufenthalt erforderlich. Da sich Hüttenurlaub immer größerer Beliebtheit erfreut, empfiehlt sich eine frühzeitige Reservierung. Bei der Buchung sollte man sich auch erkundigen, ob beispielsweise Bettwäsche mitgebracht werden muss oder vor Ort geliehen werden kann und ob Besteck und Küchenausstattung vorhanden sind.

Die Hütten werden in **fünf Kategorien (1-5)** eingeteilt, wobei die Kategorie 5 den höchsten Komfort aufweist. Die Kategorien werden auch in den Beschreibungen der Campingplätze genannt. In Fällen, in denen keine Kategorienangabe möglich war (z. B. auch Bungalows), sind die Ausstattungsmerkmale der Hütten in Ziffern verschlüsselt, deren Bedeutung auf der ausklappbaren Seite im hinteren Teil des Führers erläutert wird.

Kategorie 1

Diese Hütten sind mit dem Notwendigsten ausgestattet, d. h. es gibt Stromanschluss und Lampen sowie feste Bettstellen (Einzel- oder Etagenbetten). Die Zufahrt mit dem Pkw ist bequem möglich.

Kategorie 2

Über die Einrichtung in Kategorie 1 hinaus verfügen diese Hütten über eine (tragbare) Elektroheizung und eine einfache Kochgelegenheit. Ist keine Kochplatte vorhanden, erreicht man die Gemeinschaftsküche in einer Entfernung von max. 50 m.

Kategorie 3

Die Hütten sind isoliert und haben einen möblierten Freisitz. Eine fest installierte Elektroheizung sorgt auch an kühleren Tagen für angenehme Temperaturen. In der Miniküche stehen zwei Kochplatten und ein Kühlschrank zur Verfügung. Das Auto kann direkt an der Hütte geparkt werden.

Kategorie 4
Vor den gut isolierten Hütten gibt es eine überdachte und möblierte Terrasse. Die Küche ist mit fließend Wasser und Abfluss, Kochplatten, Kühlschrank, Kaffeemaschine sowie Kochgeschirr komplett eingerichtet. Farbfernseher, Bettzeug und Bettwäsche sowie Kinderstühle und -betten können gemietet werden (z. T. gegen Gebühr und auf Reservierung). Die Kategorie 4 wird nochmals untergliedert: Hütten der **Kategorie 4a** verfügen über WC und Waschbecken oder ein eigenes externes WC, Waschbecken und Dusche. Hütten der **Kategorie 4b** haben kein WC.

Kategorie 5
Diese besonders hochwertigen Hütten sind gut isoliert und mindestens 20 m² groß. Die voll überdachte, möblierte Terrasse ist mit einem Windschutz versehen. Schlaf- und Wohnbereich sind getrennt. Zur Kücheneinrichtung gehören fließend Warmwasser, ein Kühlschrank, ein Mini- oder Mikrowellenherd, Kochplatten, eine Kaffeemaschine sowie Geschirr und Küchengeräte. In allen Hütten ist ein Farbfernseher vorhanden. Auch bei Kategorie 5 gibt es eine weitere Unterscheidung: Hütten der **Kategorie 5a** haben eine Wohnfläche von mindestens 25 m² und verfügen über WC, Waschbecken und Dusche. Die mindestens 20 m² großen Hütten der **Kategorie 5b** verfügen über WC und Waschbecken.

Preise und Gebühren

Die Preise sind, falls nicht anders angegeben, in Landeswährung genannt. Alle Preise sind zusätzlich durch das Jahr ihrer Gültigkeit gekennzeichnet. Bei Anlagen ohne genauere Angaben sind die Preise direkt beim Campingplatz zu erfragen. Zu beachten ist, dass die Hauptsaisonpreise häufig auch für die Feiertage bzw. verlängerte Wochenenden gelten (Ostern, Pfingsten, Himmelfahrt, Mittsommer).

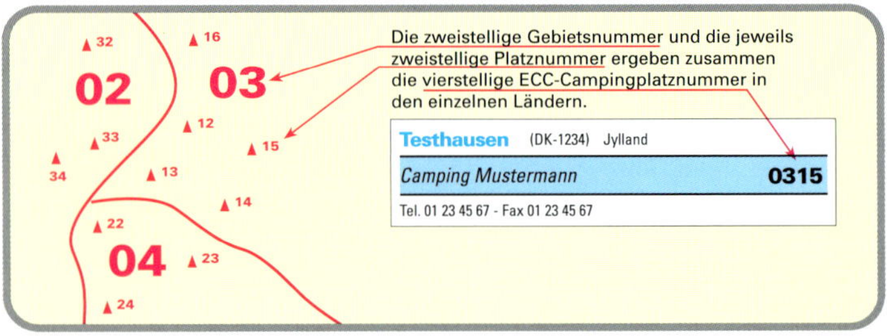

Rømø, Fanø, Als 01

Lakolk (DK-6792) Rømø

Lakolk Strand Camping 0110

GPS: N 55°8'41.4'' E 8°29'39.62''
Tel. 74 75 52 28 – Fax 74 75 53 52 – E-Mail: lakolk@c.dk
F 0.1 km
5 m, 160000m² – Geöffnet: 3.4. – 18.10. 12.00 – 14.00
➜ Über den Damm auf die Insel Rømø, geradeaus Richtung Meer. Beschildert. Ca. 6 km von Kongsmark
Hauptsaison: 4.7.–22.8. – (Preise 2009)
Hütten: 5 Hütten (20 qm, Kategorie 3) für 6 Pers. – HS 3750.– / NS 2814.– pro Woche
6 Hütten (23 qm, Kategorie 5a) für 6 Pers. – HS 4680.– / NS 3438.– pro Woche
Ausstattung: siehe Kategorie
Sonstiges: Preise incl. 4 Pers., Bettwäsche mitbringen oder mieten, Kinderbetten und -stühle reservieren
87 83 59 59 12 70 WC 8 6 16 A
0.5 km 0.5 km 0.5 km 6 km
1 km D GB Maestro

Toftum (DK-6792) Rømø ➳ ANN. 17

Rømø Familie Camping 0113

Vestervej 13 / GPS: N 55°9'45.31'' E 8°32'48.08''
Tel. 74 75 51 54 – Fax 74 75 64 18 – E-Mail: romo@romocamping.dk
F 1.8 km
5 m, 67000m² – Geöffnet: Ostern – 25.10.

DK

➜ Über den Damm auf die Insel Rømø, dort ca. 1 km nach Norden Richtung Juvre. Beschildert

Hauptsaison: 1.7.–24.8. – (Preise 2009 in Euro)
Hütten: 16 Hütten (15 qm, Kategorie 4b) für 4 Pers. – HS 428.– / NS 235.– pro Woche
16 Hütten (25 qm, Kategorie 5a) für 5-6 Pers. – HS 689.– / NS 359.– pro Woche
Ausstattung: siehe Kategorie
Sonstiges: zzgl. Endreinigung (27.–), Kinderbett und -hochstuhl incl., Bettwäsche und Handtücher mitbringen oder mieten (6.20)

8 25 25 20 20 8 40 WC 2 8

5 km 5 km 5 km 1 km 4 km

D GB VISA Maestro MasterCard

Havneby-Mølby (DK-6792) Rømø

Kommandørgårdens Camping **0115**

Havnebyvej 201 / GPS: N 55°5'54.85'' E 8°32'36.58''
Tel. 74 75 51 22 – Fax 74 75 59 22
E-Mail: info@kommandoergaarden.dk

F D K H 0.2 km

5 m, 110 000m² – Geöffnet: 1.1. – 31.12.

➜ Über den Damm auf die Insel Rømø, dort Straße 175 Richtung Havneby. Bei Mølby am Strand. Beschildert. Ca. 1,5 km nördlich Havneby
Hauptsaison: 3.7.–8.8. – RES notwendig – (Preise 2009)
Hütten: Hütten (16 qm) für 4 Pers. – HS 3895.– / NS 2895.– bis 3395.– pro Woche
Hütten (25 qm) für 4-5 Pers. – HS – 5295.– / NS 3695.– bis 4495.– pro Woche
Hütten (25+4.5 qm) für 6 Pers. – HS 5695.– bis 6995.– / NS 4295.– bis 5495.– pro Woche
Hütten (45 qm) für 6 Pers. – HS 6695.– / NS 4695.– bis 5395.– pro Woche
Sonstiges: In der HS nur wochenweise Vermietung ab Samstag, Bettwäsche mitbringen oder mieten (120.–), zzgl. Endreinigung (395.–)
71 71 24 24 12 60 WC 6 2 5
W A 2.5 km 2.5 km
2.5 km 2.5 km 2 km 0.3 km 2 km
D GB VISA Maestro Master Card

Nordby (DK-6720) Fanø

Tempo Camping 0120

Strandvejen 34 / GPS: N 55°26'17.69'' E 8°23'12.87''
Tel. 75 16 22 51 – Fax 75 16 12 51 – E-Mail: tempo-camping@mail.dk
F D H 0.1 km
6 m, 50000m² – Geöffnet: 15.5. – 15.9.
➜ An der Straße Richtung Fanø Vesterhavsbad, ca. 1 km vom Ortszentrum
Hauptsaison: 16.6.–18.8. – RES notwendig – (Preise 2008)
Hütten: 15 Hütten (15-20 qm) für 4 Pers. – HS 120.– / NS 65.– bis 75.– pro Nacht
7 Hütten (25 qm) für 4 Pers. – HS 120.– / NS 75.– pro Nacht
Ausstattung: 1, 6, 7, 8, 9, 10, 11, 12, 16, 18, 19, 21, 22 (je nach Unterkunft)
Sonstiges: Preise zzgl. Übernachtungsgebühr – HS / NS Erw. 65.–, Kind 33.– pro Nacht, zzgl. Stromgebühren (21.–), Bettwäsche mitbringen, in der HS nur wochenweise Vermietung
4 4 41 41 19 19 6 30 WC 2 12
0.8 km 0.8 km 0.8 km 1 km 1 km
1 km 1 km 1 km 1 km 1 km 1 km 0.8 km
0.5 km 0.8 km D GB

Bei der Buchung sollte man sich über die Ausstattung der Hütten mit Besteck, Geschirr, Küchengeräten etc. genau informieren! Häufig können Bettwäsche und Handtücher gemietet werden.

Rindby (DK-6720) Fanø

Feldberg Familie Camping 0130a

Kirkevejen 5 / GPS: N 55°25'43.7'' E 8°23'30.38''
Tel. 75 16 36 80 – E-Mail: familie@feldbergcamping.dk

F D 0.1 km

5 m, 70 000m² – Geöffnet: 3.4. – 18.10.

➜ Von der Fähre Straße Richtung Sønderho, abzweigen Richtung Rindby Strand. Ca. 1 km südlich Nordby

Hauptsaison: 11.7.–9.8. – RES notwendig – (Preise 2009)

Hütten: 18 Hütten (10-20 qm, Kategorie 3) für 4 Pers. – HS 1900.– bis 2725.– / NS 1500.– bis 2350.– pro Woche

11 Hütten (15-24 qm, Kategorie 4a und 4b) für 2-6 Pers. – HS 2900.– bis 3650.– / NS 1900.– bis 2950.– pro Woche

2 Hütten (Kategorie 5a) – HS 4950.– / NS 2950.– bis 3950.– pro Woche

Ausstattung: siehe Kategorie

Sonstiges: Kissen, Decken und Bettwäsche mitbringen oder mieten (Reservierung), in der HS meist nur wochenweise Vermietung

20 45 44 24 24 14 50 WC 3 2 12

W A 0.9 km 0.3 km 0.6 km 3 km

1 km 0.6 km 0.6 km 0.6 km 1 km 1 km 5 km

2 km 2 km 0.5 km 1 km 0.1 km 0.5 km

D GB

DK

Rindby (DK-6720) Fanø

Rødgård Camping 0130b

Kirkevejen 13 / GPS: N 55°25'31.64'' E 8°23'27.89''
Tel. 75 16 33 11 – Fax 75 16 33 12 – E-Mail: 1@rodgaard-camping.dk

F D 0.1 km

4 m, 60 000m² – Geöffnet: Ostern – 15.9. 12.00 – 14.00

➜ Von der Fähre Straße Richtung Sønderho, abzweigen Richtung Rindby Strand. Ca. 500 m außerhalb des Ortes

Hauptsaison: 25.6.–31.8. – RES notwendig – (Preise 2008)

Hütten: 5 Hütten (10 qm, Kategorie 3) für 2 Pers. – HS / NS 275.– pro Nacht

6 Hütten (15 qm, Kategorie 4b) für 4 Pers. – HS / NS 450.– pro Nacht

7 Hütten (25 qm, Kategorie 5a) für 4 Pers. – HS 4500.– bis 5000.– / NS 4500.– pro Woche

Ausstattung: siehe Kategorie

Sonstiges: bei Kategorie 4b und 5a gilt 1 Woche Mindestmietzeit, Anreise sonntags

4 40 40 22 22 4 40 3 10
1 km 2 km 1 km 3 km
2 km 3 km 2 km 1 km 3 km 0.5 km 1 km
0.1 km (D) (GB)

Sydals-Sønderby/Kegnæs (DK-6470) Als

Sønderby Strand Camping 0175

Sønderbygade 4-6 / GPS: N 54°51'56.2'' E 9°53'30.29''
Tel. 74 40 53 13 – Fax 74 40 55 13 – E-Mail: info@aukschun.dk

F E D (H) 0.5 km

1 m, 26000m² – Geöffnet: 1.4. – 3.10. 12.30 – 14.30

➜ Straße 427, über Skovby auf die Halbinsel Kegnæs, immer weiter bis Sønderby

Hauptsaison: 27.6.–22.8. – RES notwendig – (Preise 2009)
Hütten und Bungalows: 4 Hütten (20 qm, Kategorie 3) für bis zu 6 Pers. – HS 2500.– bis 2900.– (je nach Belegung) pro Woche / NS 350.– bis 450.– pro Nacht
Bungalows (60 qm) – HS 3600.– / NS 2200.– bis 2500.– pro Woche
Bungalows (40 qm) – HS 2900.– / NS 2000.– bis 2200.– pro Woche
Ausstattung: Hütten siehe Kategorie, Bungalows 1, 4, 5, 6, 7, 8, 9, 10, 11, 12, 13, 14, 15, 16, 18, 19, 21, 22, 23, 24
Sonstiges: Bettwäsche mitbringen oder mieten, in der HS nur wochenweise Vermietung

6 18 18 6 6 4 17 2 5
W 8 km
(D) (GB) VISA Maestro MasterCard

Sydals-Skovby (DK-6470) Als

Drejby Strandcamping 0180b

Kegnæsvej 85 / GPS: N 54°51'39.48'' E 9°59'56.4''
Tel. 74 40 43 05 – Fax 74 40 49 73 – E-Mail: info@drejby.dk

F D (H) 0.2 km

10 m, 100000m² – Geöffnet: Ostern – 22.10.

➜ Straße 427 Sønderborg – Skovby – Kegnæs. Vor dem Dammübergang nach Kegnæs links. Ca. 2 km südlich Skovby

Die Camping Card Scandinavia bzw. Camping Card International ist für einen Hütten- und Campingurlaub in Dänemark unentbehrlich. Eine kurze Zusammenfassung finden Sie auf S. 7.

Hauptsaison: 12.7.–9.8. – (Preise 2009 in Euro)
Hütten: 21 Hütten (20+7 qm, Kategorie 4b) für 6 Pers. – HS 552.– / NS 345.– bis 414.– pro Woche
19 Hütten (20+7 qm, Kategorie 4a) für 6 Pers. – HS 621.– / NS 414.– bis 483.– pro Woche
Ausstattung: siehe Kategorie
Sonstiges: Preise incl. 4 Pers., Bettwäsche mitbringen, Übernachtungsgebühr für zus. Pers. – HS / NS 6.25 pro Nacht
40 70 70 75 75 60 WC
W A
D GB

Südjütland
Le Jutland du Sud
South Jutland
02

Kruså-Kollund (DK-6340) Jylland

FDM-Camping Kollund **0211b**

Fjordvejen 29A / GPS: N 54°50'44.2'' E 9°28'0.84''
Tel. 74 67 85 15 – Fax 74 67 83 85 – E-Mail: c-kollund@fdm.dk

F E

20 m, 36000m² – Geöffnet: 3.4. – 27.9. 12.30 – 14.30
➜ E 45, Ausfahrt 75, Straße 8 Richtung Sønderborg, hinter Kruså abzweigen nach Kollund. Östlich des Ortes
Hauptsaison: 27.6.–15.8. – (Preise 2009)
Hütten: Hütten (12.5 qm, Kategorie 3) für 5 Pers. – HS 3300.– / NS 2300.– pro Woche
Hütten (25 qm, Kategorie 5a) für 5 Pers. – HS 4450.– / NS 3050.– pro Woche
Ausstattung: siehe Kategorie
Sonstiges: Bettwäsche mitbringen
28 28 10 10 6 28 WC 8
0.2 km D GB AE

Rinkenæs bei Gråsten (DK-6300) Jylland

Lærkelunden Camping **0214**

Nederbyvej 17-25 / GPS: N 54°54'3.09'' E 9°34'15.14''
Tel. 74 65 02 50 – Fax 74 65 02 25 – E-Mail: info@laerkelunden.dk

F E H 0.3 km

1 m, 50000m² – Geöffnet: 1.4. – 18.10.

DK

➜ Straße 8. Am östlichen Ortsrand zum Meer abzweigen. Beschildert
Hauptsaison: 28.6.–10.8. – (Preise 2009)
Hütten: Hütten (9 qm, Kategorie 3) – HS / NS 210.– pro Nacht
Hütten (25 qm, Kategorie 5a) – HS 475.– / NS 350.– pro Nacht
Hütten (25 qm, Kategorie 5a) – HS 575.– / NS 450.– pro Nacht
Ausstattung: siehe Kategorie
Sonstiges: Preise zzgl. Übernachtungsgebühr – HS / NS Erw. 85.–, Kind (bis 11 J.) 55.– pro Nacht, Wasser incl., zzgl. Strom (3.75.–/kWh)
35 35 35 25 25 14 39 WC 2
12 1 km
1 km 2 km 2 km 3 km D GB VISA Master Card

Haderslev-Diernæs (DK-6100) Jylland

Vikær-Diernæs Strandcamping 0228c

Dundelum 29 / GPS: N 55°8'59.73'' E 9°29'45.95''
Tel. 74 57 54 64 – Fax 74 57 62 08 – E-Mail: info@vikaercamp.dk
F E D
H 0.5 km
5 m, 155000m² – Geöffnet: 8.4. – 18.10.
➜ Straße 170 Aabenraa – Haderslev, in Hoptrup abzweigen, über Diernæs nach Vikær. Ca. 10 km von Haderslev
Hauptsaison: 29.6.–10.8. – (Preise 2009)
Hütten:
20 Hütten (16 qm, Kategorie 3) für 4 Pers. – HS 385.– / NS 285.– pro Nacht
9 Hütten (25 qm, Kategorie 5a) für 6 Pers. – HS 5000.– pro Woche / NS 500.– bis 700.– pro Nacht
Ausstattung: siehe Kategorie
Sonstiges: Bettwäsche, Handtücher, Geschirrtücher, Reinigungsmittel mitbringen, zzgl. Endreinigung (Hütten Kategorie 3 – 200.–, Kategorie 5a – 250.– oder selbst durchführen), bei Hütten Kategorie 5a zzgl. Stromgebühr, Vermietung der Hütten Kategorie 5a in der HS nur wochenweise ab Samstag
2 47 47 32 32 19 53 WC 2 17
TV W A 0.5 km
5 km D GB VISA Maestro AE Master Card

Haderslev-Årøsund (DK-6100) Jylland

Gammelbro Camping Årøsund 0235

Gammelbrovej 70 / GPS: N 55°15'0.81'' E 9°42'41.36''
Tel. 74 58 41 70 – Fax 74 58 47 25 – E-Mail: info@gammelbro.dk
F E D H 0.8 km
5 m, 230000m² – Geöffnet: Ostern – Mitte Oktober

➜ Von Haderslev Straße Richtung Årøsund. Ca. 1 km südlich des Ortes
Hauptsaison: 28.6.–24.8. – (Preise 2009)
Hütten: 10 Hütten (14+7.5 qm, Kategorie 3) für 4 Pers. – HS 475.– / NS 275.– pro Nacht
10 Hütten (20+7.5 qm, Kategorie 4b) für 4 Pers. – HS 575.– / NS 375.– pro Nacht
4 Hütten (24+7.5 qm, Kategorie 5a) für 7 Pers. – HS 700.– / NS 475.– pro Nacht
Ausstattung: siehe Kategorie
Sonstiges: Preise incl. aller Pers. und Strom, zzgl. Warmwasserverbrauch, zzgl. Endreinigung (200.–), Kissen, Decken und Bettwäsche mitbringen
34 116 116 46 46 25 95 WC 9 6
40 W 1 km
1 km D GB VISA Maestro AE MasterCard

Hejlsminde (DK-6094) Jylland

Hejlsminde Strand Camping **0246**

Gendarmvej 3 / GPS: N 55°22'5.43'' E 9°36'2.88''
Tel. 75 57 43 74 – Fax 75 57 46 26
E-Mail: info@hejlsmindecamping.dk
F E D 0.1 km
20 m, 33 000 m² – Geöffnet: Ostern – 15.9.
➜ E 45, Ausfahrt 66 Christiansfeld. Über Christiansfeld nach Hejlsminde. Am Ortsrand, ca. 400 m vom Zentrum
Hauptsaison: 27.6.–8.8. – RES notwendig – (Preise 2009)
Hütten und Mietwohnwagen: 1 Hütte (Kategorie 3) für 4 Pers. – HS 460.– / NS 375.– pro Nacht
Mietwohnwagen für 4-5 Pers. – HS 700.– / NS 550.– pro Nacht
Ausstattung: siehe Kategorie
13 21 21 18 18 11 25 WC 3 8
W 0.5 km 0.5 km
0.5 km D GB VISA Maestro MasterCard

DK

Grønninghoved (DK-6093) Jylland

Grønninghoved Strand Camping **0250**

Mosvigvej 21 / GPS: N 55°24'41.2'' E 9°35'30.91''
Tel. 75 57 40 45 – Fax 75 57 43 45 – E-Mail: info@gronninghoved.dk
F E D 4.0 km
6 m, 60 000 m² – Geöffnet: Ostern – 15.9.
➜ Straße 170 Kolding – Haderslev, abzweigen über Sjølund und Grønninghoved nach Grønninghoved Strand. Ca. 4 km östlich Sjølund

Hauptsaison: 27.6.–10.8. und Pfingsten – (Preise 2009)
Hütten: 5 Hütten (10/16 qm, Kategorie 3) – HS / NS 275.– bis 475.– pro Nacht
Ausstattung: siehe Kategorie
Sonstiges: Preise incl. 4 Pers.

40 45 45 23 23 18 44 4 2 14 0.1 km 5 km 4 km D GB

Bjert-Binderup Strand (DK-6091) Jylland

Stensager Strand Camping 0260

Oluf Ravnsvej 16 / GPS: N 55°25'11.29'' E 9°35'15.67''
Tel. 75 57 22 31 – Fax 75 57 21 84 – E-Mail: info@stensagercamping.dk

F E D

6 m, 60000m² – Geöffnet: 3.4. – 13.9.

→ E 45, Ausfahrt 65 Kolding-Süd, Richtung Kolding. Bei der 4. Ampel abzweigen Richtung Skamling, über Sønder Bjert und Binderup. Hinter Binderup abzweigen Richtung Binderup Strand. Ca. 6 km von Bjert

Hauptsaison: 28.6.–9.8. – RES notwendig – (Preise auf Anfrage)
Hütten: 2 Hütten (11 qm, Kategorie 2) für 4-5 Pers.
5 Hütten (15 qm, Kategorie 3) für 4-5 Pers.
Ausstattung: siehe Kategorie
Sonstiges: Zuschlag bei Belegung ab 5. Pers., Bettwäsche mitbringen

25 34 34 22 22 13 34 3 7 2 km 0.5 km 0.1 km 0.2 km 0.2 km 0.2 km 0.2 km 0.2 km 5 km 2 km D GB

Sønder Stenderup (DK-6092) Jylland

Gammel Ålbo Camping 0261

Gammel Ålbovej 30 / GPS: N 55°28'4.26'' E 9°40'47.74''
Tel. 75 57 11 16 – Fax 75 57 10 98 – E-Mail: camping@gl-aalbo.dk

F E D

5 m, 22000m² – Geöffnet: 1.1. – 31.12.

→ E 45, Ausfahrt 65 Kolding-Süd, Richtung Sønder Stenderup. Von Sønder Stenderup Richtung Gammel Ålbo, diesem Weg folgen bis zum Meer

! Die Hütten auf dänischen Campingplätzen werden je nach Ausstattung und Komfort in 5 Kategorien eingeteilt. Detaillierte Informationen hierzu finden Sie zu Beginn des Dänemark-Teils.

RES notwendig – (Preise 2009)
Hütten: 3 Hütten (16-19 qm, Kategorie 3) für 6 Pers. – HS / NS 455.– pro Nacht (incl. 4 Pers.)
11 Hütten (25 qm, Kategorie 5a) für 6-8 Pers. – HS / NS 550.– pro Nacht (incl. 2 Pers.)
Ausstattung: siehe Kategorie
Sonstiges: Übernachtungsgebühr ab 3./5. Pers., bei Kategorie 3 Strom und Wasser incl., bei Kategorie 5a zzgl. Strom nach Verbrauch, Bettwäsche (bei Kategorie 3 auch Kissen und Decken) sowie Hand- und Geschirrtücher mitbringen, zzgl. Endreinigung (200.– / 300.–)

3 11 11 7 7 12 WC
8 km 4 km 8 km
D GB VISA Maestro MasterCard

Kolding (DK-6000) Jylland

Kolding City Camp **0265**

Vonsildvej 19 / GPS: N 55°27'49.3'' E 9°28'27.8''
Tel. 75 52 13 88 – Fax 75 52 45 29 – E-Mail: info@koldingcitycamp.dk

F E H 0.1 km
14 m, 40000 m² – Geöffnet: 1.1. – 31.12.
➜ E 45, Ausfahrt 65 Kolding-Süd, Richtung Kolding. Straße 170 Richtung Vonsild (700 m). Ca. 3 km südlich Kolding
Hauptsaison: 10.7.–15.8. – RES empfohlen – (Preise 2009)
Hütten: 12 Hütten (15 qm, Kategorie 3) für 4 Pers. – HS 475.– / NS 395.– bis 425.– pro Nacht
Hütte (17 qm) für 4 Pers. – HS 575.– / NS 450.–
17 Hütten (25 qm, Kategorie 5a) für 6 Pers. – HS 975.– / NS 650.– bis 795.– pro Nacht
Übernachtungshütte (8 qm) für 4 Pers. – HS 450.– / NS 395.–
Ausstattung: siehe Kategorie
Sonstiges: Bettwäsche und Handtücher mitbringen oder mieten (50.–), zzgl. Endreinigung (250.– oder selbst durchführen)

16 25 25 8 8 4 16 WC 2 2 4
W 0.5 km 3 km 3 km 5 km 3.5 km
3.5 km 3 km S 3.5 km 5 km S 5 km 5 km 5 km
3 km 3 km 5 km 6 km 3 km
D GB F NL VISA MasterCard

Esbjerg Vest-Hjerting (DK-6710) Jylland

Sjelborg Camping **0275a**

Sjelborg Strandvej 11 / GPS: N 55°32'36.93'' E 8°20'21.08''
Tel. 75 11 54 32, 75 11 52 25 – Fax 76 13 11 32
E-Mail: sjelborg@mail.tele.dk

DK

H 0.2 km

20 m, 100000m² – Geöffnet: 4.4. – 20.9.

➜ Von Esbjerg auf der Küstenstraße über Hjerting nach Sjelborg. Beschildert. Nördlich des Ortes

Hauptsaison: 4.4.–20.9. – RES notwendig – (Preise 2009 in Euro)
Hütten: 12 Hütten (20 qm, Kategorie 4b) für 6 Pers. – HS / NS 32.– bis 36.– pro Nacht
Ausstattung: siehe Kategorie
Sonstiges: Preise zzgl. Übernachtungsgebühr – HS / NS Erw. 9.50, Kind (0-11 J.) 5.– pro Nacht, zzgl. Stromgebühr, Kissen und Decken mitbringen, Bettwäsche mieten oder mitbringen

17 5 52 28 23 23 8 51 WC 8

0.6 km 0.6 km 0.6 km 0.6 km 0.6 km 0.6 km 0.6 km 0.6 km 0.6 km D GB F

Esbjerg (DK-6710) Jylland

Ådalens Camping 0275b

Gudenåvej 20 / GPS: N 55°30'46.51'' E 8°23'21.13''
Tel. 75 15 88 22 – E-Mail: info@adal.dk

F E D

H 0.3 km

5 m, 70000m² – Geöffnet: 1.1. – 31.12.

➜ Von Esbjerg Küstenstraße Richtung Hjerting, beschilderter Abzweig. Ca. 5 km nördlich Esbjerg

Hauptsaison: 1.7.–15.8. – RES notwendig – (Preise 2008 in Euro)
Hütten: Standardhütten (Kategorie 3) für 4-5 Pers. – HS / NS 30.61 pro Nacht
Hütte für 2 Pers. – HS / NS 17.– pro Nacht
Ausstattung: siehe Kategorie
Sonstiges: Preis zzgl. Übernachtungsgebühr – HS / NS Erw. 8.30, Kind (1-11 J.) 4.50 pro Nacht, zzgl. Umweltgebühr (1.36 pro Pers.), incl. Strom und Wasser

27 2 35 35 20 20 6 35 WC 3

A 0.5 km 2 km 3 km 4 km 3 km 3 km 5 km 5 km

D GB VISA Maestro AE MasterCard

Ribe (DK-6760) Jylland

Ribe Camping 0280

Farupvej 2 / GPS: N 55°20'34.81'' E 8°45'49.74''
Tel. 75 41 07 77 – Fax 75 41 00 01 – E-Mail: info@ribecamping.dk

F E 0.2 km

1 m, 60000m² – Geöffnet: Ostern – 2.10. 12.00 – 14.00

→ Straße 11 Tønder – Varde bis Ribe. Ca. 1,5 km außerhalb des Ortes, an der Straße Richtung Farup. Beschildert

Hauptsaison: 27.6.–15.8. – RES empfohlen – (Preise 2009 in Euro)
Hütten: 8 Hütten (Kategorie 2) für 4 Pers. – HS 30.35 / NS 24.14 bis 28.97 pro Nacht
12 Hütten (20 qm, Kat. 3) für 4-5 Pers. – HS 44.14 / NS 37.93 bis 42.76 pro Nacht
8 Hütten (25 qm, Kat. 5a) für 4-6+2 Pers. – HS 744.83 bis 882.76 / NS 400.– bis 675.87 pro Woche
Hütte (Kat. 5a) für 4+2 Pers. – HS 813.80 bis 951.73 / NS 482.76 bis 758.62 pro Woche
Ausstattung: siehe Kategorie
Sonstiges: Preise bei Kat. 2 und 3 zzgl. Übernachtungsgebühr, zzgl. Stromgebühr (4.69), zzgl. Endreinigung (10.35 / 24.14), Preise bei Kat. 5a zzgl. Übernachtungsgebühr ab 5. Pers., zzgl. Stromgebühr, zzgl. Endreinigung (48.28), in der HS nur wochenweise Vermietung

10 11 32 32 21 21 15 28 WC 4 2
16 TV 1.5 km 1.5 km 1.5 km
1.5 km 5 km 1.5 km D GB VISA Maestro Master Card

DK

Mitteljütland
Le Jutland Central
Central Jutland

03

Fredericia-Trelde Næs (DK-7000) Jylland

MyCamp Trelde Næs 0302

Trelde Næsvej 297 / GPS: N 55°37'29.54'' E 9°49'57.86''
Tel. 75 95 71 83 – Fax 75 95 75 78 – E-Mail: trelde@mycamp.dk

F E 0.1 km

30 m, 100000m² – Geöffnet: 1.1. – 31.12.

→ Straße 28 Fredericia – Vejle, abzweigen über Trelde nach Trelde Næs. Beschildert. Ca. 8 km nördlich Fredericia

Im Internet unter www.ecc-campingfuehrer.de finden Sie Links zu hunderten von Campingplätzen in ganz Europa. Viele von ihnen bieten auch Mietunterkünfte an.

Hauptsaison: 19.7.–1.8. – (Preise 2009)
Hütten: 8 Hütten (15 qm, Kategorie 3) für 4 Pers. – HS 4500 / NS 2000.– bis 3000.– pro Woche
4 Hütten (20 qm, Kategorie 3) für 4-6 Pers. – HS 5100.– / NS 2500.– bis 4000.– pro Woche
35 Hütten (25 qm, Kategorie 5a) für 6 Pers. – HS 6300.– / NS 3000.– bis 5500.– pro Woche
Ausstattung: siehe Kategorie
Sonstiges: Bettwäsche mitbringen
9 100 100 22 22 22 46 WC 5 3
40 W
S 7 km 7 km
D GB VISA Maestro Master Card

Børkop-Gårslev (DK-7080) Jylland

Mørkholt Strand Camping 0304

Hagenvej 105B / GPS: N 55°39'19.89'' E 9°43'34.52''
Tel. 75 95 91 22 – Fax 75 95 91 44 – E-Mail: info@morkholt.dk
F H 0.8 km
1 m, 77000m² – Geöffnet: 1.1. – 31.12. 12.00 – 14.00
➜ Straße 28 Vejle – Fredericia, abzweigen über Gårslev nach Mørkholt
Hauptsaison: 26.6.–14.8. – RES notwendig – (Preise 2009)
Hütten: Hütten (15-20 qm) für 5-6 Pers. – HS 540.– bis 640.– / NS 340.– bis 540.– pro Nacht (je nach Größe und Ausstattung)
Hütten (Kategorie 5a) für 6 Pers. – HS 800.– / NS 600.– bis 700.– pro Nacht
Ausstattung: Kategorie 3, 4b
Sonstiges: Preise incl. aller Pers., Strom, Bad und Pool, Bettwäsche mitbringen
20 2 40 40 18 18 35 WC 3
W D GB VISA Maestro Master Card

Stouby (DK-7140) Jylland

Løgballe Camping 0309

Løgballevej 12 / GPS: N 55°42'25'' E 9°50'36.7''
Tel. 75 69 12 00 – E-Mail: camping@logballe.dk
F E H 0.7 km
60 m, 45000m² – Geöffnet: 3.4. – 4.10. 12.00 – 14.30
➜ E 45, Ausfahrt 59, Straße 23 Richtung Juelsminde. Ca. 3 km hinter Stouby, hinter Hyrup abzweigen. Beschildert. Ca. 10 km von Juelsminde

Hauptsaison: 29.6.–16.8. – RES notwendig – (Preise 2009)
Hütten und Bungalows: Hütten (12-16 qm, Kategorie 3) für 4-6 Pers. – HS 2600.– bis 3610.– / NS 1900.– bis 2560.– pro Woche (je nach Größe und Belegung)
4 Bungalows (25 qm, Kategorie 5a) für 6 Pers. – HS 5010.– / NS 4100.– pro Woche
Ausstattung: siehe Kategorie
Sonstiges: Anzahlung erforderlich (650.–), Decken, Kissen und Bettwäsche mitbringen

12 23 12 8 8 8 19 WC 2 2 4
1 km 3 km 5 km 3 km 8 km
(D) (GB) VISA Maestro Master Card

Vejle (DK-7100) Jylland

Vejle City Camping 0310

Helligkildevej 5 / GPS: N 55°42'52.86'' E 9°33'45.64''
Tel. 75 82 33 35 – Fax 75 82 33 54 – E-Mail: vejlecitycamping@mail.dk

F E D

20 m, 30 000m² – Geöffnet: Ostern – 2.10.

→ E 45, Ausfahrt 60, Richtung Vejle / Stadion. Beschildert. Ca. 2 km nördlich des Ortszentrums

Hauptsaison: 12.6.–15.8. – RES empfohlen – (Preise 2009)
Hütten: 2 Hütten (12 qm, Kategorie 3) für 4 Pers. – HS 2995.– / NS 2595.– pro Woche
13 Hütten (25 qm, Kategorie 5a) für 5 Pers. – HS 4495.– / NS 3895.– pro Woche
Ausstattung: siehe Kategorie
Sonstiges: Bettwäsche mitbringen

2 28 28 8 8 3 20 WC 6
1.5 km 1.5 km 2 km 2 km 4 km 1 km 0.2 km
(D) (GB) VISA Master Card

Jelling (DK-7300) Jylland

Fårup Sø Camping 0311a

Fårupvej 58 / GPS: N 55°44'9.88'' E 9°25'3.29''
Tel. 75 87 13 44 – Fax 75 87 03 44 – E-Mail: faarup-soe@dk-camp.dk

F E (H) 1.8 km

40 m, 80 000m² – Geöffnet: 4.4. – 30.8. 12.00 – 14.00

→ Straße 28 Vejle – Billund, abzweigen über Jennum nach Fårup Sø. Ca. 2 km von Jelling

DK

Hauptsaison: 13.6.–18.8. – RES empfohlen – (Preise 2009)
Hütten: 12 Hütten (Kategorie 3) für 4 Pers. – HS 450.– bis 550.– / NS 375.– bis 475.– pro Nacht
6 Hütten (Kategorie 4) für 4 Pers. – HS 650.– / NS 575.– pro Nacht
Ausstattung: siehe Kategorie
Sonstiges: Bettwäsche mitbringen oder mieten
15 27 27 17 17 8 23 WC 2 2 15
0.2 km 1 km 2 km
D GB NL VISA Maestro MasterCard

Jelling (DK-7300) Jylland

Jelling Camping 0311b

Mølvangvej 55 / GPS: N 55°45'13.16'' E 9°24'12.53''
Tel. 75 87 16 53 – Fax 75 87 20 82 – E-Mail: jelling@dk-camp.dk
F
90 m, 57 000 m² – Geöffnet: Ostern – 3.9. 12.00 – 14.00
➜ Straße 442 Vejle – Give. In Jelling beschildert. Am westlichen Ortsrand, ca. 600 m vom Zentrum
Hauptsaison: 25.6.–12.8. – RES notwendig – (Preise 2009)
Hütten: 10 Hütten (15 qm, Kategorie 4b) für 4 Pers. – HS 500.– / NS 450.– pro Nacht
10 Hütten (20 qm, Kategorie 4a) für 4 Pers. – HS 600.– / NS 550.– pro Nacht
5 Hütten (25 qm, Kategorie 5a) für 5 Pers. – HS 800.– / NS 700.– pro Nacht
Ausstattung: siehe Kategorie
Sonstiges: Bettwäsche mitbringen oder mieten
4 40 40 20 20 12 34 WC 3 2 14
W 2 km 2 km 1 km
0.3 km D GB VISA Maestro MasterCard

Billund (DK-7190) Jylland

FDM-Camping Billund 0314

Ellehammer Allé 2 / GPS: N 55°43'53.47'' E 9°8'9.72''
Tel. 75 33 15 21 – Fax 75 35 37 36 – E-Mail: c-billund@fdm.dk
F E H 0.3 km
1 m, 137 000 m² – Geöffnet: 1.1. – 31.12.
➜ Straße 28 Vejle – Grindsted, abzweigen Richtung Billund-Flughafen

Hauptsaison: 1.5.–29.8. – (Preise 2009)
Hütten: Hütten (13 qm, Kategorie 4b) für 5 Pers. – HS 675.–/ NS 535.– pro Nacht
Hütten (18 qm, Kategorie 4b) für 5 Pers. – HS 785.– / NS 595.– pro Nacht
50 Hütten (25 qm, Kategorie 5a) für 5 Pers. – HS 885.– / NS 500.– bis 725.– pro Nacht
Ausstattung: siehe Kategorie
Sonstiges: Endreinigung incl., Bettwäsche mitbringen oder mieten (60.–)
56 56 28 28 10 50 WC 5 5 12
0.2 km 0.2 km 0.3 km
D GB VISA AE

Grindsted (DK-7200) Jylland

Grindsted Aktiv-Camping **0316**

Søndre Boulevard 15 / GPS: N 55°44'51.36'' E 8°55'23.66''
Tel. 75 32 17 51 – Fax 75 32 45 75 – E-Mail: grindsted@dk-camp.dk
F E 0.1 km
65 m, 16 000m² – Geöffnet: 1.4. – 1.10.
➜ Straße 30 Esbjerg – Give. In Grindsted beschildert. Ca. 1 km südlich des Ortes
Hauptsaison: 1.4.–1.10. – RES notwendig – (Preise 2009)
Hütten und Bungalows: 9 Hütten (12 qm, Kategorie 3) für 4 Pers. – HS / NS 405.– pro Nacht
10 Hütten (22 qm, Kategorie 4b) für 6-8 Pers. – HS / NS 580.– bis 690.– pro Nacht
4 Bungalows (28 qm) für 6-8 Pers. – HS / NS 690.– bis 820.– pro Nacht
Ausstattung: Hütten siehe Kategorie, Bungalows 1, 4, 5, 6, 7, 8, 9, 10, 11, 12, 15, 16, 18, 21, 22
8 15 15 8 8 5 11 WC 3
0.5 km 0.4 km 0.5 km 0.5 km 0.1 km
D GB

Sønder Omme (DK-7260) Jylland

Omme Å Camping **0317**

Sønderbro 2 / GPS: N 55°50'18.2'' E 8°53'19.55''
Tel. 75 34 19 87 – Fax 75 34 23 23 – E-Mail: info@ommeaacamping.dk
F D
20 m, 16 000m² – Geöffnet: Ostern – 31.10.
➜ Straße 28 Skjern – Grindsted bis Sønder Omme. Ca. 500 m vom Ortszentrum

DK

Hauptsaison: 19.6.–17.8. – RES empfohlen – (Preise 2009)
Hütten: 10 Hütten (16 qm, Kategorie 3) für 4 Pers. – HS 490.– / NS 440.– pro Nacht
Ausstattung: siehe Kategorie
Sonstiges: Bettwäsche mitbringen

12 12 7 7 2 14 WC
0.5 km 0.5 km 1 km D GB

Hampen (DK-7362) Jylland

Hampen Sø Camping **0318**

Hovedgaden 31 / GPS: N 56°0'51.5'' E 9°21'49''
Tel. 75 77 52 55 – Fax 75 77 52 66
E-Mail: info@hampen-soe-camping.dk

F E

90 m, 90 000m² – Geöffnet: 1.1. – 31.12. 12.30 – 13.30

→ E 45, Ausfahrt 59, Straße 13 Vejle – Viborg. In Gl. Hampen links abbiegen nach Hampen. Ca. 7 km nördlich Nørre Snede

Hauptsaison: 10.7.–15.8. – RES notwendig – (Preise 2009)
Hütten: Übernachtungshütten (8 qm, Kategorie 1) für 3 Pers. – HS 395.– / NS 295.– pro Nacht
Ferienhütten (20 qm, Kategorie 4b) für 6 Pers. – HS 665.– / NS 495.– bis 550.– pro Nacht
Ferienhütten (25 qm, Kategorie 5a) für 6 Pers. – HS 875.– / NS 595.– bis 695.– pro Nacht
Ausstattung: siehe Kategorie
Sonstiges: Bettwäsche und Handtücher mitbringen oder mieten (50.– bzw. 10.– je Set), zzgl. Endreinigung (250.–)

20 23 23 10 10 4 22 WC 2 2 4
W 0.7 km 5 km 3 km 0.5 km
D GB F VISA MasterCard

Nørre Snede (DK-7361) Jylland

Rørbæk Sø Camping **0319**

Rørbækvej 62 / GPS: N 55°56'8.97'' E 9°20'23.95''
Tel. 75 73 61 61 – Fax 75 73 62 61 – E-Mail: info@roerbak.dk

F E D H 6.0 km

30 m, 55 000m² – Geöffnet: 15.5. – 30.8. 12.00 – 13.00

→ Straße 13 Vejle – Viborg, Abfahrt Nørre Snede, Richtung Ejstrupholm, nach ca. 1,2 km abzweigen. Ca. 6 km westlich Nørre Snede

Hauptsaison: 1.7.–12.8. – RES empfohlen – (Preise 2009)
Hütten: 16 Hütten (15-20 qm) für 4-6 Pers. – HS / NS 2000.– pro Woche
Ausstattung: Kategorie 3 bis 5
Sonstiges: Preis incl. 4 Pers., zzgl. Stromgebühr (2.–/kWh), zzgl. Endreinigung, Bettwäsche und Handtücher mitbringen oder mieten
8 20 20 10 10 4 16 WC 2 4
6 km 8 km 8 km 0.1 km 0.1 km
D GB

Give-Riis (DK-7323) Jylland

TopCamp Riis 0320a

Østerhovedvej 43 / GPS: N 55°49'54.78'' E 9°18'2.4''
Tel. 45 75 73 14 33 – Fax 45 75 73 58 66 – E-Mail: info@topcampriis.dk
F E H 4.0 km
100 m, 70 000 m² – Geöffnet: 4.4. – 27.9.
➜ Straße 442 Vejle – Give, in Riis beschildert. Ca. 4 km von Give
Hauptsaison: 27.6.–9.8. – RES notwendig – (Preise 2009)
Hütten: 40 Hütten (10-15 qm, Kategorie 3) für 4-6 Pers. – HS 515.– bis 745.– / NS 415.– bis 600.– pro Nacht
10 Hütten (25 qm, Kategorie 5a) für 6 Pers. – HS 965.– bis 1065.– / NS 765.– bis 965.– pro Nacht
Ausstattung: siehe Kategorie
Sonstiges: Preise incl. 4 Pers., zzgl. Übernachtungsgebühr ab 5. Pers., Bettwäsche mitbringen, Zuschlag für nur eine Nacht in der HS
29 32 32 18 18 16 33 WC 3 2
14 W A 4 km 4 km
5 km D GB F VISA Maestro Master Card

Horsens (DK-8700) Jylland

Husodde Strand Camping 0322

Husoddevej 85 / GPS: N 55°51'31.64'' E 9°55'0.62''
Tel. 75 65 70 60 – Fax 75 65 50 72 – E-Mail: husodde@dk-camp.dk
F E H 0.4 km
3 m, 100 000 m² – Geöffnet: 5.4. – 18.10.
➜ E 45 Vejle – Århus, Ausfahrt 57. In Horsens Straße 451 Richtung Stensballe / Odder. Über den Sundvej und Stensballe Strandvej. Ca. 4 km östlich des Ortszentrums

! Die Hütten auf dänischen Campingplätzen werden je nach Ausstattung und Komfort in 5 Kategorien eingeteilt. Detaillierte Informationen hierzu finden Sie zu Beginn des Dänemark-Teils.

Hauptsaison: 5.7.–31.8. – RES empfohlen – (Preise 2009)
Hütten: 2 Hütten (14 qm, Kategorie 3) für 2 Pers. – HS 425.– / NS 400.– pro Nacht
6 Hütten (14 qm, Kategorie 3) für 4 Pers. – HS 430.– / NS 400.– pro Nacht
4 Hütten (20 qm, Kategorie 4b) für 6 Pers. – HS 575.– bis 675.– / NS 500.– bis 600.– pro Nacht
2 Hütten (25 qm, Kategorie 5a) für 6 Pers. – HS 750.– / NS 700.– pro Nacht
Ausstattung: siehe Kategorie
Sonstiges: Bettwäsche mitbringen oder mieten
6 29 29 20 20 10 27 WC 2 2
4 km 4 km 0.2 km 4 km 4 km 4 km
0.2 km S 0.2 km 4 km 0.2 km
D GB F VISA Maestro AE MasterCard

Ry (DK-8680) Jylland

Holmens Camping **0325a**

Klostervej 148 / GPS: N 56°4'34.77'' E 9°45'56.82''
Tel. 86 89 17 62 – Fax 86 89 17 12 – E-Mail: info@holmens-camping.dk
F E 2.0 km
22 m, 80 000m² – Geöffnet: Ostern – 28.9.
➜ E 45 Vejle – Århus, Ausfahrt 52, Straße 445 Richtung Ry.
In Ry abzweigen Richtung Øm Kloster. Ca. 2 km vom Ortszentrum
Hauptsaison: 20.6.–15.8. – RES empfohlen – (Preise 2009)
Hütten: 4 Hütten (12 qm, Kategorie 3) für 2 Pers. – HS 2980.– / NS 2350.– bis 2730.– pro Woche
5 Hütten (15 qm, Kategorie 3) für 6 Pers. – HS 3600.– / NS 2900.– bis 3325.– pro Woche
4 Hütten (20 qm, Kategorie 4) für 6 Pers. – HS 4100.– / NS 3300.– bis 3550.– pro Woche
1 Hütte (25 qm, Kategorie 5) für 6 Pers. – HS 4790.– / NS 3650.– bis 4000.– pro Woche
1 Hütte (25 qm, Kategorie 5a) für 6 Pers. – HS 5500.– / NS 3900.– bis 4400.– pro Woche
Ausstattung: siehe Kategorie
Sonstiges: Bettwäsche mitbringen oder mieten (60.–)
32 42 41 29 29 10 44 WC 4 2
23 W 3 km 3 km
S 3 km 9 km 2 km
D GB NL VISA Maestro AE MasterCard

Ry (DK-8680) Jylland

Birkhede Camping 0325b

Lyngvej 14 / GPS: N 56°6'13.3'' E 9°44'39.16''
Tel. 86 89 13 55 – Fax 86 89 03 13 – E-Mail: info@birkhede.dk

F E Ⓗ3.0 km

1 m, 105000m² – Geöffnet: Ostern – 15.9.

➜ E 45 Vejle – Århus, Ausfahrt 52, Straße 445 Richtung Ry. In Ry abzweigen Richtung Laven. Beschildert. Ca. 3 km nordwestlich des Ortes

Hauptsaison: 5.7.–2.8. – RES notwendig – (Preise 2009 in Euro)
Hütten: 2 Hütten (15 qm, Kategorie 3) für 4 Pers. – HS 528.– / NS 340.– bis 430.– pro Woche
8 Hütten (20 qm, Kategorie 4b) für 6 Pers. – HS 675.– / NS 445.– bis 555.– pro Woche
Ausstattung: siehe Kategorie

14 48 48 21 21 14 43 WC 3 10

TV W 3 km

3 km 3 km D GB NL VISA Maestro MasterCard

Skanderborg (DK-8660) Jylland

Skanderborg Sø Camping 0326

DK

Horsensvej 21 / GPS: N 56°1'15.3'' E 9°53'28.1''
Tel. 86 51 13 11 – Fax 86 51 17 33
E-Mail: info@campingskanderborg.dk

F E Ⓗ0.1 km

50 m, 82000m² – Geöffnet: 8.4. – 27.9. 12.00 – 14.00

➜ E 45 Vejle – Århus, Ausfahrt 54, Straße 170 Richtung Skanderborg. Beschildert. Ca. 3 km südlich des Ortes

Hauptsaison: 20.6.–15.8. – RES notwendig – (Preise 2009)
Hütten: 3 Hütten (9 qm, Kategorie 2) für 2 Pers. – HS 2500.– / NS 2300.– pro Woche
6 Hütten (Kategorie 3) für 2 Erw. + 2 Kinder oder 3 Erw. – HS 3950.– / NS 2850.– pro Woche
1 Hütte (Kategorie 4a) für 4 Erw. + 1 Kind – HS 3950.– / NS 2850.– pro Woche
2 Hütte (Kategorie 5a) für 4 Erw. + 2 Kinder – HS 5500.– / NS 4600.– pro Woche (incl. 4 Pers.)
Ausstattung: siehe Kategorie
Sonstiges: Wasser und Bettwäsche incl. (nicht in Kategorie 2), zzgl. Stromgebühr (2.25/kWh), zzgl. Übernachtungsgebühr für zus. Pers. in Kategorie 5a – HS / NS 8.25 pro Nacht, in der HS nur wochenweise Vermietung

40 40 20 20 8 42 WC 8
1.5 km 0.2 km 2 km 5 km 0.2 km 5 km 0.2 km
0.2 km 0.2 km 0.2 km 0.2 km 5 km 3 km
2 km 5 km 5 km 3 km D GB NL

Odder-Hov (DK-8300) Jylland

Hou Camping **0328a**

Spøttrupstrandvej 35 / GPS: N 55°55'35.07'' E 10°15'13.4''
Tel. 86 55 61 62 – Fax 86 55 65 22 – E-Mail: info@hou-camping.dk

F H 1.0 km

3 m, 65000m² – Geöffnet: Ostern – 14.9.

➜ Straße 445 Skanderborg – Odder – Hov. Beschilderter Abzweig. Ca. 1,5 km nördlich Hov

Hauptsaison: 12.7.–9.8. – RES notwendig – (Preise 2009 in Euro)
Hütten: Hütten (10 qm, Kategorie 4b) für 2 Pers. – HS 388.– / NS 222.– bis 328.– pro Woche
Hütten (15 qm, Kategorie 4b) für 4 Pers. – HS 510.– / NS 284.– bis 423.– pro Woche
Hütten (20 qm, Kategorie 4b) für 5 Pers. – HS 568.– / NS 321.– bis 481.– pro Woche
Hütten (25 qm, Kategorie 5a) für 6 Pers. – HS 805.– / NS 485.– bis 685.– pro Woche
Ausstattung: siehe Kategorie
Sonstiges: Preise für Hütten der Kategorie 5a zzgl. Stromgebühr, Kinderstuhl und -bett reservieren

8 20 20 14 14 9 20 WC 2 8
1.5 km 8 km 8 km S
1.5 km 8 km 1.5 km 1 km 1.5 km
D GB

Odder-Boulstrup (DK-8300) Jylland ➳ ANN. 37

Odder Strand Camping **0328b**

Toldvejen 50 / GPS: N 55°56'5.32'' E 10°15'26.35''
Tel. 86 55 63 06 – Fax 86 55 65 60
E-Mail: info@odderstrandcamping.dk

F E D H 1.0 km

3 m, 33000m² – Geöffnet: 1.4. – 20.9.

➜ Straße 445 Skanderborg – Odder – Hov, abzweigen Richtung Spøttrup. Beschildert. Ca. 1,5 km außerhalb des Ortes

Hauptsaison: 29.6.–10.8. – RES notwendig – (Preise 2009)
Hütten: 2 Hütten (Kategorie 3) für 6 Pers. – HS 3950.– / NS 2750.– pro Woche
Ausstattung: siehe Kategorie
Sonstiges: Preise incl. 4 Pers., zzgl. Übernachtungsgebühr ab 5. Pers., Strom incl.

24 24 24 10 10 10 32 WC 2 2 10
W 5 km 0.2 km 5 km 0.2 km
0.2 km 0.2 km 0.2 km 0.2 km 0.2 km 5 km
0.2 km 4 km 8 km 5 km 3 km 5 km
D GB VISA Maestro Master Card

DK

Odder-Saksild (DK-8300) Jylland

Saksild Strand Camping **0331a**

Kystvejen 5 / GPS: N 55°58'47.24'' E 10°14'52.72''
Tel. 86 55 81 30 – E-Mail: info@saksild.dk

F E D H 0.1 km

3 m, 43000m² – Geöffnet: 1.4. – 18.10.

➜ Straße 445. In Odder Straße 451 Richtung Århus, abzweigen nach Saksild. Ca. 1 km von Saksild

Hauptsaison: 11.7.–16.8. – RES empfohlen – (Preise 2009)
Hütten: 4 Hütten (10 qm, Kategorie 3) für 4 Pers. – HS 550.– / NS 450.– pro Nacht
6 Hütten (15+9 qm, Kategorie 4) für 4-5 Pers. – HS 650.– / NS 450.– bis 550.– pro Nacht
4 Hütten (25+7.5 qm, Kategorie 5a) für 6 Pers. – HS 950.– / NS 700.– bis 825.– pro Nacht
Ausstattung: siehe Kategorie
Sonstiges: Anzahlung erforderlich (150.– bis 250.–), Bettwäsche mitbringen oder mieten (50.–), in Kategorie 5a zzgl. Stromgebühr (3.–/kWh), Endreinigung (300.–)

16 2 20 20 12 12 12 24 WC 2 12
W 0.1 km 0.1 km 0.2 km 6 km
0.2 km 0.2 km 0.2 km 0.2 km 6 km 0.2 km 1 km
3 km D GB F VISA Maestro Master Card

Malling (DK-8340) Jylland

Ajstrup Strand Camping **0334**

Ajstrup Strandvej 81 / GPS: N 56°2'29'' E 10°15'54.1''
Tel. 86 93 35 35 – Fax 86 93 15 84 – E-Mail: info@ajstrupcamping.dk

F E D H 0.2 km
1 m, 90000m² – Geöffnet: 3.4. – 20.9. 13.00 – 14.00

→ Straße 451 Århus – Odder. In Malling abzweigen nach Ajstrup Strand. Beschildert. Ca. 4 km von Malling

Hauptsaison: 10.7.–15.8. – RES notwendig – (Preise 2009)
Hütten: 2 Hütten (12 qm, Kategorie 3) für 4 Pers. – HS 495.– pro Nacht / NS auf Anfrage
9 Hütten (20 qm, Kategorie 4b) für 5-7 Pers. – HS 650.– bis 750.– / NS 475.– bis 650.– pro Nacht (je nach Belegung)
10 Hütten (25 qm, Kategorie 5a) für 6 Pers. – HS 975.– / NS 695.– bis 795.– pro Nacht
Ausstattung: siehe Kategorie
Sonstiges: Bettwäsche mitbringen, zzgl. Endreinigung (250.– oder selbst durchführen), bei Kategorie 5a zzgl. Stromgebühr, in der HS nur wochenweise Vermietung

8 35 35 20 20 20 35 WC 2 2 16
W 2 km 3 km
5 km 2 km D GB VISA Master Card

Århus-Højbjerg (DK-8270) Jylland

DCU-Camping Blommehaven **0335**

Ørneredevej 35 / GPS: N 56°6'37.61'' E 10°13'52.94''
Tel. 86 27 02 07 – Fax 86 27 45 22 – E-Mail: blommehaven@dcu.dk

F E H 0.1 km
5 m, 80000m² – Geöffnet: 21.3. – 18.10. 12.00 – 14.00

→ Straße 451 Århus – Odder, beschilderter Abzweig. Ca. 3,5 km südlich Århus-Zentrum

Hauptsaison: 19.6.–16.8. – RES notwendig – (Preise 2009)
Hütten: 25 Hütten (20 qm, Kategorie 4b) für 4-6 Pers. – HS 500.– bis 575.– pro Nacht / NS 325.– bis 575.–
Ausstattung: siehe Kategorie
Sonstiges: Preise nach Belegung und Aufenthalt gestaffelt, zzgl. Übernachtungsgebühr – HS / NS Erw. 69.–, Kind 35.– pro Nacht, zzgl. Endreinigung (100.–)

20 37 37 20 20 14 47 2 2 9
3 km 2 km 2 km
2 km 6 km 2 km 2 km 2 km 2 km
2 km 1 km 5 km 3 km 2 km
(D) (GB) (F)

Århus-Lisbjerg (DK-8200) Jylland

Aarhus Camping **0336**

Randersvej 400 / GPS: N 56°13'35.89'' E 10°9'48.41''
Tel. 86 23 11 33 – Fax 86 23 11 31 – E-Mail: info@aarhuscamping.dk

0.1 km

76 m, 70 000 m² – Geöffnet: 1.1. – 31.12.

→ E 45, Ausfahrt 46, Richtung Århus. Straße 180 Århus – Randers. Beschildert. Ca. 8 km nördlich Århus

Hauptsaison: 19.6.–16.8. – RES notwendig – (Preise 2009)
Hütten: 13 Hütten (Kategorien 2 und 3) für 2 Pers. – HS 315.– bis 390.– / NS 280.– bis 360.– pro Nacht
2 Hütten (Kategorie 3) für 4 Pers. – HS 725.– / NS 625.– pro Nacht
6 Hütten (25 qm, Kategorie 5a) für 4-6 Pers. – HS 800.– bis 820.– / NS 700.– bis 720.– pro Nacht
Ausstattung: siehe Kategorie
Sonstiges: Übernachtungsgebühr für zus. Pers. – HS / NS 100.– pro Nacht, alles Nichtraucher-Hütten, Haustiere unerwünscht

3 33 33 19 19 16 30 2 10
6 km 0.1 km 6 km 8 km 6 km 5 km
6 km (D) (GB)

DK

Resenbro (DK-8600) Jylland

Resenbro Camping Jyllandsringen **0338**

Skellerupvej 38 / GPS: N 56°10'41.63'' E 9°39'18.67''
Tel. 86 85 31 76 – Fax 86 85 31 84
E-Mail: camping@resenbrocamping.dk

0.5 km

130 m, 120 000 m² – Geöffnet: Ostern – 5.10. 13.00 – 15.00

→ Straße 15 Århus – Silkeborg. Vor Silkeborg abzweigen nach Resenbro. Ca. 1 km vom Ort

Umweltschutz geht uns alle an! Es sollte für jeden Urlauber selbstverständlich sein, möglichst wenig Abfall zu verursachen und diesen auch ordnungsgemäß zu entsorgen. Nutzen Sie die inzwischen von vielen Anlagen angebotenen Entsorgungsmöglichkeiten.

Hauptsaison: 1.7.–6.8. – RES empfohlen – (Preise 2008)
Insgesamt 18 Hütten: Kleine Hütten (15 qm, Kategorie 4a) für 4 Pers. – HS 700.– / NS 400.– bis 700.– pro Nacht
Mittlere Hütten (20 qm, Kategorie 4a) für 5-6 Pers. – HS 900.– / NS 600.– bis 900.– pro Nacht
Große Hütten (25 qm, Kategorie 5a) für 5 Pers. – HS 1200.– / NS 900.– bis 1200.– pro Nacht
Ausstattung: siehe Kategorie
Sonstiges: Bettwäsche und Handtücher mitbringen
28 28 23 23 6 27 2 2 10
0.1 km 0.1 km D GB VISA AE

Silkeborg-Laven (DK-8600) Jylland

TopCamp Terrassen 0339

Himmelbjergvej 9A / GPS: N 56°7'26.62'' E 9°42'36.67''
Tel. 86 84 13 01 – Fax 86 84 16 55 – E-Mail: info@terrassen.dk

F E 0.1 km
120 m, 55000m² – Geöffnet: Ostern – 24.9.
➜ Straße 445 Skanderborg – Silkeborg, in Ry abzweigen nach Laven. Beschildert. Ca. 500 m westlich Laven
Hauptsaison: 27.6.–8.8. – RES notwendig – (Preise 2009)
Hütten: 3 Hütten (15 qm, Kategorie 3) für 4 Pers. – HS 4995.– / NS 2295.– pro Woche
7 Hütten (20 qm, Kategorie 4a) für 6 Pers. – HS 5295.– / NS 2495.– pro Woche
10 Hütten (25 qm, Kategorie 5a) für 6 Pers. – HS 7495.– / NS 3795.– pro Woche
Ausstattung: siehe Kategorie
Sonstiges: Kissen, Decken und Bettwäsche mitbringen oder mieten, Endreinigung incl.
30 30 30 15 15 13 30 3 3 11
3 km 5 km 0.5 km 0.5 km
0.5 km 0.5 km 0.5 km 5 km 6 km
6 km D GB VISA Maestro AE Master Card

Silkeborg-Sejs (DK-8600) Jylland

Sejs Bakker Camping 0340a

Borgdalsvej 15-17 / GPS: N 56°8'25.41'' E 9°37'13.54''
Tel. 86 84 63 83 – Fax 86 84 63 82 – E-Mail: sbc@ferie.dk

F E 0.3 km
50 m, 39000m² – Geöffnet: 8.4. – 13.9. 12.00 – 15.00

➜ Straße 15 Århus – Silkeborg, abzweigen nach Sejs. Ca. 2 km östlich Sejs
Hauptsaison: 13.7.–9.8. – RES empfohlen – (Preise 2009)
Hütten: 3 Hütten (15 qm, Kategorie 3) für 4 Pers. – HS 3800.– / NS 1000.– bis 2800.– pro Woche
3 Hütten (20 qm, Kategorie 3) für 6 Pers. – HS 4500.– / NS 1300.– bis 3500.– pro Woche
5 Hütten (25 qm, Kategorie 5b) für 8 Pers. – HS 5200.– / NS 1600.– bis 4400.– pro Woche
Ausstattung: siehe Kategorie
Sonstiges: Kissen, Decken, Bettwäsche, Hand- und Geschirrtücher sowie Reinigungsmittel mitbringen, zzgl. Endreinigung
10 20 20 12 12 5 19 WC
W A 0.2 km 2 km 8 km 5 km 0.8 km
1 km 1 km 5 km 2 km 0.6 km 5 km
1 km D GB F

Silkeborg (DK-8600) Jylland

Silkeborg Sø-Camping 0340b

Århusvej 51 / GPS: N 56°10'11.58'' E 9°34'25.41''
Tel. 86 82 28 24 – Fax 86 80 44 57 – E-Mail: mail@seacamp.dk
F E H 0.3 km
33 m, 25 000 m² – Geöffnet: Ostern – 17.10.
➜ Straße 15, in Silkeborg-Ost abzweigen Richtung Zentrum. Beschildert. Ca. 1 km vom Ortszentrum
Hauptsaison: 11.8.–17.10. – RES notwendig – (Preise 2009)
Hütten: 3 Hütten (17 qm, Kategorie 2) für 4 Pers. – HS 2900.– / NS 2600.– bis 2900.– pro Woche
10 Hütten (20 qm, Kategorie 4a) für 4-6 Pers. – HS 4900.– / NS 3900.– bis 4500.– pro Woche
4 Hütten (25 qm, Kategorie 5a) für 4-6 Pers. – HS 5900.– / NS 4900.– bis 5500.– pro Woche
Ausstattung: siehe Kategorie
Sonstiges: Bettwäsche mieten
2 24 24 10 10 5 20 WC 5
1 km 1 km 3.5 km 3.5 km 8 km
1 km S 1 km 1 km 1 km S 1 km 1 km 1 km
2 km 1 km 0.5 km 2 km 2 km
D GB F VISA Maestro MasterCard

DK

Ebeltoft-Knebel (DK-8420) Jylland

Sølystgård-Camping **0348**

Dragsmurvej 15 / GPS: N 56°10'31.45'' E 10°32'4.54''
Tel. 86 35 12 39 – Fax 86 35 12 39 – E-Mail: mail@soelystgaard.dk

F E D 1.8km

5m, 35000m² – Geöffnet: 4.4. – 20.9. 13.00 – 15.00

➜ Straße 15 Århus – Grenaa, abzweigen über Rønde und Femmøller. An der Straße nach Helgenæs, ca. 2 km südlich von Fuglsø und ca. 15 km westlich Ebeltoft

Hauptsaison: 15.6.–15.8. – RES empfohlen – (Preise 2009)
Hütten und Bungalows: 11 Hütten (16-22 qm, Kategorie 3) für 4 Pers. – HS 430.– bis 460.– / NS 330.– bis 360.– pro Nacht
1 Bungalow (42 qm) für 4-6 Pers. – HS 650.– / NS 490.– pro Nacht
Ausstattung: Hütten siehe Kategorie, Bungalows 1, 5, 6, 7, 9, 10, 12, 15, 16, 19, 21, 22
Sonstiges: Bettwäsche mitbringen oder mieten

7 35 35 17 17 6 37 WC 3 12 2km 6km 7km 2km 4km D GB

Ebeltoft-Krakær (DK-8400) Jylland

Krakær Camping **0349**

Gl. Kærvej 18 / GPS: N 56°15'9.58'' E 10°36'4.66''
Tel. 86 36 21 18 – Fax 86 36 21 87 – E-Mail: info@krakaer.dk

F E 0.5km

8m, 77000m² – Geöffnet: 16.3. – 19.10. 12.00 – 14.00

➜ Straße 21 Feldballe – Ebeltoft, abzweigen nach Krakær. Beschildert

Hauptsaison: 6.7.–8.8. – RES notwendig – (Preise 2009)
Hütten: Hütten (15 qm + Terrasse, Kategorien 3 bis 4b) für 4-5 Pers. – HS 3400.– bis 3650.– / NS 1900.– bis 3150.– pro Woche
4 Hütten (25 qm, Kategorie 5a) für 6 Pers. – HS 5750.– / NS 3200.– bis 4800.– pro Woche
Ausstattung: siehe Kategorie
Sonstiges: Stromgebühr in der HS incl., Kaution erforderlich (1500.–, bei Aufenthalt unter einer Woche 500.–), Bettwäsche und Handtücher mitbringen, zzgl. Endreinigung (275.–)

26 26 26 17 17 6 30 WC 2 12 W 3km 8km 3km 3km 3km 8km 8km 3km 8km 8km 8km 8km D GB VISA Maestro MasterCard

Ebeltoft (DK-8400) Jylland

Ebeltoft Strand Camping **0350a**

Nordre Strandvej 23 / GPS: N 56°12'32.4'' E 10°40'44.19''
Tel. 86 34 12 14 – Fax 86 34 55 33
E-Mail: info@ebeltoftstrandcamping.dk

F 0.3 km

2 m, 90000m² – Geöffnet: 1.1. – 31.12. 12.30 – 14.30

➜ Straße 21 Feldballe – Ebeltoft. Am Ortseingang von Ebeltoft, ca. 800 m vom Zentrum

Hauptsaison: 29.6.–16.8. – RES empfohlen – (Preise 2009)
Hütten: 2 Hütten (15 qm, Kategorie 3) für 4 Pers. – HS 3500.– / NS 2500.– pro Woche
10 Hütten (25 qm, Kategorie 5a) für 6 Pers. – HS 5500.– / NS 3500.– bis 4500.– pro Woche
Ausstattung: siehe Kategorie
Sonstiges: zzgl. Endreinigung

5 43 43 26 26 10 45 WC 4 2 2
0.5 km 1 km 1 km
1.5 km D GB VISA Maestro MasterCard

Ebeltoft (DK-8400) Jylland

DCU-Camping Mols **0350b**

Dråbyvej 13 / GPS: N 56°12'54'' E 10°41'17.6''
Tel. 86 34 16 25 – Fax 86 34 08 32 – E-Mail: mols@dcu.dk

F E 0.1 km

5 m, 64000m² – Geöffnet: 1.1. – 31.12. 12.00 – 14.00

➜ Straße 21 Feldballe – Ebeltoft, am Ortseingang von Ebeltoft abzweigen Richtung Dråby. Ca. 1 km nördlich des Ortes

Hauptsaison: 20.6.–16.8. – RES empfohlen – (Preise 2009)
Hütten: 16 Hütten (11-42 qm, Kategorie 3 und 5b) für 4-6 Pers. – HS 2900.– / NS 2300.– pro Woche
Ausstattung: siehe Kategorie
Sonstiges: Preise incl. 4 Pers. und Strom, Bettwäsche mitbringen oder mieten

10 38 38 22 22 11 41 WC 2 12
1 km 1 km 2 km 1 km 1 km 1 km
1 km 1 km 2 km 1 km 1 km 5 km 3 km
D GB VISA MasterCard

! Infos zur Camping Card Scandinavia finden Sie auf Seite 7.

DK

Grenaa (DK-8500) Jylland

Grenaa Strand Camping **0353**

Fuglsangvej 58 / GPS: N 56°23'22.61'' E 10°54'42.62''
Tel. 86 32 17 18 – Fax 86 30 95 55
E-Mail: info@GrenaaStrandCamping.dk

F E D 0.1 km

5 m, 220 000m² – Geöffnet: 1.4. – 16.9. 12.00 – 14.00

➜ Straße 15 oder Straße 16 bis Grenaa, weiter Richtung Grenaa Strand. Ca. 4,5 km südlich Grenaa-Zentrum

Hauptsaison: 28.6.–16.8. – RES empfohlen – (Preise 2009 in Euro)
Hütten: 10 Hütten (15 qm, Kategorie 3) für 6 Pers. – HS 622.41 / NS 456.43 pro Woche
5 Hütten (25 qm, Kategorie 5a) für 6 Pers. – HS 1037.34 / NS 622.40 pro Woche
Ausstattung: siehe Kategorie
Sonstiges: zzgl. Strom- und Heizgebühren, Bettwäsche mieten (7.61), zzgl. Endreinigung (48.41), Reservierungsgebühr (13.83), in der HS nur wochenweise Vermietung

55 3 90 90 55 55 24 66 WC 8 5
30 W 0.2 km 1.5 km
4.5 km 5 km 2 km 1 km S 1 km 1 km 2 km
3 km 5 km 4 km 1 km 1 km 1 km
2 km D GB VISA Maestro MasterCard

Grenaa-Stensmark (DK-8500) Jylland

Fornæs Familiecamping **0354**

Stensmarkvej 36 / GPS: N 56°27'14.6'' E 10°56'25.95''
Tel. 86 33 23 30 – Fax 86 33 24 23

F E

3 m, 92 000m² – Geöffnet: Ostern – 15.10.

➜ Straße 15 oder Straße 16 bis Grenaa – Grenaa Hafen. Ca. 5 km entlang der Küste Richtung Norden. Ca. 1 km nördlich des Fornæs-Leuchtturms

Hauptsaison: 21.6.–16.8. – RES notwendig – (Preise 2009)
Hütten: 8 Hütten (12 qm, Kategorie 2) für 2 Erw. + 2 Kinder – HS 3150.– / NS 2450.– pro Woche
6 Hütten (15 qm, Kategorie 3) für 4 Pers. – HS 3850.– / NS 3150.– pro Woche
6 Hütten (18 qm, Kategorie 4b) für 6 Pers. – HS 4900.–/ NS 4200.– pro Woche
Luxushütten (25 qm, Kategorie 5a) für 6 Pers. – HS 6125.– / NS 5075.– pro Woche
Ausstattung: siehe Kategorie

18 40 38 20 20 13 31 WC 3 12
6 km 6 km 6 km 5 km
6 km 6 km 6 km 6 km
D GB VISA Maestro MasterCard

Grenaa-Gjerrild (DK-8500) Jylland

Gjerrild Nordstrand Camping **0355**

Langholmvej 26 / GPS: N 56°31'41'' E 10°48'37''
Tel. 86 38 42 00 – Fax 86 38 30 86 – E-Mail: info@gnc.dk

F E D 3.0 km

5 m, 90 000 m² – Geöffnet: 4.4. – 20.9.

➜ Straße 15 oder Straße 16 bis Grenaa. Weiter über Veggerslev nach Gjerrild – Nordstrand. Ca. 12 km nördlich Grenaa

Hauptsaison: 20.6.–9.8. – RES notwendig – (Preise 2009)
Hütten und Ferienhäuser: 4 Hütten (16 qm, Kategorie 3) für 4 Pers. – HS 3880.– / NS 2100.– bis 3120.– pro Woche
4 Hütten (25 qm, Kategorie 4b) für 6 Pers. – HS 4950.– / NS 3180.– bis 4300.– pro Woche
1 Ferienhaus (80 qm, Kategorie 5a) für 6 Pers. – HS 5600.– / NS 3200.– bis 4400.– pro Woche
Ausstattung: siehe Kategorie

12 11 31 31 26 26 15 40 WC 2
11 W A 3 km 0.3 km 0.3 km
0.3 km 0.3 km 0.3 km 0.3 km 0.3 km 8 km
0.3 km 3 km 3 km 8 km
D GB VISA Maestro MasterCard

DK

Randers (DK-8900) Jylland

Randers City Camp **0365**

Hedevej 9 / GPS: N 56°27'0.07'' E 9°57'5.74''
Tel. 86 42 93 61 – Fax 86 42 93 61 – E-Mail: info@fladbrocamping.dk

F E
0.5 km

22 m, 90 000 m² – Geöffnet: Ostern – 30.9. 12.00 – 14.00

➜ E 45, Ausfahrt 40, Richtung Randers. An der 1. Ampelkreuzung rechts Richtung Langå. Beschildert. Ca. 5 km westlich des Ortes

Animationsprogramme spielen auf skandinavischen Ferienanlagen eine eher untergeordnete Rolle. Für Kinder und Jugendliche werden aber zunehmend Aktivitäten angeboten.

Hauptsaison: 20.6.–15.8. – RES notwendig – (Preise 2009)
Hütten: 19 Übernachtungshütten (10 qm, Kategorie 2) für 4 Pers. – HS / NS 175.– bis 225.– pro Nacht (zzgl. Übernachtungsgebühr)
1 Hütte (Kategorie 3) für 6 Pers. – HS 520.– / NS 468.– pro Nacht
4 Hütten (Kategorie 5a) für 6 Pers. – HS 789.– bis 849.– / NS 699.– bis 749.– pro Nacht
Ausstattung: siehe Kategorie
Sonstiges: Übernachtungsgebühr – HS / NS Erw. 78.– / 70.–, Kind (4-11 J.) 46.– / 39.– pro Nacht, zzgl. Gebühr für Stromverbrauch (29.– / Nacht)
30 30 13 13 10 25 2 2 8
1 km 1 km 2 km 6 km 3 km 2 km
2 km 2 km 2 km 1 km 4 km
D GB VISA Maestro MasterCard

Karup (DK-7470) Jylland

Hessellund Sø-Camping 0369

Hessellundvej 12 / GPS: N 56°19'24.75'' E 9°6'53.64''
Tel. 97 10 16 04 – Fax 97 10 11 61
E-Mail: info@hessellund-camping.dk
F D
60 m, 200 000 m² – Geöffnet: Ostern – 1.10.
➜ Straße 12 Herning – Viborg, zwischen Kølvrå und Karup abzweigen (Straße 467). Ca. 1 km vom Flughafen
Hauptsaison: 29.6.–9.8. – RES notwendig – (Preise 2009)
Hütten: 17 Hütten (16-20 qm, Kategorie 3) für 4 Pers. – HS 2998.– bis 3998.– / NS 1998.– bis 2498.– pro Woche
3 Hütten (25 qm, Kategorie 5a) für 6 Pers. – HS 5498.– bis 5698.– / NS 3998.– pro Woche
Ausstattung: siehe Kategorie
Sonstiges: Kissen, Decken, Bettwäsche, Hand- und Geschirrtücher sowie Putzmittel mitbringen, zzgl. Endreinigung (300.–/400.– oder selbst durchführen)
16 23 23 20 20 17 38 3 2 16
D GB NL VISA Maestro MasterCard

Holstebro-Mejdal (DK-7500) Jylland

DCU-Camping Mejdal 0370

Birkevej 25 / GPS: N 56°20'57.39'' E 8°38'41.61''
Tel. 97 42 20 68 – Fax 97 41 24 92 – E-Mail: mejdal@dcu.dk
F E H 0.3 km
12 m, 60 000 m² – Geöffnet: 21.3. – 18.10. 12.00 – 14.00

➜ Straße 11, in Holstebro an der Umgehungsstraße beschildert. Ca. 2 km südöstlich Holstebro

Hauptsaison: 20.6.–16.8. – RES empfohlen – (Preise 2009)
Hütten: 10 Hütten (10 qm, Kategorie 3) für 6 Pers. – HS 2500.– / NS 2200.– pro Woche
3 Hütten (15 qm, Kategorie 4a) für 4 Pers. – HS 3200.– / NS 2900.– pro Woche
1 Hütte (25 qm, Kategorie 5a) für 3-4 Pers. – HS 4200.– / 3900.– pro Woche
Ausstattung: siehe Kategorie
Sonstiges: Bettwäsche mitbringen

26 10 10 10 4 18 WC 5 2 km 2 km 2 km 2 km 2 km 2 km 1.5 km 2 km D GB VISA MasterCard

Thorsminde (DK-6990) Jylland

Thorsminde Camping 0378

Klitrosevej 4 / GPS: N 56°22'34.84'' E 8°7'22.73''
Tel. 97 49 70 56 – Fax 97 49 70 56
E-Mail: mail@thorsmindecamping.dk

F E D 0.4 km

4 m, 60000m² – Geöffnet: Ostern – 19.10. 12.00 – 14.00

➜ Straße 181, in Thorsminde beschildert. Am nördlichen Ortsrand, ca. 200 m vom Zentrum

Hauptsaison: 1.7.–20.8. – RES empfohlen – (Preise 2009)
Hütten: 8 Hütten (10 qm, Kategorie 3) für 4 Pers. – HS 2450.– / NS 2100.– pro Woche
3 Hütten (20 qm, Kategorie 4b) für 6 Pers. – HS 3920.– / NS 2800.– pro Woche
10 Hütten (25 qm, Kategorie 5a) für 6 Pers. – HS 4865.– / NS 4025.– pro Woche
Ausstattung: siehe Kategorie
Sonstiges: Bettwäsche mitbringen oder mieten

10 34 34 14 14 11 27 WC 2 12 0.1 km D GB

Fjand (DK-6990) Jylland

Fjand Camping & Feriecenter 0381

Klitvej 16 / GPS: N 56°19'10.06'' E 8°8'58.35''
Tel. 97 49 60 11 – Fax 97 49 62 12 – E-Mail: info@fjandcamping.dk

DK

F E 🄷0.1 km

2 m, 80000m² – Geöffnet: 1.1. – 31.12. 12.00 – 14.00

➜ Straße 181 Søndervig – Thorsminde. Ca. 3 km nordwestlich Sønder Nissum

Hauptsaison: 16.6.–10.8. – RES notwendig – (Preise 2008)

Hütten: 6 Hütten (Kategorie 3) für 3+1 Pers. – HS 1850.– / NS 1200.– pro Woche

9 Hütten (Kategorie 4b) für 6 Pers. – HS 3250.– / NS 1800.– pro Woche

Ausstattung: siehe Kategorie

Sonstiges: zzgl. Strom (2.75/kWh), Hand- und Geschirrtücher mitbringen, Bettwäsche mitbringen oder mieten (60.– je Garnitur), zzgl. Endreinigung (150.– bis 200.–)

8 52 52 13 13 9 26 WC 3 2 4

W 1.5 km 1.5 km 1.5 km

1.5 km 0.3 km D GB VISA Maestro Master Card

Vedersø Klit (DK-6990) Jylland

Vedersø Klit Camping **0383**

Øhusevej 23 / GPS: N 56°15'34.58'' E 8°8'44.09''

Tel. 97 49 52 00 – Fax 97 49 52 01 – E-Mail: vedersoklit@dk-camp.dk

F D 🄷0.1 km

1 m, 43000m² – Geöffnet: Ostern – 19.10. 12.00 – 14.00

➜ Straße 181 Søndervig – Thorsminde, beschilderter Abzweig bei Vedersø Klit

Hauptsaison: 19.6.–23.8. – RES notwendig – (Preise 2009)

Hütten: 3 Hütten (17 qm, Kategorie 3) für 5 Pers. – HS 3290.– / NS 1990.– pro Woche

4 Hütten (17 qm, Kategorie 3) für 4 Pers. – HS 2590.– / NS 1690.– pro Woche

3 Hütten (20 qm, Kategorie 4b) für 6 Pers. – HS 3990.– / NS 2290.– pro Woche

5 Hütten (25 qm, Kategorie 5a) für 7 Pers. – HS 4990.– / NS 2990.– pro Woche

Ausstattung: siehe Kategorie

Sonstiges: zzgl. Stromgebühren und Endreinigung, Bettwäsche mitbringen

8 56 56 24 24 14 49 WC 3 2

14 W 0.5 km 0.5 km 0.5 km

2 km D GB VISA Maestro AE Master Card

Ringkøbing-Hee (DK-6950) Jylland

Fish and Fun Camping **0385**

Hovervej 56-58 / GPS: N 56°8'34.26'' E 8°17'56.17''

Tel. 97 33 54 11 – Fax 97 33 55 40 – E-Mail: jae@fiskeogfamiliepark.dk

F 0.5 km

5 m, 400 000m² – Geöffnet: 1.1. – 31.12.

➜ Straße 16/28 Ringkøbing – Ulfborg bis Hee. Ca. 7 km nördlich von Ringkøbing

Hauptsaison: 29.6.–16.8. – RES empfohlen – (Preise 2009)
Hütten: 10 Hütten (25 qm, Kategorie 3) für 6 Pers. – HS 4500.– bis 5500.– / NS 2000.– bis 2500.– pro Woche
10 Hütten (25 qm, Kategorie 5b) für 4-8 Pers. – HS 4500.– bis 7000.– / NS 2000.– bis 2900.– pro Woche
Ausstattung: siehe Kategorie
Sonstiges: zzgl. Stromgebühren

8 5 18 18 14 14 6 20 WC 2 2

D GB

Hvide Sande-Nørre Lyngvig (DK-6960) Jylland

Nørre Lyngvig Camping **0387**

Holmsland Klitvej 81 / GPS: N 56°2'30.85'' E 8°6'55.21''
Tel. 97 31 12 31 – Fax 97 31 31 13 – E-Mail: post@lyngvigcamping.dk

F 0.1 km

5 m, 440 000m² – Geöffnet: 1.1. – 31.12.

➜ Straße 181, zwischen Hvide Sande und Søndervig, ca. 4 km nördlich Hvide Sande

Hauptsaison: 4.7.–15.8. – RES empfohlen – (Preise 2009)
Hütten: 3 Hütten (Kategorie 1) für 2 Pers. – HS 295.– / NS 245.– pro Nacht
18 Hütten (Kategorie 3) für 4 Pers. – HS 400.– / NS 325.– pro Nacht
2 Hütten (Kategorie 5b) für 4 Pers. – HS 480.– / NS 330.– bis 400.– pro Nacht
4 Hütten (25 qm, Kategorie 5a) für 5 Pers. – HS 4995.– bis 5995.– pro Woche / NS 430.– bis 575.– pro Nacht
Ausstattung: siehe Kategorie
Sonstiges: zzgl. Strom (2.75/kWh), Bettwäsche und Handtücher mitbringen

46 73 73 50 50 26 63 WC 3 2 10
2 km 3 km S 2 km 3 km
3 km 7 km 7 km 7 km 7 km 3 km

D GB F VISA Maestro MasterCard

Hvide Sande-Årgab (DK-6960) Jylland

FDM-Camping Holmsland Klit **0388a**

Tingodden 141 / GPS: N 55°57'45.31'' E 8°8'30.62''
Tel. 97 31 13 09 – Fax 97 31 35 20 – E-Mail: c-holmsland@fdm.dk

DK

F E ☆ H 0.4 km
2 m, 50 000m² – Geöffnet: 3.4. – 27.9. 12.30 – 14.30
→ Straße 181 Nørre Nebel – Søndervig. Ca. 3 km südlich Hvide Sande
Hauptsaison: 27.6.–15.8. – (Preise 2009)
Hütten: 3 Hütten (21.5 qm, Kategorie 4b) für 5 Pers. – HS 3750.– / NS 2530.– pro Woche
2 Hütten (25 qm, Kategorie 5a) für 5 Pers. – HS 4450.– / NS 3050.– pro Woche
Ausstattung: siehe Kategorie
16 16 10 8 5 15 WC 4 5 km
1 km D GB VISA AE MasterCard

Hvide Sande-Årgab (DK-6960) Jylland

Nordsø Camping & Badeland **0388b**

Tingodden 3 / GPS: N 55°56'57.5'' E 8°8'57.1''
Tel. 96 59 17 22 – Fax 96 59 17 17 – E-Mail: info@nordsoe-camping.dk

F ☆ H 0.1 km
1 m, 12 000m² – Geöffnet: 3.4. – 25.10.
→ Straße 181 Nørre Nebel – Søndervig. Ca. 6 km südlich Hvide Sande
Hauptsaison: 10.7.–15.8. – RES empfohlen – (Preise 2009)
Hütten: 8 Hütten (8 qm, Kategorie 3) für 3 Pers. – HS 395.– / NS 295.– bis 345.– pro Nacht
13 Hütten (12 qm, Kategorie 3) für 4 Pers. – HS 465.– / NS 345.– bis 395.– pro Nacht
10 Hütten (16 qm, Kategorie 4b) für 6 Pers. – HS 595.– / NS 395.– bis 495.– pro Nacht
10 Hütten (20 qm, Kategorie 4b) für 6 Pers. – HS 795.– / NS 525.– bis 665.– pro Nacht
10 Hütten (25 qm, Kategorie 5a) für 6 Pers. – HS 975.– / NS 650.– bis 775.– pro Nacht
Ausstattung: siehe Kategorie
Sonstiges: Bettwäsche mitbringen oder mieten (50.–), zzgl. Endreinigung (250.– oder selbst durchführen)
12 2 44 44 20 20 12 40 WC 6 3
10 TV W A
S 3 km S 7 km 3 km 5 km
D GB F NL VISA Maestro MasterCard

Hvide Sande-Bjerregård (DK-6960) Jylland

Bjerregaard Camping **0389**

Sønder Klitvej 185 / GPS: N 55°52'4.33'' E 8°10'53.96''
Tel. 97 31 50 44 – Fax 97 31 53 44 – E-Mail: info@frcamp.dk

F E D H 0.3 km
1 m, 63000m² – Geöffnet: Ostern – 31.10.
➜ Straße 181 Nørre Nebel – Hvide Sande. Ca. 15 km südlich Hvide Sande
Hauptsaison: 4.7.–22.8. – RES empfohlen – (Preise 2009)
Hütten: 3 Hütten (8 qm, Kategorie 2) für 2 Pers. – HS 325.– / NS 275.– pro Nacht
3 Hütten (16 qm, Kategorie 3) für 4 Pers. – HS 450.– / NS 375.– pro Nacht
4 Hütten (20 qm, Kategorie 4a) für 4 Pers. – HS 475.– / NS 395.– pro Nacht
3 Hütten (22 qm, Kategorie 5b) für 5 Pers. – HS 475.– / NS 395.– pro Nacht
Ausstattung: siehe Kategorie
Sonstiges: Bettwäsche mitbringen
4 26 26 14 14 7 23 WC 2
5 km 5 km 5 km 5 km
D GB VISA Maestro AE Master Card

Henne-Henne Strand (DK-6854) Jylland

➼ ANN. siehe 3. Umschlagseite

Henne Strand Camping 0393c

DK

Strandvejen 418 / GPS: N 55°44'15.52'' E 8°11'2.71''
Tel. 75 25 50 79 – Fax 75 25 50 94
E-Mail: post@hennestrandcamping.dk

F E H 0.3 km
8 m, 42000m² – Geöffnet: 3.4. – 25.10.
➜ Straße 465, über Henne nach Henne Strand. Rechts der Straße, ca. 400 m vom Ortszentrum
Hauptsaison: 4.7.–8.8. – RES notwendig – (Preise 2009)
Hütten: 6 Hütten (15 qm, Kategorie 4b) für 6 Pers. – HS 4000.– pro Woche / NS 400.– bis 500.– pro Nacht
6 Hütten (20 qm, Kategorie 4b) für 6 Pers. – HS 5050.– pro Woche / NS 500.– bis 650.– pro Nacht
Ausstattung: siehe Kategorie
Sonstiges: Reservierungsgebühr erforderlich (50.–)
10 52 32 24 24 12 38 WC 3
12 TV W A 0.4 km
0.4 km 0.4 km 1 km 2 km
D GB VISA Maestro AE Master Card

! Camping in Europa unter www.ecc-campingfuehrer.de

Vejers Strand (DK-6853) Jylland

Stjerne Camping **0395a**

Vejers Havvej 7 / GPS: N 55°37'7.28'' E 8°8'29.74''
Tel. 75 27 70 54 – Fax 75 27 70 07 – E-Mail: info@stjernecamping.dk

F E D 0.1 km

20 m, 30 000m² – Geöffnet: 1.1. – 31.12. 12.30 – 14.30

➜ Straße 431 Varde – Oksbøl – Blåvand, abzweigen über Vejers Richtung Vejers Strand

Hauptsaison: 3.4.–13.4., 21.5.–24.5., 29.5.–1.6. und 3.7.–16.8. – RES notwendig – (Preise 2009)

3 verschiedene Hütten: Typ 1 (9 qm, Kategorie 4b) für 3 Pers. – HS 350.– / NS 250.– pro Nacht

Typ 2 (15 qm, Kategorie 4b) für 4 Pers. – HS 450.– / NS 350.– pro Nacht

Typ 3 (25 qm, Kategorie 5a) für 5 Pers. – HS 600.–/ NS 450.– pro Nacht

Ausstattung: siehe Kategorie

Sonstiges: Bettwäsche mitbringen oder mieten (60.–), Endreinigung selbst durchführen

14 37 37 15 15 7 37 WC 2 8

0.1 km 1 km 1 km 1 km 1 km 1 km

0.1 km 0.2 km 0.5 km 0.1 km

D GB VISA Maestro AE MasterCard

Blåvand (DK-6857) Jylland

Hvidbjerg Strand Feriepark **0398a**

Hvidbjerg Strandvej 27 / GPS: N 55°32'52'' E 8°8'12''
Tel. 75 27 90 40 – Fax 75 27 80 28 – E-Mail: info@hvidbjerg.dk

F E K 0.4 km

4 m, 300 000m² – Geöffnet: 20.3. – 18.10.

➜ Straße 431 Oksbøl – Blåvand, in Oksby abzweigen Richtung Hvidbjerg Strand. Ca. 1,5 km von Blåvand

Hauptsaison: 3.7.–8.8. – RES empfohlen – (Preise 2009)

Hütten: 16 Hütten (15-20 qm, Kategorie 4a) für 4-6 Pers. – HS 7795.– pro Woche / NS 410.– bis 935.– pro Nacht (je nach Größe und Belegung)

33 Hütten (25 qm, Kategorie 5a) für 4-6 Pers. – HS 8695.– bis 8895.– pro Woche / NS 460.– bis 1035.– pro Nacht (je nach Belegung)

Ausstattung: siehe Kategorie

Sonstiges: Preise incl. Stromgebühren, Bettwäsche mitbringen, Kaution erforderlich (200.–), zzgl. Endreinigung (295.–), Buchungsgebühr erforderlich (50.–), in der HS nur wochenweise Vermietung ab Freitag oder Samstag

38 21 123 123 80 80 41 103
15 8 38
5km 4km 2km
D GB

04 Nordjütland, Læsø
Le Jutland du Nord, Læsø
North Jutland, Læsø

Hadsund-Øster Hurup (DK-9560) Jylland

Kattegat Strand Camping 0404b

Dokkedalvej 100 / GPS: N 56°49'31.71'' E 10°16'9.13''
Tel. 98 58 80 32 – Fax 98 58 87 73 – E-Mail: info@922.dk

F E 0.1 km

1 m, 210000m² – Geöffnet: Ostern – 22.10.

➜ Straße 541 Hadsund – Hals, ca. 2 km nördlich von Øster Hurup

Hauptsaison: 26.6.–16.8. – RES empfohlen – (Preise 2009)
Hütten: Luxushütten (Kategorie 5a) für 6 Pers. – HS 5900.– bis 7300.– pro Woche / NS 400.– bis 550.– pro Nacht
Ausstattung: siehe Kategorie
Sonstiges: Preise zzgl. Umweltabgabe (15.– pro Pers./Nacht), Anzahlung erforderlich (175.–), zzgl. Endreinigung (300.–), in der NS zzgl. Übernachtungsgebühr – Erw. 57.– / Kind (1-13 J.) 37.– pro Nacht, Aufschlag für die 1. Nacht (175.–)

17 5 50 50 60 60 30 80 8
4 20 1.5km
1.5km 2km
1.5km D GB

Storvorde-Dokkedal (DK-9280) Jylland

Dokkedal Camping 0405

Kystvej 118 / GPS: N 56°55'57.29'' E 10°15'42.86''
Tel. 98 31 11 71 – Fax 98 31 11 25 – E-Mail: dokkedal@dk-camp.dk

F E D 0.1 km

8 m, 50000m² – Geöffnet: 1.1. – 31.12.

➜ Straße 541 Hadsund – Hals, ca. 6 km nördlich von Dokkedal, beschildert

DK

Hauptsaison: 7.7.–3.8. – RES empfohlen – (Preise 2008)
Hütten: 16 Hütten (25 qm, Kategorie 5b) für 5 Pers. – HS 4800.– / NS 2600.– bis 3800.– pro Woche
Ausstattung: siehe Kategorie
Sonstiges: Bettwäsche incl., zzgl. Endreinigung
18 25 25 18 18 8 25 WC 3 3
28 W 0.5 km 0.5 km
0.5 km 7 km
D GB VISA Maestro AE Master Card

Ålborg (DK-9000) Jylland

Ålborg Camping **0408**

Skydebanevej 50 / GPS: N 57°3'14.02'' E 9°52'19.62''
Tel. 98 11 60 44 – Fax 98 12 47 11 – E-Mail: bb@bbbb.dk

F E **FKK** H 0.1 km

10 m, 50 000 m² – Geöffnet: 1.1. – 31.12.

→ E 45, Ausfahrt 28. In Ålborg-West beschildert. Ca. 3 km westlich Ålborg-Zentrum

Hauptsaison: 30.6.–15.8. – (Preise 2008)
Hütten: 30 Hütten (Kategorie 2) für 1-7 Pers. – HS 360.– / NS 280.– pro Nacht (für 1 Pers.), HS 410.– / NS 340.– pro Nacht (für 2 Pers.), HS 480.– / NS 410.– pro Nacht (für 3 Pers.), HS 530.– / NS 480.– pro Nacht (für 4 Pers.), HS 640.– / NS 550.– pro Nacht (für 5 Pers.), HS 750.– / NS 660.– pro Nacht (für 6 Pers.), HS 875.– / NS 770.– pro Nacht (für 7 Pers.)
Ausstattung: siehe Kategorie
Sonstiges: Bettwäsche mitbringen oder mieten (41.– pro Garnitur)
30 30 15 15 4 30 WC 2 4
0.2 km 0.4 km 2 km 1 km 0.2 km 0.4 km
S 0.4 km 0.2 km 0.2 km 1 km 8 km 1 km 1 km
2 km 1 km D GB VISA Maestro AE Master Card

Hals (DK-9370) Jylland

Hals Camping **0411**

Vejdybet 2 / GPS: N 57°0'3.95'' E 10°19'24.07''
Tel. 98 25 14 25 – Fax 98 25 14 20 – E-Mail: post@halscamping.dk

F

1 m, 36 000 m² – Geöffnet: Ostern – 15.9.

→ Straße 541 Hals – Sæby, am nördlichen Ortsrand von Hals, ca. 600 m vom Ortszentrum. Beschildert

Hauptsaison: 29.6.–8.8. – RES empfohlen – (Preise 2009)
Hütten: 1 Hütte (7 qm, Kategorie 1) für 2 Pers. – HS 350.– / NS 300.– pro Nacht
3 Hütten (16 qm, Kategorie 3) für 4 Pers. – HS 500.– / NS 450.– pro Nacht
6 Hütten (20 qm, Kategorie 4b) für 4 Pers. – HS 550.– / NS 500.– pro Nacht
Ausstattung: siehe Kategorie
Sonstiges: Übernachtungsgebühr für zus. Pers. – HS 40.– / NS 35.–, Bettwäsche mitbringen oder mieten, zzgl. Endreinigung
WC 1 km 1 km 1 km
1 km 1 km

Hals-Hou (DK-9370) Jylland

Lagunen Strand Camping 0412

Lagunen 8 / GPS: N 57°2'24.26'' E 10°21'37.35''
Tel. 98 25 30 55 – Fax 98 75 30 66 – E-Mail: info@lagunen.dk
F E H 0.1 km
1 m, 90750m² – Geöffnet: 3.4. – 13.9.
→ Straße 541 Hals – Sæby, ca. 6 km nördlich von Hals, südlich von Hou am Strand. Beschildert
Hauptsaison: 27.6.–1.8. – RES empfohlen – (Preise 2009)
Hütten: 10 Hütten (20+8 qm, Kategorie 3) für 4 Pers. – HS 3550.– / NS 1950.– bis 2950.– pro Woche
Ausstattung: siehe Kategorie
Sonstiges: Anzahlung erforderlich (25%), Bettwäsche mieten, zzgl. Endreinigung (200.–)
18 36 36 18 18 12 34 WC 3 2 12
1.5 km 2 km 2 km
2 km 2 km 6 km 6 km 1 km
D GB VISA Maestro MasterCard

Aså (DK-9340) Jylland

Aså-Camping 0414

Vodbindervej 13 / GPS: N 57°8'43.44'' E 10°24'9.72''
Tel. 98 85 13 40 – E-Mail: info@asaacamping.dk
F E D H 0.5 km
1 m, 50000m² – Geöffnet: Ostern – 28.9. 12.00 – 14.00
→ Straße 541 Hals – Sæby, in Aså beschildert

! Camping news online unter www.campingnews.info

DK

Hauptsaison: 29.6.–9.8. – RES empfohlen – (Preise 2009)
Hütten: 4 Hütten (10 qm, Kategorie 3) für 4 Pers. – HS 3200.– / NS 2000.– pro Woche
12 Hütten (15 qm, Kategorie 4b) für 5 Pers. – HS 3500.– bis 3800.– / NS 2500.– bis 2800.– pro Woche
Transithütten (Kategorie 1) – HS / NS 125.– pro Nacht
Ausstattung: siehe Kategorie
Sonstiges: Bettwäsche mitbringen

6 34 34 14 14 8 25 8
0.5 km 1 km 7 km 1 km 1 km 1 km
1 km 1 km 1 km 1 km 7 km 1 km
0.5 km D GB

Sæby (DK-9300) Jylland

Hedebo Strand Camping **0417a**

Frederikshavnsvej 108 / GPS: N 57°21'18.41'' E 10°30'41.43''
Tel. 98 46 14 49 – Fax 98 40 13 13 – E-Mail: hedebo@dk-camp.dk

F E D
H 0.1 km

4 m, 120 000m² – Geöffnet: 15.3. – 7.9.

➜ E 45, Ausfahrt 13 oder 12. Straße 180, ca. 2 km nördlich von Sæby
Hauptsaison: 21.6.–23.8. – RES empfohlen – (Preise 2008)
Insgesamt 12 Hütten: Hütten (20 qm, Kategorie 4b) für 4-6 Pers. – HS 2800.– bis 3700.– / NS 1250.– bis 2500.– pro Woche
Hütten (25 qm, Kategorie 5b) für 4+2 Pers. – HS 5000.– bis 5500.– / NS 2300.– bis 3500.– pro Woche
Ausstattung: siehe Kategorie
Sonstiges: zzgl. Endreinigung (250.–/350.–)

30 60 60 31 31 15 58 8 3 20
W 3 km
2 km 2 km 2 km
D GB VISA Maestro Master Card

Sæby (DK-9300) Jylland

Svalereden Camping & Hytteby **0417b**

Frederikshavensvej 112 / GPS: N 57°21'36.64'' E 10°30'34.2''
Tel. 98 46 19 37 – Fax 98 46 28 53 – E-Mail: svalereden@dk-camp.dk

F E D H 0.1 km

5 m, 55 000m² – Geöffnet: 1.1. – 31.12.

➜ E 45, Ausfahrt 13 oder 12. Straße 180, ca. 2 km nördlich von Sæby

Hauptsaison: 4.7.–1.8. – RES empfohlen – (Preise 2009)
Hütten: 22 Hütten (15 qm, Kategorie 3) für 5 Pers. – HS 3150.– / NS 1600.– bis 2250.– pro Woche
7 Hütten (25 qm, Kategorie 5a) für 5 Pers. – HS 5600.– / NS 1900.– bis 4950.– pro Woche
Ausstattung: siehe Kategorie
Sonstiges: Hand- und Geschirrtücher mitbringen, Bettwäsche mitbringen oder mieten, zzgl. Endreinigung, in der HS nur wochenweise Vermietung
19 34 34 17 17 18 28 WC 3 3 10
3 km 0.1 km 3 km 3 km 5 km
D GB VISA MasterCard

Frederikshavn (DK-9900) Jylland

Nordstrand Camping **0419**

Apholmenvej 40 / GPS: N 57°27'51.51'' E 10°31'38.98''
Tel. 98 42 93 50 – Fax 98 43 47 85
E-Mail: info@nordstrand-camping.dk

F E 0.2 km
3 m, 95000m² – Geöffnet: Ostern – 30.9.
➜ Von Frederikshavn Straße 40 Richtung Skagen. Beschildert. Ca. 3 km nördlich des Zentrums
Hauptsaison: 4.7.–1.8. – RES empfohlen – (Preise 2009)
Hütten: 7 Hütten (12.5 qm, Kategorie 2) für 4 Pers. – HS 275.– / NS 260.– bis 275.– pro Nacht
10 Hütten (20 qm, Kategorie 3) für 6 Pers. – HS 5300.– / NS 2110.– bis 4750.– pro Woche
10 Hütten (25 qm, Kategorie 5a) für 6 Pers. – HS 6200.– / NS 2900.– bis 5600.– pro Woche
Ausstattung: siehe Kategorie
Sonstiges: Bettwäsche mieten oder mitbringen, Hand- und Geschirrtücher mitbringen
32 88 88 32 32 18 70 WC 5 2
36 A 1 km
1 km
D GB VISA Maestro AE MasterCard

Ålbæk (DK-9982) Jylland

FDM-Camping Ålbæk Strand **0421**

Jerupvej 19 / GPS: N 57°35'12.51'' E 10°24'52.91''
Tel. 98 48 82 61 – Fax 98 48 89 34 – E-Mail: c-aalbaek@fdm.dk

F E 0.1 km
1 m, 104000m² – Geöffnet: 24.4. – 13.9. 12.00 – 15.00

DK

→ Straße 40 Frederikshavn – Skagen, ca. 1,5 km südlich von Ålbæk
Hauptsaison: 27.6.–15.8. – RES notwendig – (Preise 2009)
Hütten: 4 Hütten (12.5 qm, Kategorie 3) für 5 Pers. – HS 3300.– / NS 2300.– pro Woche
6 Hütten (18 qm, Kategorie 3) für 5 Pers. – HS 3750.– / NS 2530.– pro Woche
10 Hütten (25 qm, Kategorie 5a) für 5 Pers. – HS 4450.– / NS 3050.– pro Woche
Hütten (21.5 qm, Kategorie 3) für 6 Pers. – HS 3965.– / NS 2590.– pro Woche
Ausstattung: siehe Kategorie
Sonstiges: Bettwäsche mitbringen, zzgl. Endreinigung
45 45 28 28 12 39 WC 2 20
1 km 5 km 1 km 3 km
D GB VISA AE

Skagen-Hulsig (DK-9990) Jylland

Råbjerg Mile Camping **0424**

Kandestedvej 55 / GPS: N 57°39'18.26'' E 10°27'3.49''
Tel. 98 48 75 00 – Fax 98 48 75 88 – E-Mail: info@990.dk
F E H 1.0 km
1 m, 200 000m² – Geöffnet: Ostern – 21.10.
→ Straße 40 Frederikshavn – Skagen, bei Hulsig abzweigen nach Råbjerg Mile. Ca. 12 km südwestlich Skagen
Hauptsaison: 4.7.–3.8. – RES notwendig – (Preise 2009)
Hütten: 10 Hütten (15 qm, Kategorie 3) für 4 Pers. – HS 3800.– / NS 2600.– bis 3200.– pro Woche
10 Hütten (25 qm, Kategorie 5a) für 4 Pers. – HS 6200.– / NS 3500.– bis 5400.– pro Woche
Ausstattung: siehe Kategorie
5 49 49 24 24 11 54 WC 3 3 8
W 2 km 2 km 2 km 2 km 2 km
2 km 2 km 2 km 1.5 km 0.5 km
D GB VISA

Ålbæk-Skiveren (DK-9982) Jylland

Skiveren Camping **0425**

Niels Skiverensvej 5 / GPS: N 57°36'57.86'' E 10°16'43.86''
Tel. 98 93 22 00 – Fax 98 93 21 60 – E-Mail: info@skiveren.dk
F E H 0.1 km
7 m, 184 000m² – Geöffnet: 3.4. – 30.9.

➜ Straße 597 Hirtshals – Ålbæk, bei Tuen abzweigen nach Skiveren
Hauptsaison: 27.6.–22.8. – RES notwendig – (Preise 2009 in Euro)
Hütten: 27 Hütten (Kategorie 5a) für 4-6 Pers. – HS 531.– bis 799.– / NS 320.– bis 497.– pro Woche (für 2 Pers.), HS 565.– bis 799.– / NS 354.– bis 531.– pro Woche (für 3 Pers.), HS 599.– bis 799.– / NS 388.– bis 565.– pro Woche (für 4-6 Pers.)
Ausstattung: siehe Kategorie
Sonstiges: in der HS nur wochenweise Vermietung ab Samstag
27 10 66 66 59 59 28 67 WC 8
4 17 W A 0.4 km 0.4 km
0.4 km 9 km
D GB VISA EC Maestro AE Master Card

Hirtshals (DK-9850) Jylland

Hirtshals Camping 0430

Kystvejen 6 / GPS: N 57°35'11.14'' E 9°56'43.84''
Tel. 98 94 25 35 – Fax 98 94 33 43 – E-Mail: info@hirtshals-camping.de
F E D H 0.5 km
10 m, 25 000 m² – Geöffnet: 25.4. – 14.9.
➜ In Hirtshals beschildert. Beim Leuchtturm, ca. 300 m vom Ortszentrum
Hauptsaison: 15.6.–14.9. – RES empfohlen – (Preise 2009)
Hütten: 10 Hütten (Kategorie 3) für 4 Pers. – HS 2740.– / NS 2175.– pro Woche (incl. 4 Pers., Wasser, Strom, Umweltgebühr)
2 Hütten (Kategorie 4a) für 6 Pers. – HS 4200.– / NS 3300.– pro Woche (incl. 6 Pers., Wasser, Strom, Umweltgebühr)
Ausstattung: siehe Kategorie
Sonstiges: Bettwäsche mitbringen, in der HS nur wochenweise Vermietung
33 33 8 8 5 17 WC 2 6
1 km 1 km 1 km 4 km 1.5 km 1.5 km
1 km D GB VISA EC Maestro Master Card

Hirtshals-Tornby (DK-9850) Jylland

Tornby Strand Camping 0431

Strandvejen 13 / GPS: N 57°33'16.76'' E 9°55'57.65''
Tel. 98 97 78 77 – Fax 98 97 78 81 – E-Mail: mail@tornbystrand.dk
F E H 0.1 km
10 m, 100 000 m² – Geöffnet: Ostern – 1.10.
➜ Straße 55 Hjørring – Hirtshals, abzweigen Richtung Tornby Strand. Ca. 4 km von Hirtshals

DK

Hauptsaison: 5.7.–12.8. – (Preise 2009)
Hütten: 16 Hütten (Kategorie 3) für 4 Pers. – HS 3220.– bis 4100.– pro Woche / NS 395.– bis 560.– pro Nacht
Luxushütten (Kategorie 5) für 4 Pers. – HS 5100.– pro Woche / NS 550.– bis 700.– pro Nacht
Ausstattung: siehe Kategorie
Sonstiges: Bettwäsche, Hand- und Geschirrtücher mitbringen, zzgl. Endreinigung (150.–/250.– oder selbst durchführen)
10 40 40 22 22 15 43 WC 2
W 0.8 km 0.8 km 5 km
D GB VISA AE MasterCard

Lønstrup (DK-9800) Jylland

Egelunds Camping 0432

Rubjergvej 21 / GPS: N 57°27'58.52'' E 9°47'49.99''
Tel. 98 96 01 35 – Fax 98 96 08 52
E-Mail: egelund@loenstrup-camping.dk

F E D H 0.1 km

6 m, 10 000 m² – Geöffnet: 1.4. – 27.9.

➜ Straße 55, abzweigen nach Lønstrup. Am südlichen Ortsrand, ca. 300 m vom Zentrum

Hauptsaison: 22.6.–16.8. – (Preise 2008)
Hütten: 14 Hütten (Kategorie 4b) für 4-5 Pers. – HS 3300.– bis 3900.– / NS 1500.– bis 2600.– pro Woche
4 Hütten (Kategorie 5a) für 6 Pers. – HS 4500.– bis 5200.– / NS 2000.– bis 4500.– pro Woche
Ausstattung: siehe Kategorie
Sonstiges: Preise incl. Strom und Übernachtungsgebühr, Bettwäsche mitbringen oder mieten
18 2 28 28 24 24 12 20 WC 6 3
18 A 0.8 km 5 km
5 km 0.8 km 0.8 km 0.8 km 0.8 km 0.8 km
0.8 km 0.8 km 0.8 km 0.8 km 0.8 km 4 km 5 km
1 km 5 km 5 km 1 km D GB

Løkken-Nørre Lyngby (DK-9480) Jylland

Camping Gl. Klitgård 0434

Lyngbyvej 331 / GPS: N 57°25'13.87'' E 9°45'39.97''
Tel. 98 99 65 66 – Fax 98 99 62 06 – E-Mail: camping@gl-klitgaard.dk

F E H 0.1 km

20 m, 80 000 m² – Geöffnet: 1.1. – 31.12. 13.00 – 15.00

➜ Straße 55 Løkken – Hjørring, abzweigen nach Nørre Lyngby. Ca. 6 km von Løkken
Hauptsaison: 27.6.–15.8. – RES empfohlen – (Preise 2009)
Hütten: 7 Hütten (25 qm, Kategorie 5) für 5 Pers. – HS 4200.– bis 5300.– / NS 3000.– bis 3100.– pro Woche
3 Hütten (25 qm, Kategorie 3) für 5 Pers. – HS 3750.– bis 4700.– / NS 2800.– pro Woche
10 Hütten (18 qm, Kategorie 2) für 5 Pers. – HS 2900.– bis 3800.–/ NS 2400.– pro Woche
Ausstattung: siehe Kategorie
Sonstiges: zzgl. Strom- und Heizgebühren

5 40 40 17 17 10 50 WC 2 2 10
2 km 0.5 km 0.5 km 0.5 km 0.5 km
0.5 km 5 km 2 km 1 km
D GB VISA Maestro AE Master Card

Løkken-Ingstrup (DK-9480) Jylland

Grønhøj Strand Camping **0436**

Kettrupvej 125, Pandrup / GPS: N 57°19'14.5'' E 9°40'39''
Tel. 98 88 44 33 – Fax 98 88 36 44
E-Mail: info@gronhoj-strand-camping.dk

F E H 0.1 km
1 m, 139000m² – Geöffnet: 4.4. – 6.9.
➜ Straße 55, bei Ingstrup abzweigen Richtung Grønhøj Strand. Ca. 2,5 km westlich Ingstrup
Hauptsaison: 22.6.–16.8. – (Preise 2009 in Euro)
Hütten: 3 Hütten (9 qm, Kategorie 1) für 2 Pers. – HS 234.– bis 290.– / NS 179.– pro Woche
3 Hütten (18 qm, Kategorie 3) für 5 Pers. – HS 331.– bis 428.– / NS 290.– pro Woche
8 Hütten (23-25 qm, Kategorie 4b und 5a) für 4-6 Pers. – HS 428.– bis 566.– / NS 345.– pro Woche
Ausstattung: siehe Kategorie
Sonstiges: Bettwäsche mitbringen

30 30 26 26 16 38 WC 2 17
W 6 km 0.7 km 6 km 5 km 1 km 1 km
0.7 km 6 km D GB VISA Maestro Master Card

Saltum (DK-9493) Jylland

Saltum Strand Camping **0438a**

Saltum Strandvej 141 / GPS: N 57°17'7.47'' E 9°39'8.19''
Tel. 98 88 11 59 – Fax 98 88 23 04 – E-Mail: info@saltumstrand.dk

DK

F E D 0.5 km
10 m, 90 000 m² – Geöffnet: 4.4. – 20.9.
→ Straße 55, nördlich des Ortes bei der Kirche von Saltum abzweigen Richtung Strand. Beschildert. Ca. 3 km vom Ort
Hauptsaison: 27.6.–8.8. – RES empfohlen – (Preise 2009)
Hütten: Insgesamt 25 Hütten (13-15 qm, Kategorie 4b) für 4-6 Pers. – HS 3895.– / NS 1995.– bis 2595.– pro Woche
Ausstattung: siehe Kategorie
Sonstiges: zzgl. Übernachtungsgebühr, incl. Schwimmbecken- und Tennisplatzbenutzung, zzgl. Leihgebühr für Bälle und Schläger. Geschirrtücher, Putzlappen, Reinigungsmittel mitbringen, Bettwäsche und Handtücher mitbringen oder mieten (50.–)
2 4 36 36 33 33 18 40 WC 3 2 7
W 1 km 1 km 5 km 5 km
1 km 5 km 0.5 km
D GB VISA Maestro MasterCard

Saltum (DK-9493) Jylland

Jambo Feriepark 0438b

Solvejen 60 / GPS: N 57°16'42.47'' E 9°39'41.94''
Tel. 98 88 16 66 – Fax 98 88 18 08 – E-Mail: info@jambo.dk

F E 1.0 km
10 m, 100 000 m² – Geöffnet: 3.4. – 19.10.
→ Straße 55, nördlich des Ortes bei der Kirche von Saltum abzweigen Richtung Strand. Beschildert. Ca. 3 km vom Ort
Hauptsaison: 6.7.–3.8. – (Preise 2008)
Hütten: 10 Hütten (Kategorie 5a) für 4-6 Pers. – HS 7500.– / NS 4300.– bis 6700.– pro Woche
11 Hütten (Kategorie 4b) für 4-6 Pers. – Preis auf Anfrage
Ausstattung: siehe Kategorie
Sonstiges: zzgl. Strom (2.50/kWh), Bettwäsche, Reinigungsmittel, Hand- und Tischtücher mitbringen, incl. Endreinigung
12 5 65 64 42 42 16 47 WC 6
6 12 W 1.5 km 3 km
6 km 3 km 2 km 8 km 5 km
D GB F VISA Maestro AE MasterCard

Bei der Buchung sollte man sich über die Ausstattung der Hütten mit Besteck, Geschirr, Küchengeräten etc. genau informieren! Häufig können Bettwäsche und Handtücher gemietet werden.

Blokhus (DK-9492) Jylland

Blokhus Familiecamping **0439**

Aalborgvej 62 / GPS: N 57°14'59.08'' E 9°35'52.85''
Tel. 98 24 90 96 – Fax 98 24 97 39 – E-Mail: mail@blokhuscamping.dk

F D 0.1 km

6 m, 68 000m² – Geöffnet: Ostern – 15.9.

➜ Straße 55, nördlich von Pandrup Richtung Blokhus abzweigen. Ca. 500 m außerhalb des Ortes

Hauptsaison: 28.6.–9.8. – RES empfohlen – (Preise 2009)
Hütten: 15 Hütten (20 qm, Kategorie 4b) für 4 Pers. – HS 3750.– / NS 2100.– bis 2900.– pro Woche
Ausstattung: siehe Kategorie
Sonstiges: Preise incl. Strom, Wasser, Dusche. Bettwäsche mitbringen oder mieten, Hand- und Geschirrtücher mitbringen, zzgl. Endreinigung, in der HS nur wochenweise Vermietung der Hütten ab Samstag

46 46 18 18 5 30 WC 4 6
0.6 km 0.8 km 0.8 km S 0.8 km 0.8 km
0.8 km S 0.8 km 3 km 0.6 km 4 km 6 km
2 km 1 km D GB NL VISA MasterCard

Fjerritslev-Klim Strand (DK-9690) Jylland ➳ ANN.

Klim Strand Camping **0444**

Havvejen 167 / GPS: N 57°8'0'' E 9°10'14''
Tel. 98 22 53 40 – Fax 98 22 57 77 – E-Mail: ksc@klimstrand.dk

F E 4.0 km

5 m, 240 000m² – Geöffnet: 1.1. – 31.12.

➜ Von Fjerritslev Straße 569, in Klim abzweigen nach Klim Strand. Ca. 10 km nördlich Fjerritslev

DK

Hauptsaison: 22.6.–31.8. – RES empfohlen – (Preise 2009 in Euro)
Hütten: 24 Hütten (17 qm, Kategorie 4b) für 5 Pers. – HS 455.– bis 565.– pro Woche / NS 69.– pro Nacht
20 Hütten (25 qm, Kategorie 5a) für 5 Pers. – HS 703.– bis 896.– pro Woche / NS 97.– pro Nacht
Ausstattung: siehe Kategorie
Sonstiges: in der HS nur wochenweise Vermietung der Hütten ab Samstag, Bettwäsche und Handtücher mitbringen, Endreinigung selbst durchführen, bei Kategorie 4b zzgl. Stromgebühr

30 4 61 61 38 38 29 66 WC 8
4 22 TV W A
D GB VISA Maestro Master Card

Vesløs-Øsløs (DK-7742) Jylland

Camping Bygholm **0448**

Bygholmvej 27 / GPS: N 57°1'37.55'' E 9°1'11.37''
Tel. 97 99 31 39 – Fax 97 99 38 02 – E-Mail: info@bygholmcamping.dk

F E

5 m, 25 000m² – Geöffnet: 1.1. – 31.12. 12.00 – 14.00
→ Straße 11 Fjerritslev – Thisted, in Øsløs beschildert
Hauptsaison: 21.6.–14.8. – RES notwendig – (Preise 2009)
Hütten: 10 Hütten (Kategorie 4b) für 4-5 Pers. – HS 2400.– bis 3000.– / NS 1700.– bis 2500.– pro Woche (je nach Größe und Belegung)
Ausstattung: siehe Kategorie
Sonstiges: Bettwäsche mitbringen oder mieten (60.– pro Garnitur), Decken und Kissen mitbringen oder mieten, Kinderbett, Kinderhochstuhl mieten , zzgl. Endreinigung

18 18 10 10 8 18 WC 2 2 6
0.5 km 0.5 km 0.5 km 0.5 km 0.5 km
D GB VISA Maestro Master Card

Hanstholm (DK-7730) Jylland

Hanstholm Camping **0450**

Hamborgvej 95 / GPS: N 57°6'34.51'' E 8°40'3.32''
Tel. 97 96 51 98 – Fax 97 96 54 70
E-Mail: info@hanstholm-camping.dk

F E H 0.1 km

40 m, 220 000m² – Geöffnet: 1.1. – 31.12.
→ Straße 26 bis Hanstholm, abzweigen Richtung Vigsø. Ca. 2 km vom Ort

Hauptsaison: 22.6.–10.8. – RES notwendig – (Preise 2009)
Hütten: 2 Hütten (10 qm, Kategorie 2) für 2 Pers. – HS 2660.– / NS 1470.– bis 2170.– pro Woche
8 Hütten (22 qm, Kat. 3) für 4 Pers. – HS 3850.– / NS 2800.– bis 3220.– pro Woche
10 Hütten (20 qm, Kat. 4b und 5b) für 6 Pers. – HS 4340.– bis 4760.– / NS 2940.– bis 3990.– pro Woche
6 Hütten (25 qm, Kat. 5) für 6 Pers. – HS 5320.– / NS 3710.– bis 4410.– pro Woche
5 Hütten (25 qm, Kat. 5a) für 7 Pers. – HS 6440.– / NS 4550.– bis 5250.– pro Woche
7 Hütten (25 qm, Kat. 5a) für 8 Pers. – HS 6860.– / NS 4760.– bis 5460.– pro Woche
Ausstattung: siehe Kategorie
Sonstiges: Bettwäsche, Oberbett, Kissen, Hand- und Geschirrtücher mitbringen oder mieten (65.–), zzgl. Endreinigung (150.– / 200.–)
42 42 21 21 10 36 WC 6 6 16
W A 1 km 0.2 km 2 km 0.5 km
0.5 km 0.2 km 1 km
D GB VISA Maestro MasterCard

Nykøbing-Legind Bjerge (DK-7900) Mors

DK

Jesperhus Resort 0464

Legindvej 30 / GPS: N 56°45'50.88'' E 8°48'51.35''
Tel. 96 70 14 00 – Fax 96 70 14 17 – E-Mail: jesperhus@jesperhus.dk
F E H 0.1 km
1 m, 110000m² – Geöffnet: 3.4. – 18.10.
➜ Straße 26 Skive – Thisted, bei Nykøbing abzweigen zum »Jesperhus Blomsterpark«. Ca. 3 km von Nykøbing
Hauptsaison: 22.6.–9.8. – (Preise 2009)
Hütten: Hütten (Kategorie 3) für 6 Pers. – HS 4998.– bis 5998.– / NS 1498.– bis 3998.– pro Woche
80 Hütten (Kategorie 4b) für 6 Pers. – HS 5998.– bis 6998.– / NS 2498.– bis 3998.– pro Woche
63 Hütten (Kategorie 5a) für 6 Pers. – HS 7998.– bis 8998.– / NS 2998.– bis 6998.– pro Woche
Ausstattung: siehe Kategorie
Sonstiges: Preise incl. 6 Pers., zzgl. Stromgebühren und Umweltabgabe
70 100 100 83 83 22 79 WC 7
5 24 A 1 km
2 km 5 km 5 km 1 km
D GB VISA MasterCard

Spøttrup-Lihme (DK-7860) Jylland

Limfjords Camping & Vandland **0474**

Ålbæk Strandvej 5 / GPS: N 56°37'22.33'' E 8°43'44.62''
Tel. 97 56 02 50 – Fax 97 56 06 54 – E-Mail: camping@limfjords.dk

F E D 0.5 km

4 m, 120000m² – Geöffnet: 1.1. – 31.12.

→ Straße 189 Skive – Holstebro, abzweigen und über Lihme nach Ålbæk. Ca. 2 km von Lihme

Hauptsaison: 5.7.–9.8. – RES notwendig – (Preise 2009)
Hütten: 8 Hütten (20 qm, Kategorie 4a) für 6 Pers. – HS 4895.– bis 5550.– / NS 2975.– bis 4395.– pro Woche
Ausstattung: siehe Kategorie
Sonstiges: Bettwäsche mitbringen oder mieten, zzgl. Endreinigung, Anzahlung erforderlich (25 %)

5 5 45 45 29 29 10 30 WC 2
2 17 5 km
5 km 3 km D GB VISA Maestro MasterCard

Skive (DK-7800) Jylland

FDM-Camping Skive Fjord **0477**

Marienlyst Strand 15-17 / GPS: N 56°35'52.19'' E 9°2'16.93''
Tel. 97 51 44 55 – Fax 97 51 44 75 – E-Mail: c-skive@fdm.dk

F E

30 m, 80000m² – Geöffnet: 3.4. – 18.10. 13.00 – 15.00

→ Straße 551 Skive – Fur. Beschildert. Ca. 4 km nördlich Skive-Zentrum

Hauptsaison: 27.6.–15.8. – (Preise 2009)
Insgesamt 13 Hütten: Hütten (18 qm, Kategorie 4b) für 5 Pers. – HS 3355.– bis 3750.– / NS 2260.– bis 2530.– pro Woche
Hütten (25 qm, Kategorie 5a) für 5 Pers. – HS 3965.– bis 4450.– / NS 2745.– bis 3050.– pro Woche
Ausstattung: siehe Kategorie
Sonstiges: Bettwäsche mitbringen, in der HS nur wochenweise Vermietung ab Samstag

12 12 10 10 6 18 WC 12
5 km 5 km 5 km 3 km
3 km 2 km 5 km 1 km
D GB VISA MasterCard

! Eine frühe Reservierung ist wichtig, um sich sein Wunsch-Ferienhaus zu sichern!

Farsø-Stistrup (DK-9640) Jylland

Stistrup Camping **0483**

Gl. Viborgvej 13 / GPS: N 56°45'27'' E 9°14'33''
Tel. 98 63 61 76 – Fax 98 63 61 73 – E-Mail: mail@stistrup.eu

F E D 0.5 km

10 m, 45000 m² – Geöffnet: 1.4. – 30.9.

➜ Straße 533 Viborg – Løgstør. Beschildert. Ca. 4 km westlich Farsø

Hauptsaison: 13.6.–17.8. – RES notwendig – (Preise 2009)

Hütten: 5 Hütten (16 qm, Kategorie 2) für 4 Pers. – HS 325.– / NS 275.– pro Nacht

5 Hütten (20 qm, Kategorie 3) für 5 Pers. – HS 400.– / NS 300.– pro Nacht

5 Hütten (25 qm, Kategorie 5a) für 4 Pers. – HS 750.– / NS 600.– pro Nacht

Ausstattung: siehe Kategorie

Sonstiges: zzgl. Strom- und Heizgebühren

16 16 16 8 8 6 16 WC 11
0.3 km 9 km 9 km 0.3 km
0.3 km 0.3 km 8 km 6 km 0.3 km 6 km
4 km 0.1 km 8 km D GB F NL VISA MasterCard

Farsø-Strandby (DK-9640) Jylland

Myrhøj Camp Limfjord **0485a**

Løgstørvej 69 / GPS: N 56°46'6.67'' E 9°12'32.04''
Tel. 98 63 60 65 – Fax 98 63 60 65 – E-Mail: info@myrhojcamping.dk

F 0.1 km

40 m, 55000 m² – Geöffnet: Ostern – 19.10.

➜ Straße 533 Viborg – Løgstør, ca. 400 m nördlich Strandby und 9 km von Farsø

DK

Hautsaison: 6.7.–10.8. – RES notwendig – (Preise 2009)
Hütten und Wohnwagen: 5 Hütten (18 qm, Kategorie 5b) für 2-4 Pers. – HS 2500.– bis 3200.– / NS 1575.– bis 1900.– pro Woche
5 Hütten (23 qm, Kat. 4b) für 4+1 Pers. – HS 1700.– / NS 1500.– pro Woche
6 Hütten (25 qm, Kat. 5a) für 4-6 Pers. – HS 3995.– bis 4400.– / NS 2500.– pro Woche
Wohnwagen (25 qm, Kat. 3) für 2+3 Pers. – HS 2100.– / NS 1700.– pro Woche
Wohnwagen (34 qm, Kat. 4a) für 2+3 Pers. – HS 2999.– / NS 1900.– pro Woche
Ausstattung: siehe Kategorie
Sonstiges: Anzahlung: (50 %), zzgl. Strom (3.–/kWh), Gas, (Ab-) Wasser. Umweltabgabe (25.– pro Nacht). Übernachtungsgebühr für zus. Pers. – HS / NS 60.– pro Nacht, Bettwäsche mitbringen oder mieten (35.–), zzgl. Endreinigung (300.–)

15 7 17 17 8 8 5 15 WC 3 6
1.5 km 9 km 9 km 3 km
S 9 km 5 km S 9 km 9 km 9 km S 9 km 9 km
S 9 km 9 km 9 km 2 km 9 km 9 km
4 km D GB VISA Maestro AE MasterCard

Mariager (DK-9550) Jylland

Mariager Camping **0492**

Ny Havnevej 5A / GPS: N 56°39'15.49'' E 9°58'35.39''
Tel. 98 54 13 42 – Fax 98 54 25 80 – E-Mail: info@mariagercamping.dk

F E D H 0.5 km
1 m, 34000m² – Geöffnet: 4.4. – 20.9. 12.00 – 13.00
➜ Straße 555 Hobro – Hadsund. In Mariager beim Hafen, beschildert. Ca. 500 m vom Ortszentrum
Hauptsaison: 29.6.–9.8. – RES notwendig – (Preise 2009)
Hütten und Ferienhäuser: 6 Hütten (10 qm, Kategorie 2) für 4 Pers. – HS 2400.– / NS 1800.– pro Woche
4 Hütten (15 qm, Kategorie 3) für 4 Pers. – HS 3300.– / NS 2700.– pro Woche
Hütte (25 qm, Kategorie 5) für 4 Pers. – HS 4950.- / NS 3950.– pro Woche
Ferienhaus (40 qm, Kategorie 5a) für 5 Pers. – HS 4950.– / NS 3950.– pro Woche
Ausstattung: siehe Kategorie
Sonstiges: Bettwäsche mitbringen oder mieten

20 20 20 14 14 8 18 WC 2 12
0.5 km 7 km
D GB

Læsø-Versterø Havn (DK-9940) Læsø

Læsø Camping & Hytteby **0495**

Agersigen 18A / GPS: N 57°17'5.89'' E 10°56'5.18''
Tel. 98 49 94 95 – Fax 98 49 94 55 – E-Mail: laesoe@dk-camp.dk

F E H0.4 km

7 m, 25 000m² – Geöffnet: 1.5. – 30.9.

➜ Ca. 1,5 km von der Fähranlegestelle Richtung Byrum

Hauptsaison: 27.6.–29.8. – RES notwendig – (Preise 2009)
Hütten: Hütten (Kategorie 1) – HS 2295.– / NS 1495.– pro Woche
Hütten (Kategorie 4) – HS 3250.– / 1995.– pro Woche
Hütten (Kategorie 5b) – HS 3995.– / NS 2395.– pro Woche
Hütten (Kategorie 5a) – HS 4700.– / 2695.– pro Woche
Ausstattung: siehe Kategorie

12 12 8 8 4 12 WC 2

1 km 1 km 1 km 1 km 1 km 1 km 1 km 1 km
1 km 4 km 1 km 5 km 5 km D VISA Master Card

Læsø-Østerby Havn (DK-9940) Læsø

Østerby Camping **0498**

Campingpladsvej 8 / GPS: N 57°19'4.81'' E 11°7'50.74''
Tel. 98 49 80 74 – Fax 98 49 80 73 – E-Mail: mail@oesterbycamping.dk

F E D H0.2 km

4 m, 22 000m² – Geöffnet: 9.5. – 14.9.

➜ Straße Byrum – Østerby, abzweigen nach Østerby Havn. Ca. 11 km von Byrum

Hauptsaison: 9.5.–14.9. – RES notwendig – (Preise 2009)
Hütten: 10 Hütten (Kategorie 3) für 6 Pers. – HS 350.– pro Nacht
Ausstattung: siehe Kategorie
Sonstiges: Preise zzgl. Übernachtungsgebühr – HS / NS Erw. 65.–, Kind 45.– pro Nacht, Bettwäsche mitbringen

6 2 15 14 6 6 4 11 WC 12

0.2 km 0.3 km 0.3 km 0.3 km 0.3 km
0.3 km 0.3 km 0.3 km 0.3 km 0.3 km 0.3 km
0.5 km 2.5 km 1.2 km D GB VISA Master Card

DK

Die Angebote rund um Service und Unterhaltung unterscheiden sich in den skandinavischen Ländern teilweise stark.
Daher gilt: Je genauer Sie sich vor Buchung Ihrer Urlaubsreise informieren, desto angenehmer und schöner werden Sie Ihren Urlaub genießen können.

Odense (DK-5260) Fyn

DCU-Camping Odense 0511

Odensevej 102 / GPS: N 55°22'11.01"E 10°23'33.22"
Tel. 66 11 47 02 – Fax 65 91 73 43 – e-mail: odense@dcu.dk

H 0.3 km

15 m, 50000 m² – Geöffnet: 1.1. – 31.12. 12.00 – 14.00

➜ E 20, Ausfahrt 50, Richtung Odense-Zentrum. Ca. 4 km südlich des Stadtzentrums

Hauptsaison: 20.6.–16.8. – RES notwendig – (Preise 2009)
Hütten: 12 Hütten (12 qm, Kategorie 2) für 4 Pers. – HS 3100.– pro Woche / NS 2500.– pro Woche
1 Luxushütte (25 qm, Kategorie 5a) für 6 Pers. – HS 5500.– / NS 4200.– pro Woche
Ausstattung: siehe Kategorie
Sonstiges: Decken, Kissen und Bettwäsche mitbringen oder mieten

10 54 11 10 10 6 31 WC 2 6 GAS
0.3 km 3 km 0.8 km D VISA MasterCard

Otterup-Hasmark Strand (DK-5450) Fyn

Hasmark Strand Feriepark 0515

Strandvejen 205 / GPS: N 55°33'46.03'' E 10°27'15.13''
Tel. 64 82 62 06 – Fax 64 82 55 80 – E-Mail: info@hasmark.dk

F H 0.1 km

1 m, 70000 m² – Geöffnet: 4.4. – 18.10. 12.00 – 15.00

➜ Von Odense Straße 162 Richtung Otterup. In Otterup abzweigen, über Hasmark nach Hasmark Strand

Hauptsaison: 2.7.–10.8. – RES notwendig – (Preise 2008)
Hütten: 7 Hütten (20-25 qm, Kategorie 3) für 4-6 Pers. – HS 5100.– / NS 3600.– pro Woche (je nach Größe und Belegung)
Ausstattung: siehe Kategorie

8 16 30 30 50 50 8 50 WC 5
4 8 TV W A
0.5 km D GB VISA Maestro MasterCard

! Camping news online unter www.campingnews.info

Bogense (DK-5400) Fyn

Bogense Strand Camping 0523

Vestre Engvej 11 / GPS: N 55°33'43.55'' E 10°5'4.08''
Tel. 64 81 35 08 – Fax 64 81 26 17 – E-Mail: info@bogensecamp.dk

F E 0.3 km

1 m, 110000m² – Geöffnet: 3.4. – 18.10.

➜ E 20, Ausfahrt 55, Straße 329 Richtung Bogense. In Bogense Richtung Hafen. Nur ca. 300 m vom Strand und 200 m vom Ort entfernt. Beschildert

Hauptsaison: 27.6.–16.8. – RES empfohlen – (Preise 2009)
Hütten: 2 Hütten (20 qm, Kategorie 3) für 5 Pers. – HS 5295.– bis 5795.– / NS 1350.– für 2 Nächte
30 Hütten (25 qm, Kategorie 5a) für 6 Pers. – HS 5795.– bis 6995.– / NS 1795.– für 2 Nächte
Ausstattung: siehe Kategorie
Sonstiges: Bettwäsche, Hand- und Geschirrtücher mitbringen. Kaution (1000.–), Anzahlung (250.–) sowie Reservierungsgebühr (10.–) erforderlich. Im angrenzenden Bogense Strand Feriecenter (Danland) können zusätzlich komfortable Ferienwohnungen gemietet werden

40 4 70 70 40 40 19 56 WC 5 4 16 TV W A 0.3 km 0.3 km 0.3 km 0.3 km S 0.3 km 0.3 km 0.3 km S 0.3 km 0.3 km 0.3 km 0.3 km 0.5 km 0.2 km D GB VISA Maestro AE MasterCard

Asperup-Båring Vig (DK-5466) Fyn

Skovlund Camping 0525b

Kystvejen 1 / GPS: N 55°30'23.58'' E 9°53'58.29''
Tel. 64 48 14 77 – Fax 64 48 18 57
E-Mail: mail@skovlund-camping.dk

F E D 2.0 km

30 m, 70000m² – Geöffnet: Ostern – 15.9.

➜ E 20, Ausfahrt 57, Straße 317 Richtung Bogense, in Båring Richtung Båring Vig

Hauptsaison: 27.6.–8.8. – RES notwendig – (Preise 2009)
Insgesamt 24 Hütten: Hütten (15-25 qm) für 4-6 Pers. – HS 3700.– bis 5200.– / NS 2400.– bis 4500.– pro Woche
Ausstattung: Kategorie 2, 3, 5a, 5b
Sonstiges: Decken und Bettwäsche mitbringen oder mieten (50.– pro Woche), Kissen, Hand- und Geschirrtücher mitbringen, zzgl. Umweltabgabe (7.– pro Nacht)

DK

8 28 28 21 21 14 37 2 10
3 km 0.3 km 5 km 0.3 km
0.3 km S 0.3 km 0.3 km 0.3 km
D GB

Middelfart-Vejlby Fed (DK-5500) Fyn

Vejlby Fed Camping 0526a

Rigelvej 1 / GPS: N 55°31'10.68'' E 9°51'0.22''
Tel. 64 40 24 20 – Fax 64 40 24 38 – E-Mail: mail@vejlbyfed.dk

F E 0.5 km

2 m, 55000m² – Geöffnet: Ostern – 14.9.

➜ E 20, Ausfahrt 58, Richtung Bogense. Abzweigen nach Vejlby Fed

Hauptsaison: 29.6.–9.8. – RES notwendig – (Preise 2009)
Hütten: Hütten (Kategorie 3) für 4 Pers. – HS 3600.– bis 3795.– pro Woche / NS 400.– pro Nacht
Hütten (Kategorie 4) für 6 Pers. – HS 4995.– bis 5495.– pro Woche / NS 575.– pro Nacht
6 Hütten (Kategorie 5a) für 6 Pers. – HS 5995.– bis 6495.– pro Woche / NS 675.– pro Nacht
Ausstattung: siehe Kategorie

16 35 35 16 16 12 32 2
S
D GB

Assens-Sandager (DK-5610) Fyn

Sandager-Næs-Camping 0534

Strandgårdsvej 12 / GPS: N 55°20'2.38'' E 9°53'23.92''
Tel. 64 79 11 56 – Fax 64 79 18 56 – E-Mail: info@sandagernaes.dk

F E D

5 m, 37000m² – Geöffnet: Ostern – 14.9.

➜ Straße 313 Nørre Åby – Assens, in Sandager abzweigen nach Næs, ca. 3 km

Hauptsaison: 4.7.–1.8. – RES notwendig – (Preise 2009)
Hütten: 7 Hütten (15/18 qm, Kategorie 3) für 4 Pers. – HS 3900.– bis 4100.– / NS 1800.– bis 3100.– pro Woche (je nach Größe)
6 Hütten (25 qm, Kategorie 5a) für 6 Pers. – HS 6400.– / NS 2700.– bis 4800.– pro Woche
Ausstattung: siehe Kategorie
Sonstiges: Bei Kategorie 5a zzgl. Stromgebühr, in der HS Vermietung nur wochenweise

16 28 28 22 22 8 25 2 8
6 km 0.6 km
0.7 km 0.7 km 6 km 4 km
D GB

Ebberup-Aa (DK-5631) Fyn

Aa-Strand-Camping **0541**

Aa Strandvej 61 / GPS: N 55°13'1.4'' E 9°58'27.88''
Tel. 64 74 10 03 – Fax 64 74 10 03 – E-Mail: aa-strand@dk-camp.dk

F E 2.0 km

1 m, 50000m² – Geöffnet: Ostern – 15.9. 12.00 – 14.00

→ Straße 323 Assens – Hårby, in Ebberup abzweigen nach Aa Strand. Ca. 7 km südlich Assens

Hauptsaison: 1.7.–14.8. – RES notwendig – (Preise 2009 in Euro)
Hütten: 10 Hütten (16 qm, Kategorie 3) für 4 Pers. – HS 315.– / NS 275.– pro Woche
Ausstattung: siehe Kategorie
Sonstiges: Preise incl. 2 Pers., Übernachtungsgebühr für zus. Pers. – HS / NS Erw. 57.–, Kind (bis 11 J.) 30.– pro Woche, Bettwäsche mitbringen, in der HS nur wochenweise Vermietung ab Samstag

4 22 22 10 10 5 20 7
1.5 km 0.1 km 0.1 km 0.1 km 0.1 km 0.1 km
0.1 km 0.1 km 5 km D GB

DK

Helnæs (DK-5631) Fyn

Helnæs Camping **0545**

Strandbakken 21 / GPS: N 55°7'58.01'' E 10°2'9.63''
Tel. 64 77 13 39 – Fax 64 77 13 54 – E-Mail: info@helnaes-camping.dk

F E 1.2 km

50 m, 32000m² – Geöffnet: Ostern – 1.10.

→ Straße 323, in Ebberup abzweigen nach Helnæs, noch ca. 13 km

Hauptsaison: 1.7.–15.8. – RES notwendig – (Preise 2009)
Hütten: 4 Hütten (10 qm, Kategorie 2) für 2-4 Pers. – HS 2100.– bis 2450.– pro Woche / NS auf Anfrage
4 Hütten (15/22 qm, Kategorie 3) für 4-5 Pers. – HS 2450.– bis 2800.– pro Woche / NS auf Anfrage
2 Hütten (25/29 qm, Kategorie 4a) für 6-8 Pers. – HS / NS 3150.– bis 3850.– pro Woche
Ausstattung: siehe Kategorie
Sonstiges: zzgl. Endreinigung

18 20 20 11 11 4 18 2 2
0.9 km 0.3 km 0.3 km 0.3 km 0.3 km
0.3 km 0.3 km 0.3 km 0.3 km D GB

Fåborg-Bøjden (DK-5600) Fyn

Bøjden Strand Feriepark **0553**

Bøjden Landevej 12 / GPS: N 55°6'18.85'' E 10°6'28.79''
Tel. 63 60 63 60 – Fax 63 60 63 63 – E-Mail: info@bojden.dk

F E 0.2 km

20 m, 60000m² – Geöffnet: Ostern – 12.10. 12.00 – 13.00

➜ Von Fåborg Straße 8, ca. 10 km bis Bøjden. Beschildert. Direkt im Ort, am Strand. Ca. 1 km von der Fähre nach Fynshav/Als

Hauptsaison: 5.7.–9.8. – RES notwendig – (Preise 2009)
Hütten: 7 Hütten (15 qm, Kategorie 3) für 4 Pers. – HS 4600.– / NS 2000.– bis 3675.– pro Woche
5 Hütten (20 qm, Kategorie 4b) für 4-6 Pers. – HS 5600.– / NS 2600.– bis 4725.– pro Woche
15 Hütten (25 qm, Kategorie 5a) für 6-8 Pers. – HS 7600.– / NS 3600.– bis 6200.– pro Woche
Ausstattung: siehe Kategorie
Sonstiges: Kategorie 5a – Zuschlag für Panoramablick (300.– pro Woche), Mindestmietzeit 2 Nächte. Kategorie 3 und 4b – Zuschlag bei nur einer Übernachtung (100.–)

23 35 35 20 20 12 35 3 2 10
4 km D GB VISA MasterCard

Svendborg-Tåsinge (DK-5700) Fyn

Carlsberg Camping **0561**

Sundbrovej 19 / GPS: N 55°2'0.51'' E 10°36'49.06''
Tel. 62 22 53 84 – Fax 62 22 58 11
E-Mail: mail@carlsberg-camping.dk

F 1.5 km

65 m, 65000m² – Geöffnet: Ostern – 15.9.

➜ Straße 9 Svendborg – Rudkøbing, ca. 1,5 km nach der Brücke abzweigen. Ca. 5 km von Svendborg-Zentrum

Hauptsaison: 4.7.–9.8. – RES notwendig – (Preise 2008)
Hütten: 11 Hütten (Kategorie 3) für 4-5 Pers. – HS 3300.– bis 6100.– / NS 1500.– bis 5200.–
Ausstattung: siehe Kategorie
Sonstiges: Decken und Bettwäsche mitbringen oder mieten, in der HS nur wochenweise Vermietung

56 51 20 20 9 39 2 14

1.5 km 2 km 3 km 3 km 2 km 2 km 2 km

1.5 km 1.5 km 2 km 4 km 2.5 km 3.5 km

D GB VISA Maestro AE MasterCard

Thurø (DK-5700) Thurø

FDM-Camping Thurø **0562**

Smørmosevej 7 / GPS: N 55°2'35.91'' E 10°42'36.17''

Tel. 62 20 52 54 – Fax 62 20 52 78 – E-Mail: c-thuroe@fdm.dk

F E H 0.3 km

3 m, 54000m² – Geöffnet: 3.4. – 13.9. 12.00 – 14.00

➜ Von Svendborg über den Deich nach Thurø, links durch Ortsmitte Richtung Smørmosen, 800 m

Hauptsaison: 27.6.–15.8. – (Preise 2009)
Insgesamt 10 Hütten: Hütten (12.5-25 qm) für 5-6 Pers. – HS 3300.– bis 4450.– / NS 2100.– bis 2745.– pro Woche
Ausstattung: Kategorien 3, 4a, 4b, 5a
Sonstiges: Bettwäsche mitbringen, in der HS nur wochenweise Vermietung ab Samstag

36 36 20 20 8 36 2 2 6

2 km 7 km 6 km 1.5 km

1.5 km D GB VISA AE MasterCard

DK

Lundeborg (DK-5874) Fyn

Lundeborg Strandcamping **0566**

Gl. Lundeborgvej 46 / GPS: N 55°8'41.06'' E 10°46'54.12''

Tel. 62 25 14 50 – Fax 62 25 20 22 – E-Mail: ferie@lundeborg.dk

F H 4.0 km

15 m, 25000m² – Geöffnet: 9.4. – 13.9.

➜ Straße 163 Nyborg Svendborg, in Broholm abzweigen nach Lundeborg. Ca. 500 m außerhalb des Ortes

Hauptsaison: 29.6.–9.8. – RES notwendig – (Preise 2009)
Hütten: Hütten (Kategorie 4a) für 6 Pers. – HS 4300.– bis 4995.– / NS 1250.– bis 3100.– pro Woche (incl. 2 Pers.)
Strandhütten (Kategorie 3) für 4 Pers. – HS 4300.– bis 4995.– / NS 1500.– bis 3100.– pro Woche
Ausstattung: siehe Kategorie
Sonstiges: Decken und Bettwäsche mitbringen, in der HS nur wochenweise Vermietung

16 26 26 18 18 8 24 2 12

0.5 km 4 km 0.5 km

5 km D GB VISA Maestro MasterCard

Hesselager-Bøsøre (DK-5874) Fyn

Bøsøre Strand Feriepark **0567**

Bøsørevej 16 / GPS: N 55°11'44.3'' E 10°48'21.2''
Tel. 62 25 11 45 – Fax 62 25 11 46 – E-Mail: info@bosore.dk

F Ⓗ4.5 km

1 m, 250000m² – Geöffnet: 4.4. – 18.10.

➜ Straße 163 Nyborg – Svendborg, ca. 2 km nördlich Hesselager abzweigen über Vormark nach Bøsøre / Bøsøre Strand

Hauptsaison: 29.6.–9.8. – RES notwendig – (Preise 2009)
Hütten: 5 Hütten (25 qm, Kategorie 5a) für 6 Pers. – HS 6500.– / NS 4200.– pro Woche
10 Hütten (20 qm, Kategorie 5b) für 6 Pers. – HS 5500.– / NS 3600.– pro Woche
Ausstattung: siehe Kategorie
Sonstiges: Preise incl. 4 Pers., Übernachtungsgebühr ab 5. Pers. – HS / NS Erw. 85.–, Kind 60.– pro Nacht, Preise bei Kategorie 5a zzgl. Strom

18 50 50 25 25 9 46 WC 5 2
12 TV W A
D GB F Maestro

Nyborg (DK-5800) Fyn

Nyborg Strandcamping **0575a**

Hjejlevej 99 / GPS: N 55°18'16.06'' E 10°49'30.07''
Tel. 65 31 02 56 – Fax 65 31 07 56 – E-Mail: mail@strandcamping.dk

F E D
Ⓗ0.1 km

3 m, 42000m² – Geöffnet: Ostern – 30.9.

➜ E 20, Ausfahrt 45. Beschildert. Ca. 1,5 km vom Ortszentrum

Hauptsaison: 26.6.–15.8. – RES empfohlen – (Preise 2009)
Hütten: 7 Hütten (15 qm, Kategorie 4a) für 2-4 Pers. – HS 4500.– / NS 2400.– bis 2880.– pro Woche
3 Hütten (25 qm, Kategorie 5a) für 4-6 Pers. – HS 5600.– / NS 3250.– bis 3900.– pro Woche
Ausstattung: siehe Kategorie
Sonstiges: Bettwäsche mitbringen oder mieten, zzgl. Endreinigung (200.– bis 300.–), zwischen dem 13.7. und dem 2.8. nur wochenweise Vermietung ab Samstag

6 3 20 20 12 12 6 20 WC 2 8
1.5 km 1 km 0.8 km 0.8 km
2.5 km 0.2 km 0.5 km
0.8 km 1 km D GB VISA Maestro MasterCard

Nyborg (DK-5800) Fyn

Grønnehave Strand Camping **0575b**

Regstrupvej 83 / GPS: N 55°21'30.82'' E 10°47'12.19''
Tel. 65 36 15 50 – Fax 65 36 12 35 – E-Mail: info@gronnehave.dk

F 0.1 km

15 m, 70 000 m² – Geöffnet: 4.4. – 20.9. 12.00 – 14.00

→ E 20, Ausfahrt 46. Beschildert. Ca. 6 km nördlich Nyborg-Zentrum

Hauptsaison: 11.7.–8.8. – RES notwendig – (Preise 2009)

Hütten: Hütten (10 qm, Kategorie 3) – HS 3100.– / NS 1950.– bis 2600.– pro Woche

Hütten (Kategorie 4a) – HS 3800.– / NS 2600.– bis 3400.– pro Woche

Hütten (Kategorie 5a) – HS 5500.– / NS 3800.– bis 4800.– pro Woche

Ausstattung: siehe Kategorie

Sonstiges: Bettwäsche mitbringen oder mieten, zzgl. Endreinigung (100.– bis 300.–)

2 22 22 10 10 7 22 WC 4

2 km 4 km 4 km 5 km 5 km

5 km 7 km 6 km 6 km

D GB F VISA Maestro Master Card

DK

Dalby-Bøgebjerg Strand (DK-5380) Fyn

Bøgebjerg Strand Camping **0577**

Blæsenborgvej 200 / GPS: N 55°30'35.44'' E 10°42'49.31''
Tel. 65 34 10 52 – Fax 65 34 11 52 – E-Mail: info@bogebjerg.dk

F E 0.1 km

100 m, 120 000 m² – Geöffnet: 3.4. – 13.10.

→ Straße 315 Kerteminde – Fyns Hoved. In Dalby bei der Kirche abzweigen Richtung Bøgebjerg Strand. Beschildert. Ca. 9 km nördlich Kerteminde

Hauptsaison: 3.7.–9.8. – RES notwendig – (Preise 2009)

Hütten: 8 Hütten (15 qm, Kategorie 2/3) für 2-4 Pers. – HS 5200.– / NS 3000.– bis 4400.– pro Woche

2 Hütten (20 qm, Kategorie 3) für 2-6 Pers. – HS 6200.– / NS 3600.– bis 5400.– pro Woche

10 Hütten (25 qm, Kategorie 5a) für 6 Pers. – HS 7200.– / NS 4200.– bis 6400.– pro Woche

Ausstattung: siehe Kategorie

Sonstiges: Bettwäsche, Hand- und Geschirrtücher mitbringen oder mieten, zzgl. Strom- und Umweltgebühren, in der HS nur wochenweise Vermietung ab Samstag

46 4 89 89 44 44 14 47 WC 4 2
14
9 km 9 km 9 km 9 km 9 km
D GB VISA Maestro MasterCard

Nordskov (DK-5390) Fyn

Fyns Hoved Camping **0579**

Fynshovedvej 748 / GPS: N 55°36'24.31'' E 10°37'19.94''
Tel. 65 34 10 14 – Fax 65 34 25 14 – E-Mail: fynshoved@dk-camp.dk

F D H 0.2 km

5 m, 100 000 m² – Geöffnet: 1.1. – 31.12.

➜ Straße 315 Kerteminde – Fyns Hoved, nördlich von Nordskov. Beschildert

Hauptsaison: 22.6.–9.8. – RES notwendig – (Preise 2009)
Hütten: 4 Hütten (15-18 qm, Kategorie 2) für 2-4 Pers. – HS 2600.– pro Woche / NS 300.– bis 350.– pro Nacht
5 Hütten (20 qm, Kategorie 4b) für 6 Pers. – HS 3850.– pro Woche / NS 450.– pro Nacht
6 Hütten (25 qm, Kategorie 5a) für 6 Pers. – HS 4600.– pro Woche / NS 575.– pro Nacht
Ausstattung: siehe Kategorie
Sonstiges: In der HS nur wochenweise Vermietung

32 32 20 20 9 32 WC 2 12
1 km 1 km
D GB VISA Maestro MasterCard

Ballen/Samsø (DK-8305) Samsø

Strandskovens Camping **0581**

Strandskoven 7 / GPS: N 55°50'1.32'' E 10°38'16.96''
Tel. 86 59 12 10 – Fax 86 59 12 10
E-Mail: admin@strandskovenscamping.dk

F E 0.8 km

5 m, 60000m² – Geöffnet: 15.4. – 30.9.

➜ In Tranebjerg abzweigen Richtung Strand. Ca. 1,5 km nördlich des Ortes

Hauptsaison: 29.6.–9.8. – RES empfohlen – (Preise 2009)
Hütten: 5 Hütten (15 qm, Kategorie 4b) für 5 Pers. – HS 3500.– pro Woche / NS 500.– pro Nacht
5 Hütten (20 qm, Kategorie 4b) für 6 Pers. – HS 3700.– pro Woche / NS 530.– pro Nacht
2 Hütten (25 qm, Kategorie 5a) für 6 Pers. – HS 4550.– pro Woche / NS 650.– pro Nacht
Ausstattung: siehe Kategorie
Sonstiges: zzgl. Endreinigung, in der HS nur wochenweise Vermietung

16 16 8 8 6 12 WC 2
1.5 km 1.5 km 1.5 km 2 km
3 km 5 km D GB

Ærøskøbing (DK-5970) Ærø

Ærøskøbing Camping 0585

Sygehusvej 40B / GPS: N 54°53'39.56'' E 10°24'3.14''
Tel. 62 52 18 54 – Fax 62 52 18 39 – E-Mail: info@aeroecamp.dk

F E 0.5 km

10 m, 75000m² – Geöffnet: 1.5. – 1.10.

➜ Von Svendborg mit der Fähre nach Ærøskøbing, ca. 800 m bis zum Platz, beschildert

Hauptsaison: 24.6.–12.8. – RES empfohlen – (Preise 2009)
Hütten: 6 Hütten (9 qm, Kategorie 2) für 4 Pers. – HS / NS 875.– pro Woche
17 Hütten (15 qm, Kategorie 2) für 4 Pers. – HS / NS 1400.– pro Woche
4 Hütten (20 qm, Kategorie 3) für 6 Pers. – HS / NS 1925.– pro Woche
Ausstattung: siehe Kategorie
Sonstiges: Preise zzgl. Übernachtungsgebühr – HS / NS Erw. 66.–, Kind 35.– pro Nacht, zzgl. Strom (25.– pro Nacht), Bettwäsche mitbringen

15 31 31 11 11 4 21 WC 10
0.1 km 0.5 km 0.5 km 0.5 km 1 km
0.5 km 0.3 km 1 km 5 km D GB

Tranekær-Emmerbølle (DK-5953) Langeland

TopCamp Feriepark Langeland-Emmerbølle 0593

Emmerbøllevej 24 / GPS: N 55°2'1.41'' E 10°50'55.22''
Tel. 62 59 12 26 – Fax 62 59 12 28 – E-Mail: info@emmerbolle.dk

DK

F E 1.2km
10m, 140000m² – Geöffnet: Ostern – 21.10.
➜ Straße 305 Rudkøbing – Lohals, in Lejbølle abzweigen nach Emmerbølle
Hauptsaison: 27.6.–15.8. – RES notwendig – (Preise 2009)
Hütten: 12 Hütten (Kategorie 3) für 4-6 Pers. – HS 3100.– bis 5000.– / NS 1900.– bis 3200.– pro Woche
4 Hütten (Kategorie 4a) für 4-6 Pers. – HS 4700.– bis 6000.– / NS 2900.– bis 3800.– pro Woche
15 Hütten (Kategorie 5a, davon 4 behindertengerecht) für 4-6 Pers. – HS 5300.– bis 6800.– / NS 3100.– bis 4400.– pro Woche
Ausstattung: siehe Kategorie
Sonstiges: Ab- bzw. Zuschläge bei Belegung unter bzw. über 4 Pers., zzgl. Umweltgebühr (10.– pro Nacht und Pers.), zzgl. Endreinigung
22 50 50 25 25 20 60 WC 6 2 20
W A 4km
8km
D GB VISA Maestro Master Card

Humble-Ristinge (DK-5932) Langeland

Ristinge Camping & Feriecenter 0597

Ristingevej 104 / GPS: N 54°49'1.23'' E 10°40'25''
Tel. 62 57 13 29 – Fax 62 57 13 29 – E-Mail: info@ristinge.dk
F E 0.3km
10m, 50000m² – Geöffnet: Ostern – 4.9.
➜ Straße 305, in Humble abzweigen nach Ristinge
Hauptsaison: 4.7.–8.8. – RES notwendig – (Preise 2009 in Euro)
Hütten und Bungalows: 4 Hütten (15 qm, Kategorie 3) für 4 Pers. – HS 450.– / NS 270.– bis 390.– pro Woche
2 Hütten (20 qm, Kat. 4b) für 4 Pers. – HS 590.– / NS 340.– bis 450.– pro Woche
6 Hütten (25 qm, Kat. 5a) für 5 Pers. – HS 810.– / NS 440.– bis 630.– pro Woche
7 Bungalows (42 qm) für 6 Pers. – HS 725.– / NS 400.– bis 570.– pro W.
1 Bungalow (77 qm) für 6 Pers. – HS 890.– / NS 480.– bis 660.– pro W.
Ausstattung: Hütten siehe Kategorie, Bungalows 1, 2, 3, 4, 5, 6, 7, 8, 9, 10, 11, 12, 15, 16, 18, 21, 22
Sonstiges: Bettwäsche mitbringen oder mieten, zzgl. Endreinigung, Anzahlung erforderlich, bei Hütten Kat. 5a und Bungalows zzgl. Strom- und Heizgebühren
40 43 41 18 18 10 35 WC 3 8
0.3km 0.3km 0.3km 0.3km 0.3km
0.3km S 0.3km S 2km 1km 0.3km 6km
0.5km D GB F VISA Maestro Master Card

Lolland, Falster, Møn 06

Maribo (DK-4930) Lolland

Maribo Sø Camping 0653

Bangshavevej 25 / GPS: N 54°46'20.41'' E 11°29'40.76''
Tel. 54 78 00 71 – Fax 54 78 47 71
E-Mail: camping@maribo-camping.dk

F E D 0.5 km

1 m, 60000m² – Geöffnet: Ostern – 18.10. 13.00 – 15.00
➔ E 47 Rødbyhavn – Sakskøbing, Ausfahrt 48, Richtung Maribo. Ca. 500 m westlich des Ortszentrums
Hauptsaison: 20.6.–17.8. – RES notwendig – (Preise 2009 in Euro)
Hütten: 5 Hütten (10 qm, Kategorie 2) für 4 Pers. – HS 62.– / NS 48.– pro Nacht
6 Hütten (25 qm, Kategorie 5a) für 5 Pers. – HS 104.– / NS 83.– pro Nacht
Ausstattung: 1, 4, 5, 6, 7, 8, 9, 10, 11, 12, 15, 16, 19, 21, 22
Sonstiges: Bettwäsche mitbringen oder mieten, zzgl. Stromgebühren
24 24 10 10 6 25 WC 2 2 12
0.5 km 1 km 5 km
D GB F VISA Maestro MasterCard

Nakskov (DK-4900) Lolland

Hestehovedet Camping 0655

Hestehovedet 2 / GPS: N 54°49'59.13'' E 11°5'32''
Tel. 54 95 17 47 – Fax 54 95 69 20 – E-Mail: hestehovedet@tdcadsl.dk

F 0.1 km

1 m, 30000m² – Geöffnet: 4.4. – 27.9. 12.00 – 14.00

➜ Straße 9, abzweigen nach Nakskov. Im Ort beim Hafen, beschildert

Hauptsaison: 1.6.–30.9. – RES empfohlen – (Preise 2008)

Hütten: 7 Hütten (9 qm, Kategorie 2) für 4 Pers. – HS / NS 100.– pro Nacht (zzgl. Übernachtungsgebühr)

2 Hütten (14 qm, Kategorie 2) für 6 Pers. – HS / NS 150.– pro Nacht (zzgl. Übernachtungsgebühr)

10 Hütten (25 qm, Kategorie 5a) für 6 Pers. – HS 4550.– / NS 3900.– pro Woche

Ausstattung: siehe Kategorie

Sonstiges: Übernachtungsgebühr – HS / NS Erw. 60.–, Kind 30.– pro Nacht, zzgl. Kosten für Strom (27.– pro Nacht) und Wasser, Bettwäsche incl., Endreinigung selbst durchführen

20 20 6 6 2 10 WC

3 km 0.2 km 3 km

5 km D GB VISA Maestro MasterCard

Nakskov-Ydø (DK-4900) Lolland

Albuen Strand Camping **0656**

Vesternæsvej 70 / GPS: N 54°47'30.26'' E 10°58'53.25''

Tel. 54 94 87 62 – Fax 54 94 90 27 – E-Mail: mail@albuen.dk

F 0.2 km

1 m, 100000m² – Geöffnet: Ostern – 23.10. 12.00 – 14.00

➜ Von Nakskov ca. 14 km Straße Richtung Langø, abzweigen nach Ydø. Beschildert

Hauptsaison: 26.6.–16.8. – RES notwendig – (Preise 2009)

Hütten: 3 Hütten (10 qm, Kategorie 2) für 4 Pers. – HS 3200.– / NS 2500.– pro Woche

8 Hütten (16 qm, Kategorie 2) für 6 Pers. – HS 4000.– / NS 3300.– pro Woche

Ausstattung: siehe Kategorie

Sonstiges: Bettwäsche mitbringen oder mieten (45.–)

2 2 22 22 8 8 5 18 WC 12

3 km 3 km

D GB

Dannemare-Hummingen (DK-4983) Lolland

Hummingen Camping **0657**

Pumpehusvej 1 / GPS: N 54°43'4.71'' E 11°13'36.09''

Tel. 54 94 61 61 – Fax 54 94 63 14 – E-Mail: hummingen@dk-camp.dk

F E

1 m, 45000m² – Geöffnet: Ostern – 16.9. 12.00 – 14.00

➜ Straße 275, bei Rødby abzweigen über Kramnitze nach Hummingen

Hauptsaison: 28.6.–16.8. – RES notwendig – (Preise 2009)

Hütten: 5 Hütten (25 qm, Kat. 5a) für 6 Pers. – HS 5200.– / NS 2750.– bis 3900.– pro Woche

Sommerhäuser (35-54 qm, Kat. 5b) für 4-6 Pers. – HS 5600.– bis 6750.– / NS 2950.– bis 4575.– pro Woche

Ausstattung: siehe Kategorie

Sonstiges: Bettwäsche mitbringen, zzgl. Endreinigung (oder selbst durchführen), in der HS nur wochenweise Vermietung ab Samstag

4 3 25 25 12 12 8 24 WC 2 2 20

W 1 km 0.8 km 0.8 km

0.8 km 0.8 km D GB VISA

Nysted (DK-4880) Lolland

Nysted Camping 0659

Skansevej 38-40 / GPS: N 54°39'18.11« E 11°43'53.18"

Tel. 54 87 09 17 – Fax 53 87 14 29 – E-Mail: info@nystedcamping.dk

F H 3.0 km

2 m, – Geöffnet: Ostern – 20.10.

➜ Straße 283. In Nysted beschildert, ca. 500 m vom Ortszentrum

Hauptsaison: 15.6.–23.8. – RES empfohlen – (Preise 2008)

Hütten: 7 Hütten (12 qm, Kategorie 3) für 4 Pers. – HS 2600.– / NS 1800.– pro Woche

3 Hütten (25 qm, Kategorie 4b) für 6 Pers. – HS 4000.– / NS 3300.– pro Woche

5 Hütten (25 qm, Kategorie 5a) für 4 Pers. – HS 5100.– / NS 4300.– pro Woche

Ausstattung: siehe Kategorie

Sonstiges: Bettwäsche mitbringen oder mieten (10.– pro Nacht), zzgl. Endreinigung

4 2 22 22 10 10 5 16 WC GAS

W 0.2 km 3 km 0.2 km 0.2 km

0.2 km 0.2 km 0.2 km 0.2 km 0.2 km

1.2 km D GB VISA Maestro

Væggerløse-Bøtø (DK-4873) Falster

FDM-Camping Østersøparken 0660

Bøtøvej 243 / GPS: N 54°39'21.2" E 11°57'23.8"

Tel. 54 13 67 86 – Fax 54 13 61 90

E-Mail: c-oestersoeparken@fdm.dk

DK

F E 0.1 km
4 m, 43 000m² – Geöffnet: 3.4. – 27.9. 12.00 – 14.00
→ E 55, Abfahrt Marrebæk, Richtung Bøtø. Ca. 4,5 km südlich Marielyst
Hauptsaison: 28.6.–16.8. – (Preise 2009)
Insgesamt 15 Hütten: Hütten (21.5-25 qm) für 5 Pers. – HS 3355.– bis 4450.– / NS 2260.– bis 3050.– pro Woche
Ausstattung: Kategorie 4b, 5a
Sonstiges: Bettwäsche mitbringen
4 41 41 18 18 8 15 WC 6
W :3 km 3 km
4.5 km 0.2 km 1 km D GB VISA Maestro MasterCard

Horbelev-Bregninge (DK-4871) Falster → ANN.

Falster Familiecamping **0663**

Tværmosevej 2 / GPS: N 54°48'45.63« E 12°4'36.64
Tel. 54 44 52 19 – E-Mail: camping@199.dk
F E 0.2 km
34 m, 36 000m² – Geöffnet: 1.1. – 31.12.
→ E 55, abzweigen Richtung Horbelev, bei Horbelev abzweigen nach Bregninge
Hauptsaison: 22.6.–9.8. – RES empfohlen – (Preise 2009)
Hütten: 2 Hütten (9 qm, Kategorie 1) für 4 Pers. – HS 2000.– / NS 1300.– pro Woche
4 Hütten (15 qm, Kategorie 2) für 4 Pers. – HS 3000.– / NS 2300.– pro Woche
4 Hütten (22 qm, Kategorie 3) für 6 Pers. – HS 3700.– / NS 3000.– pro Woche
Ausstattung: siehe Kategorie
Sonstiges: Preise incl. 4 Pers., zzgl. Übernachtungsgebühr ab 5. Pers., Bettwäsche mitbringen oder mieten (40.–), Anzahlung (50 %) und Kaution (500.–) erforderlich, Vermietung der Hütten Kategorie 3 in der HS nur wochenweise ab Samstag

14 22 22 7 7 4 11 4
5 km 3 km 3 km 4 km 3 km
D GB

Borre (DK-4791) Møn

Camping Møns Klint **0671**

Klintevej 544 / GPS: N 54°58'45.64" E 12°31'20.72"
Tel. 55 81 20 25 – Fax 55 81 27 97 – E-Mail: camping@klintholm.dk

F E 0.1 km

75 m, 70000m² – Geöffnet: Ostern – 31.10.

➜ Straße 287 Stege – Møns Klint. Ca. 1,5 km östlich von Magleby, beschildert

Hauptsaison: 29.6.–16.8. – RES notwendig – (Preise 2009)
Hütten: 11 Hütten (25 qm, Kategorie 5a) für 6 Pers. – HS 5900.– pro Woche / NS 550.– pro Nacht
Ausstattung: siehe Kategorie
Sonstiges: in der NS zzgl. Übernachtungsgebühr – Erw. 75.–, Kind 52.–, zzgl. Stromgebühren, in der HS nur wochenweise Vermietung ab Samstag

54 54 22 22 20 44 5 18
4 km 4 km 4 km 4 km 4 km 4 km
8 km D GB NL

Stege-Keldby (DK-4780) Møn

Keldby Camping Møn **0672**

Pollerupvej 3 / GPS: N 54°59'29.4'' E 12°21'24.87''
Tel. 40 40 11 56 – Fax 55 81 30 76 – E-Mail: keldby@campingmoen.dk

F 0.1 km

10 m, 37000m² – Geöffnet: Ostern – 19.10. 12.00 – 14.00

➜ Straße 287 Stege – Møns Klint. Ca. 200 m hinter Keldby links abbiegen, beschildert. Ca. 5 km von Stege

Hauptsaison: 19.6.–23.8. – RES notwendig – (Preise 2009)
Hütten: 14 Hütten (Kategorie 3) für 4-6 Pers. – HS 1500.– / NS 1350.– pro Woche (zzgl. Übernachtungsgebühr)
Ausstattung: siehe Kategorie
Sonstiges: Übernachtungsgebühr – HS / NS Erw. 65.–, Kind 35.– pro Nacht, Strom incl., Bettwäsche und Handtücher mitbringen oder mieten (40.– bzw. 10.– pro Pers.), Babybetten und Kinderwagen reservieren

6 2 12 12 9 9 4 15
0.5 km 2 km 5 km 5 km 0.3 km
1.5 km D GB NL

Ishøj Havn (DK-2635) Sjælland

FDM-Camping Tangloppen 0711

Tangloppen 2 / GPS: N 55°36'26.82'' E 12°22'46.98''
Tel. 43 54 07 67 – Fax 43 54 07 64 – E-Mail: c-tangloppen@fdm.dk

F E 0.1 km

2 m, 26000m² – Geöffnet: 3.4. – 18.10. 12.00 – 14.00

➜ E 47/E 55/E 20, Ausfahrt 26, Richtung Ishøj Havn. Ca. 1,5 km östlich Ishøj

Hauptsaison: 27.6.–15.8. – RES empfohlen – (Preise 2009)
Hütten: Hütten (12 qm, Kategorie 3) für 4 Pers. – HS 3140.– / NS 2135.– pro Woche
Hütten (18-21.5 qm, Kategorie 4b) für 5-8 Pers. – HS 3750.– bis 4575.– / NS 2530.– bis 3140.– pro Woche
Hütten (25 qm, Kategorie 5a) für 6 Pers. – HS 4450.– / NS 3050.– pro Woche
Ausstattung: siehe Kategorie
Sonstiges: Bettwäsche mitbringen

17 17 12 12 3 10 WC 2 2 8
0.2 km D GB VISA Master Card

Rødovre (DK-2610) Sjælland

DCU-Camping Absalon 0713

Korsdalsvej 132 / GPS: N 55°40'19.4'' E 12°25'53.9''
Tel. 36 41 06 00 – Fax 36 41 02 93 – E-Mail: absalon@dcu.dk

F 0.5 km

14 m, 110000m² – Geöffnet: 1.1. – 31.12. 12.00 – 14.00

➜ E 47/E 55, Ausfahrt 24, Straße 156 Richtung København-Zentrum. Ca. 8 km von København-Zentrum

Hauptsaison: 22.6.–24.8. – RES notwendig – (Preise 2009)
Hütten: 45 Hütten (Kategorie 2) – HS 400.– / NS 370.– pro Nacht
Hütten (Kategorie 4a) – HS 650.– / NS 550.– pro Nacht
Ausstattung: siehe Kategorie
Sonstiges: Preise zzgl. Übernachtungsgebühr – HS Erw. 73.–, Kind 45.– / NS Erw. 69.–, Kind 35.– pro Nacht

2 86 86 24 24 11 95 WC 2 10
0.5 km 0.5 km 0.5 km 1.5 km
D GB F VISA Maestro Master Card

Nærum (DK-2850) Sjælland

DCU-Camping Nærum **0717**

Langebjerg 5, Ravnebakken / GPS: N 55°48'29.02'' E 12°31'49.96''
Tel. 45 80 19 57 – Fax 45 80 11 78 – E-Mail: naerum@dcu.dk

E H 0.3 km

10 m, 45000m² – Geöffnet: 21.3. – 18.10. 12.00 – 14.00
➜ E 47/E 55, Ausfahrt 14. Beschildert. Ca. 1 km vom Ort
Hauptsaison: 21.6.–17.8. – (Preise 2008)
Hütten: 15 Hütten (Kategorie 2) für 4 Pers. – 390.– pro Nacht
Ausstattung: siehe Kategorie
Sonstiges: Kissen, Decken und Bettwäsche mitbringen
15 26 10 14 14 4 25 WC 2 12
3 km 3 km D GB VISA AE MasterCard

Nivå (DK-2990) Sjælland

Camping Nivå **0721**

Sølyst Allé 14 / GPS: N 55°56'26.81'' E 12°30'57.18''
Tel. 49 14 52 26 – Fax 49 14 52 40
E-Mail: nivaacamping@post8.tele.dk

F E H 0.1 km

3 m, 52000m² – Geöffnet: Ostern – 2.10. 12.00 – 14.00
➜ E 47/E 55, Ausfahrt 6. Straße 152. Ca. 1 km vom Ort
Hauptsaison: 13.6.–23.8. – RES empfohlen – (Preise 2009)
Hütten: Hütten (12 qm, Kategorie 2) für 4 Pers. – HS 435.– / NS 395.– pro Nacht
Hütten (16 qm, Kategorie 3) für 6 Pers. – HS 635.– / NS 575.– pro Nacht
Hütten (Kategorie 5b) für 8 Pers. – HS 945.– / NS 895.– pro Nacht
Ausstattung: siehe Kategorie
Sonstiges: Bettwäsche mitbringen oder mieten, zzgl. Endreinigung
2 16 16 6 6 4 18 WC 3
0.5 km 0.5 km 0.5 km 0.5 km 0.5 km 0.5 km
0.5 km 0.5 km 2 km D GB VISA Maestro MasterCard

Smidstrup (DK-3230) Sjælland

Smidstrup Camping **0729**

Helsingevej 44 / GPS: N 56°5'56.46 E 12°13'7.22''
Tel. 48 31 84 48 – Fax 48 31 84 41
E-Mail: info@smidstrup-camping.dk

F E D H 0.9 km

1 m, 60000m² – Geöffnet: 1.1. – 31.12. 12.00 – 14.00

DK

→ Straße 237, in Smidstrup abzweigen Richtung Blistrup. Ca. 2 km vom Ort
Hauptsaison: 5.7.–9.8. – RES notwendig – (Preise 2009)
Hütten: 3 Hütten (Kategorie 2) für 2 Pers. – HS 3250.– pro Woche / NS auf Anfrage
16 Hütten (16 qm, Kategorie 3) für 6 Pers. – HS 4900.– pro Woche / NS auf Anfrage
5 Hütten (26.5 qm, Kategorie 3) für 6-8 Pers. – HS 6200.– pro Woche / NS auf Anfrage
Ausstattung: siehe Kategorie
Sonstiges: Bettwäsche mitbringen oder mieten (70.– pro Garnitur), zzgl. Endreinigung (300.–)
14 6 42 42 35 35 5 36 WC 4 4
11 3 km 1 km 7 km
D GB VISA

Vejby (DK-3210) Sjælland

Vejby Strand Camping **0731b**

Rågelejevej 37 / GPS: N 56°4'25.43'' E 12°8'21.73''
Tel. 48 70 67 88 – Fax 48 70 57 88
E-Mail: info@vejbystrandcamping.dk
F E D 0.1 km
2 m, 97000m² – Geöffnet: Ostern – 3.9. 13.00 – 15.00
→ Straße 267 Helsinge – Vejby, dann Straße 237 Richtung Rågeleje. Ca. 500 m nördlich des Ortes
Hauptsaison: 29.5.–1.6. und 26.6.–17.8. – (Preise 2009)
Hütten: 10 Hütten (Kategorie 4b) für 4 Pers. – HS 3600.– / NS 3200.– pro Woche
10 Hütten (Kategorie 4b) für 6 Pers. – HS 4100.– / NS 3400.– pro Woche
Ausstattung: siehe Kategorie
Sonstiges: Decken und Bettwäsche mitbringen oder mieten, Kinderstühle, -betten und -wagen reservieren
60 60 20 20 52 WC 2 A
1 km 1 km 1 km 3 km 1 km 1 km
1 km 5 km 1.5 km 5 km
D GB VISA Master Card

Frederiksværk (DK-3300) Sjælland

Frederiksværk Camping **0734**

Strandgade 30 / GPS: N 55°58'18.8'' E 12°0'51.24''
Tel. 47 77 07 25 – Fax 47 72 07 66 – E-Mail: post@strandbo.dk

F E D 0.2 km
2 m, 34000m² – Geöffnet: 1.1. – 31.12. 12.00 – 14.00
➜ Straße 16. In Frederiksværk beschildert
Hauptsaison: 15.6.–15.8. – (Preise 2009)
Hütten: 5 Hütten (10 qm, Kategorie 3) für 3 Pers. – HS 2450.– pro Woche / NS 300.– pro Nacht
2 Hütten (20 qm, Kategorie 4b) für 6 Pers. – HS 4165.– pro Woche / NS 495.– pro Nacht
3 Hütten (25 qm, Kategorie 5a) für 6 Pers. – HS 4865.– pro Woche / NS 595.– pro Nacht
Ausstattung: siehe Kategorie
Sonstiges: In der HS wochenweise Vermietung ab Samstag
13 13 13 8 8 2 15 WC 2 2 8
TV 0.2 km 2 km 2 km 2 km 2 km
S 8 km 1 km 2 km 5 km 0.1 km 0.1 km 3 km
D GB VISA Maestro Master Card

Roskilde-Veddelev (DK-4000) Sjælland

Roskilde Camping 0736

Baunehøjvej 7-9 / GPS: N 55°40'25.56'' E 12°4'54.74''
Tel. 46 75 79 96 – Fax 46 75 44 26
E-Mail: camping@roskildecamping.dk
F E 0.3 km
5 m, 270000m² – Geöffnet: Ostern – 15.9. 12.00 – 15.00
➜ Straße 6 Roskilde – Ølstykke, nördlich Roskilde abzweigen auf Straße 14 Richtung Roskilde – Veddelev. Ca. 4 km nördlich Roskilde
RES notwendig – (Preise 2009)
Insgesamt 11 Hütten: Hütten (16 qm, Kategorie 3) für 4 Pers. – HS / NS 360.– pro Nacht
Hütten (20 qm, Kategorie 3) für 4 Pers. – HS / NS 470.– pro Nacht
Ausstattung: siehe Kategorie
Sonstiges: Preise zzgl. Übernachtungsgebühr – HS / NS Erw. 74.–, Kind (bis 11 J.) 40.– pro Nacht, zzgl. Strom (32.– pro Nacht), Bettwäsche mitbringen
3 40 40 19 19 16 50 WC 2 2 22
D GB VISA Maestro Master Card

DK

Holbæk (DK-4300) Sjælland

FDM-Camping Holbæk Fjord 0739

Sofiesminde Allé 1 / GPS: N 55°43'4.96'' E 11°45'38.49''
Tel. 59 43 50 64 – Fax 59 43 50 14 – E-Mail: c-holbaek@fdm.dk

F E ☆ H1.0 km
10 m, 54000m² – Geöffnet: 1.1. – 31.12. 13.00 – 15.00
➜ Straße 21 bis Autobahnende in Holbæk. Beim Golfplatz, ca. 3 km östlich Holbæk-Zentrum
Hauptsaison: 27.6.–15.8. – RES empfohlen – (Preise 2009)
Hütten: 10 Hütten (18 qm, Kategorie 3) für 5 Pers. – HS 4240.– / NS 3170.– pro Woche
9 Hütten (25 qm, Kategorie 5a) für 5 Pers. – HS 4850.– / NS 3900.– pro Woche
Ausstattung: siehe Kategorie
Sonstiges: Bettwäsche mitbringen, Endreinigung incl.
18 18 12 12 6 23 WC 8
0.2 km 0.3 km 0.3 km 0.3 km 0.3 km 0.3 km
0.3 km 0.3 km 0.3 km D GB VISA AE MasterCard

Nykøbing (DK-4500) Sjælland

FDM-Camping Nykøbing Nordstrand **0741a**

Nordstrandvej 107 / GPS: N 56°43'7.15'' E 11°31'16.69''
Tel. 59 91 16 42 – Fax 59 91 47 74 – E-Mail: c-nykoebing@fdm.dk
F E ☆ H1.0 km
1 m, 45000m² – Geöffnet: 3.4. – 27.9. 12.00 – 14.00
➜ Straße 225, nördlich Nykøbing links abbiegen, beschildert. Ca. 2 km vom Ort
Hauptsaison: 27.6.–15.8. – (Preise 2009)
Insgesamt 10 Hütten: Hütten (18 qm, Kategorie 4b) für 5 Pers. – HS 3750.– / NS 2530.– pro Woche
Hütten (25 qm, Kategorie 5a) für 5 Pers. – HS 4450.– / NS 3050.– pro Woche
Ausstattung: siehe Kategorie
Sonstiges: Bettwäsche mitbringen
34 30 14 14 6 29 WC 6 W
2 km 3 km 5 km
D GB VISA MasterCard

Karrebæksminde (DK-4736) Sjælland

Camping De Hvide Svaner **0761**

Karrebækvej 741 / GPS: N 55°12'2.44'' E 11°39'55.56''
Tel. 55 44 24 15 – Fax 55 44 24 29 – E-Mail: svaner@mail.dk
F E D ☆ H0.2 km
10 m, 150000m² – Geöffnet: Ostern – 20.10. 12.30 – 14.00
➜ Straße 265 Næstved – Skælskør, abzweigen Richtung Karrebæksminde. Ca. 3 km vom Ort

Hauptsaison: 22.6.–9.8. – RES notwendig – (Preise 2009)
Hütten: 4 Hütten (Kategorie 3) für 4 Pers. – HS 3900.– pro Woche / NS 500.– pro Nacht
6 Hütten (Kategorie 4b) für 6 Pers. – HS 4900.– pro Woche / NS 600.– pro Nacht
Ausstattung: siehe Kategorie
Sonstiges: Bettwäsche, Hand- und Geschirrtücher mitbringen, in der HS nur wochenweise Vermietung ab Samstag

35 35 23 23 18 40 WC 5 2 17 A
4 km 7 km
D GB VISA Maestro MasterCard

Vordingborg (DK-4760) Sjælland

Ore Strand Camping 0771

Orevej 145 / GPS: N 55°0'24.8'' E 11°52'30.02''
Tel. 27 89 94 95 – E-Mail: mail@orestrandcamping.dk

F E D

3 m, 30 000 m² – Geöffnet: 1.1. – 31.12.
→ Straße E 47/E 55, Ausfahrt 41, Richtung Vordingborg
RES notwendig – (Preise 2009) – Insgesamt 24 Hütten:
Hütten für 4 Pers. – HS / NS 350.– bis 425.– pro Nacht
Ausstattung: Kategorien 1 und 2

20 8 8 8 4 26 WC 2 12
2 km 8 km 2 km
D GB VISA AE MasterCard

Fakse-Fed Strand (DK-4640) Sjælland

Topcamp Feddet 0772a

Feddet 12 / GPS: N 55°10'29.45'' E 12°6'7.26''
Tel. 56 72 52 06 – Fax 56 72 57 90 – E-Mail: info@feddetcamping.dk

F E ☆ 0.1 km
2 m, 120000m² – Geöffnet: 1.1. – 31.12.
➜ Straße 209 Fakse – Præstø, ca. 1 km südlich Vindbyholt abzweigen auf die Halbinsel Feddet. Ca. 12 km südlich Fakse
Hauptsaison: 3.7.–2.8. – RES notwendig – (Preise 2009)
Hütten: 5 Hütten (25 qm, Kategorie 4a) für 5 Pers. – HS 795.– / NS 557.– bis 680.– pro Nacht
Hütten auf dem angrenzenden „Feddet Camping": 2 Hütten (9 qm, Kategorie 2) für 4 Pers. – HS 462.– / NS 373.– bis 435.– pro Nacht
8 Hütten (12-15 qm, Kategorie 3) für 4-5 Pers. – HS 520.– bis 580.– / NS 435.– bis 540.– pro Nacht (je nach Größe)
Ausstattung: siehe Kategorie
Sonstiges: 1 Besuch des Erlebnisbades Køge Svømmeland incl.
36 36 36 22 22 13 14 WC 5 4 12
W A 6 km
0.5 km 0.2 km 8 km
D GB VISA Maestro MasterCard

Køge (DK-4600) Sjælland

Vallø Camping 0781

Strandvejen 102 / GPS: N 55°26'45.6'' E 12°11'29.4''
Tel. 56 65 28 51 – Fax 56 65 10 25 – E-Mail: vallo.camp@mail.dk
F E D 0.1 km
2 m, 160000m² – Geöffnet: Ostern – 28.9. 12.00 – 14.00
➜ Straße 209 Køge – Fakse, ca. 1 km von Straße 151. Ca. 1,5 km vom Ortszentrum
Hauptsaison: 20.6.–16.8. – RES notwendig – (Preise 2009)
Hütten: 3 Hütten (10 qm, Kategorie 1) für 4 Pers. – HS / NS 325.– pro Nacht
7 Hütten (10 qm, Kategorie 3) für 4 Pers. – HS / NS 410.– pro Nacht
2 Hütten (10 qm, Kategorie 3) für 5 Pers. – HS / NS 465.– pro Nacht
10 Hütten (15 qm, Kategorie 3) für 5 Pers. –HS / NS 510.– bis 535.– pro Nacht
3 Hütten (20 qm, Kategorie 3) für 6 Pers. – HS / NS 540.– pro Nacht
Ausstattung: siehe Kategorie
Sonstiges: Decken, Kissen und Bettwäsche mitbringen, in der HS wochenweise Vermietung ab Samstag
8 6 40 40 17 17 11 40 WC 3 2 2
W 1 km 0.3 km 4 km 0.3 km 2 km
4 km 2 km D GB VISA Maestro MasterCard

! Infos zur Camping Card Scandinavia finden Sie auf Seite 7.

Rønne (DK-3700) Bornholm

Camping Galløkken **0811**

Strandvejen 4 / GPS: N 55°5'22.01'' E 14°42'16.94''
Tel. 56 95 23 20 – Fax 56 95 37 66 – E-Mail: info@gallokken.dk

F E 0.1 km

3 m, 25 000 m² – Geöffnet: 1.5. – 31.8.

➜ Von Rønne Küstenstraße Richtung Flughafen. Ca. 500 m südlich des Ortszentrums

Hauptsaison: 27.6.–9.8. – RES notwendig – (Preise 2009)
Hütten: 11 Hütten (15 qm, Kategorie 4b) für 4 Pers. – HS 3775.– / NS 1695.– pro Woche
Hütten (Kategorie 5b) für 5 Pers. – HS 4895.– / NS 2995.– pro Woche
Ausstattung: siehe Kategorie
Sonstiges: Bettwäsche und Handtücher mitbringen oder mieten (je 40.– pro Set)

30 30 10 10 8 18 WC 2 2 12 TV
0.6 km 0.6 km 0.3 km 2 km 2 km 2 km
2 km 2 km 2 km 2 km 2 km 0.3 km 0.2 km
3 km 1 km 1 km

D GB VISA Maestro AE MasterCard

Nexø-Dueodde (DK-3730) Bornholm

Møllers Dueodde Camping **0815a**

Duegårdsvej 2 / GPS: N 54°59'44'' E 15°4'43''
Tel. 56 48 81 49 – Fax 56 48 81 69
E-Mail: moeller@dueodde-camp.dk

F 0.2 km

4 m, 40 000 m² – Geöffnet: 15.5. – 20.9. 12.00 – 14.00

➜ Von Rønne Küstenstraße Richtung Snogebæk / Nexø, abzweigen nach Dueodde

Hauptsaison: 27.6.–9.8. – RES notwendig – (Preise 2009)
Hütten: 20 Hütten (15 qm, Kategorie 3) für 4 Pers. – HS 3220.– / NS 1932.– bis 2555.– pro Woche (incl. 4 Pers. und Strom)
4 Hütten (25 qm, Kategorie 4a) für 6 Pers. – HS 4375.– bis 4910.– / NS 2492.– bis 3605.– pro Woche (incl. 6 Pers. und Strom)
Ausstattung: siehe Kategorie
Sonstiges: Bettwäsche mitbringen

DK

42 42 22 22 9 34 3 3 18
0.2 km 0.4 km 0.4 km 0.4 km 0.4 km
0.4 km 4 km 2 km 3 km 5 km
D GB VISA Maestro MasterCard

Nexø-Snogebæk (DK-3730) Bornholm

FDM-Camping Balka Strand 0816

Klynevej 6 / GPS: N 55°1'44.07'' E 15°6'39.61''
Tel. 56 48 80 74 – Fax 56 48 86 75 – E-Mail: c-balka@fdm.dk

F 0.1 km

3 m, 32000m² – Geöffnet: 24.4. – 13.9. 12.30 – 14.30

→ Straße 38 Rønne – Nexø, in Nexø Richtung Snogebæk bis Balka. Ca. 1 km nördlich Snogebæk

Hauptsaison: 27.6.–15.8. – RES notwendig – (Preise 2009)
Hütten: 5 Hütten (18 qm, Kategorie 4b) für 5 Pers. – HS 4240.– / NS 2440.– pro Woche
10 Hütten (25 qm, Kategorie 5a) für 5 Pers. – HS 4850.– / NS 3050.– pro Woche
Ausstattung: siehe Kategorie
Sonstiges: Bettwäsche mitbringen oder mieten, Endreinigung incl., in der HS nur wochenweise Vermietung ab Samstag

17 17 21 21 10 25 2 2 6
1 km 1 km 0.1 km 0.1 km 0.1 km 0.1 km
2 km 0.1 km 1 km 1 km 0.5 km 1 km 5 km
D GB VISA MasterCard

Gudhjem-Melsted (DK-3760) Bornholm

Sannes Familiecamping 0820a

Melstedvej 39 / GPS: N 55°11'44.45'' E 14°59'10.45''
Tel. 56 48 52 11 – Fax 56 48 52 52
E-Mail: sannes@familiecamping.dk

F 0.1 km

1 m, 25000m² – Geöffnet: 1.3. – 20.9.

→ Straße 158, ca. 1,5 km südlich Gudhjem, Richtung Svaneke

! Um am Urlaubsziel keine unangenehmen Überraschungen erleben zu müssen, sollten Sie sich einige Fragen stellen, bevor Sie eine Reservierung vornehmen. Nähere Informationen darüber finden Sie auf Seite 6 in diesem Reiseführer.

Hauptsaison: 22.6.–24.8. – RES notwendig – (Preise 2009 in Euro)
Hütten: 8 Hütten (20 qm, Kategorie 4a) für 3-4 Pers. – HS 632.– bis 868.– / NS 451.– bis 542.– pro Woche
10 Hütten (25 qm, Kategorie 5a) für 4-6 Pers. – HS 826.– bis 979.– / NS 521.– bis 611.– pro Woche
Luxushütte (30 qm, Kategorie 5a) für 6-8 Pers. – HS 924.– bis 1104.– / NS 632.– bis 722.– pro Woche
Ausstattung: siehe Kategorie
Sonstiges: Bettwäsche mitbringen oder mieten (15.–), Miete für Kinderbett und -stuhl (je 11.–), zzgl. Endreinigung (70.–) sowie Strom- und Heizgebühren, in der HS Mindestmietzeit. 2 Wochen
26 26 26 11 11 12 16 WC 2 2
16 0.5 km 1 km 1 km
0.5 km 0.5 km 1 km 5 km
1 km 5 km D GB VISA Maestro MasterCard

Allinge-Sandvig (DK-3770) Bornholm

Sandvig Familiecamping 0823

Sandlinien 5 / GPS: N 55°17'19.74'' E 14°46'31.34''
Tel. 56 48 04 47 – Fax 56 48 04 57 – E-Mail: info@sandvigcamping.dk

F

H 0.4 km

10 m, 52000m² – Geöffnet: Ostern – 30.10.

→ Straße 159 oder Straße 158 Richtung Allinge, abzweigen nach Sandvig. Am nördlichen Ortsrand

Hauptsaison: 28.6.–9.8. – RES notwendig – (Preise 2009)
Hütten: 10 Hütten (20 qm, Kategorie 4) für 4-6 Pers. – HS 3800.– / NS 2100.– bis 3000.– pro Woche
10 Hütten (25 qm, Kategorie 5a) für 4-8 Pers. – HS 5300.– / NS 3000.– bis 3800.– pro Woche
Ausstattung: siehe Kategorie
Sonstiges: Bettwäsche mitbringen oder mieten
2 29 29 14 14 10 19 WC 2 2 9
0.2 km 0.1 km 0.1 km 0.2 km 0.2 km
0.2 km 0.2 km 0.2 km 0.5 km 0.5 km
0.1 km 7 km 0.2 km 2 km D GB VISA MasterCard

Allinge (DK-3770) Bornholm

Lyngholt Familiecamping 0824

Borrelyngvej 43 / GPS: N 55°14'57.43'' E 14°45'22.72''
Tel. 56 48 05 74 – Fax 56 48 01 74 – E-Mail: camping@lyngholt.dk

F 0.1 km
110 m, 60 000 m² – Geöffnet: 1.5. – 15.9.
➜ Straße 159 Hasle – Allinge, ca. 3 km vor Allinge
Hauptsaison: 27.6.–9.8. – RES notwendig – (Preise 2009)
Hütten: 4 Hütten (10 qm, Kategorie 2) für 4 Pers. – HS 2950.– / NS 1350.– pro Woche
7 Hütten (15 qm, Kategorie 3) für 4-5 Pers. – HS 4450.– / NS 1900.– bis 2600.– pro Woche
2 Hütten (22 qm, Kategorie 4b) für 6 Pers. – HS 5090.– / NS 2290.– bis 3450.– pro Woche
9 Hütten (25 qm, Kategorie 5a) für 4 Pers. – HS 5090.– bis 5490.– / NS 2290.– bis 3850.– pro Woche
Ausstattung: siehe Kategorie
Sonstiges: Anzahlung erforderlich (50 %), Bettwäsche und Handtücher mitbringen oder mieten, Kinderbett/-stuhl reservieren, zzgl. Endreinigung (oder selbst durchführen), bei Kategorie 5a zzgl. Strom (3.–/kWh)
9 29 29 23 23 16 30 WC 4 3
15 3 km 3 km 3 km 3 km
3 km 3 km 3 km 2 km 2 km 3 km 7 km
3 km 9 km D GB VISA Maestro AE Master Card

Hasle (DK-3790) Bornholm

Hasle Familiecamping **0830**

Fælledvej 30 / GPS: N 55°10'44.72'' E 14°42'25.14''
Tel. 56 96 42 02 – Fax 56 96 42 31
E-Mail: info@hasle-familiecamping.dk
F D 0.2 km
10 m, 42 000 m² – Geöffnet: 1.5. – 15.9.
➜ Straße 159 Rønne – Allinge bis Hasle. Ca. 1 km südlich des Ortszentrums
Hauptsaison: 27.6.–8.8. – RES notwendig – (Preise 2009 in Euro)
Hütten: 4 Hütten (20+7 qm, Kategorie 4a) für 5 Pers. – HS 694.– / NS 291.– bis 416.– pro Woche
10 Hütten (25+7 qm, Kategorie 5a) für 5 Pers. – HS 805.– / NS 388.– bis 624.– pro Woche
Ausstattung: siehe Kategorie
Sonstiges: Bettwäsche mitbringen oder mieten
11 3 18 18 11 11 8 18 WC 2 2
0.5 km 0.5 km 0.3 km 5 km 7 km 0.5 km
0.5 km 0.5 km 8 km 1 km
D GB VISA Maestro AE Master Card

Norwegen

Das Land der Fjorde zeichnet sich durch seine erholsame, ruhige Atmosphäre aus und besticht gleichzeitig auch durch dramatische landschaftliche Kontraste. Entlang der 2650 km langen Küste, die im Westen durch Fjorde zerklüftet ist, reihen sich unzählige Inseln aneinander, während sich im Landesinneren tiefe Wälder, eine imposante Bergwelt sowie fischreiche Flüsse und Seen abwechseln. Wen wundert es, dass in dieser zauberhaften Landschaft viele Sagen und Märchen über Trolle und andere unterirdische Wesen entstanden?
Die norwegische Hauptstadt Oslo liegt im Osten des Landes und wird auch als »Outdoor-Hauptstadt« Europas bezeichnet. Die weiten, stillen Wälder rund um die Stadt und die Lage am Ende des gleichnamigen, 100 km langen Fjordes bieten viele Möglichkeiten für Aktivitäten in der Natur. Und nicht zuletzt ist Oslo die einzige europäische Hauptstadt mit Skigebieten, die mittels öffentlichen Verkehrsmitteln in wenigen Minuten zu erreichen sind. Weltberühmt durch zahlreiche internationale Sportwettbewerbe ist die Sprungschanze am Holmenkollen. Nach einem Bummel durch den Hafen sollte man sich einen Besuch in Norwegens berühmtesten Museen wie dem Norwegischen Volksmuseum oder dem Munch-Museum nicht entgehen lassen. Südlich von Oslo liegen viele kleine, hübsche Städte wie Fredrikstad an der Mündung der Glomma in den Oslofjord, Sarpsborg, die Stadt am Wasserfall, und Halden, welches von der Festung Fredriksten überragt wird. Als Urlaubsziel ist bei den Norwegern besonders der Süden des Landes beliebt, der von Hirtshals (Dänemark), Newcastle und Göteborg direkt mit Autofähren angesteuert werden kann. Die Küste ist geprägt von felsigen und oft auch grünen Abschnitten und kleinen Dörfern mit weißen Holzhäusern. Im Landesinneren eröffnet die Bergwelt gute Möglichkeiten für Wander-, Kletter- und Kanutouren. Von der landestypischen Architektur, von Kunst, Kultur, Musik und Tanz zeugen die berühmten Stabkirchen, interessante Freilichtmuseen und alte Bauernhöfe. Die größte Stadt Südnorwegens ist Kristiansand, das den Besucher mit seinem historischen Stadtkern im Renaissancestil erwartet und sich Nordeuropas größter Siedlung zusammenhängender weißer Holzhäuser aus dem 18. und 19. Jahrhundert rühmen kann. Für Urlaubslaune mitten in der Stadt sorgen die Strandpromenade

mit Fischverkaufsständen und Parkanlagen sowie ein herrlicher Badestrand. Der Stadt vorgelagert sind die malerischen Inseln Flekkerøy, Oksøy und der Leuchtturm Grønningen Fyr. Ein unbedingtes »Muss« ist ein Besuch der »Weißen Städte« Lillesand, Tvedestrand, Risør, Brekkestø, Gamle und Ny Hellesand, die ihre Namen von den strahlenden, von blühenden Gärten umgebenen Holzhäusern bekamen. Auch die Region Telemark, die als »Wiege des Skisports« gilt und sich von der Skagerrakküste bis auf die Hochebene der Hardangervidda erstreckt, gehört zu Südnorwegen. Hier wechseln sich ausgedehnte Felder und Weiden mit engen Tälern, steilen Berghängen und zahlreichen Seen ab. Diese herrliche Landschaft kann man bei Wanderungen auf gut markierten Wegen und bei Fahrten mit nostalgischen Schiffen oder mit dem eigenen Boot auf dem Telemarkkanal mit seinen zahlreichen Schleusen erleben. In Heddal steht Norwegens größte und am besten erhaltene Stabkirche, die im 12. Jahrhundert errichtet wurde und noch heute als Gotteshaus dient.
Die Region Fjordnorwegen, die während der letzten Eiszeit entstand, präsentiert sich mit spektakulärer Natur: Jedem Fjord wurde von den Eismassen im wahrsten Sinne des Wortes sein eigener Charakter ein-

geschliffen. Der Geirangerfjord besitzt die höchsten Wasserfälle, während der Sognefjord mit 204 km der längste Fjord der Welt ist. Hoch über dem Lysefjord eröffnet die Felskanzel »Preikestolen« phantastische Ausblicke. An den Ufern der Fjorde begünstigen fruchtbare Böden die Landwirtschaft, und sowohl im Frühling zur Zeit der Obstblüte, als auch im Herbst erstrahlen die Ebenen und Täler vor allem am Hardangerfjord in herrlicher Farbenpracht. Fesselnde Erfahrungen können auch bei einer Tour auf der Sognefjellstraße gemacht werden. Die höchste Pass-Straße Nordeuropas windet die sich auf einer Länge von 110 km durch fruchtbare Berglandschaften mit Bauernhöhen, vorbei an Wasserfällen, imposanten Gipfeln, Gletschern und Flüssen. Neben Aussichten auf diese ursprüngliche und erstaunliche Natur bietet Fjordnorwegen auch reizvolle Küstenstädte wie die Jugendstilstadt Ålesund, die Rosen- und Jazzstadt Mole oder Kristiansund, das für seinen Klippfisch bekannt ist. Bergen, Ausgangspunkt der »Hurtigruten«-Postschiffe, bildet das Tor zu den norwegischen Fjorden. Im Stadtviertel Bryggen, das zum UNESCO-Weltkulturerbe zählt, lebten von 1350 bis 1476 die Hanseaten. Einen Besuch lohnen außerdem der Fischmarkt, die zahlreichen Museen und der Hausberg Fløyen. In Urnes findet man die älteste der vielen Stabkirchen, die für das Land so typisch sind. Das um 1130 erbaute Gotteshaus wurde in die UNESCO-Liste der schützenswerten Bauwerke aufgenommen.
Die Region Trøndelag ist das historische Zentrum Norwegens, in dem steinzeitliche Felsbilder und Höhlenmalereien, Kulturdenkmäler aus der Epoche der Wikinger, mittelalterliche Klöster, Burgen und Schlösser von der facettenreichen Vergangenheit des Landes berichten. Naturfreunde und Outdoorsportler schätzen besonders die Gebirgsre-

gionen und die Nationalparks. Vor allem Angler kommen an den reich gefüllten Lachsflüssen Norwegens voll auf ihre Kosten. Zu den schönsten Städten Europas zählt Trondheim, das auch den Beinamen »Stadt der Könige« trägt. Über der Grabstätte von König Olav dem Heiligen wurde um 1070 der Nidarosdom errichtet. Nach diversen Bränden wurde der Dom einige Male wieder aufgebaut und beeindruckt heute mit kunstvollen Ornamenten und prachtvollen Glasmalereien. In Trondheim kann auch Norwegens ältestes profanes Gebäude, der Bischofssitz »Erkebispegården«, bewundert werden, der heute Museen, Büros und einen Konzertsaal beherbergt.

Als »Land des Lichts« wird Nordnorwegen bezeichnet. Während im Sommer die Sonne nie untergeht, verzaubert im Winter das Phänomen der Nordlichter den dunklen Himmel. Nicht minder außergewöhnlich mutet die Landschaft der Region an. Die Berge an der Küste fallen an einigen Stellen über 1000 m tief in das Meer ab. Im Landesinneren werden waldreiche Täler von Flüssen durchzogen, die ergiebigen Lachsfang versprechen. Auf vielen kleinen Höfen wird Landwirtschaft betrieben. Auch eine beachtenswerte Tierwelt lässt sich in Nordnorwegen beobachten. Zum norwegischen Hoheitsgebiet gehört auch der arktische Archipel. Die zwischen Norwegen und dem Nordpol gelegenen Inselgruppe Svalbard, deren größte Insel Spitzbergen ist, gilt als weltgrößtes »Labor« für die Erforschung der Arktis. Hier vereinen sich weite Berglandschaften und raue arktische Wildnis. Der Polarkreis und das Nordkap, der nördlichste Punkt des europäischen Festlandes, an dem die Eisbären zu Hause sind, liegen in dieser Region.

Die norwegische Küche ist natürlich vor allem für ihre schmackhaften Fischgerichte bekannt und beliebt. Neben Lachs und Forelle stehen variationsreiche Gerichte mit Dorsch, Seewolf und Heilbutt auf den Speisekarten. Weit verbreitet sind Spezialitäten mit Hering und natürlich auch Schalentiere - an einem der Häfen sollte man unbedingt einmal eine Tüte frische Krabben direkt vom Kutter probieren! Fleischliebhaber können sich an feinen Speisen von Rentier, Elch, Hirsch oder Schneehuhn erfreuen. Eine besondere norwegische Spezialität ist der der süße braune Ziegenkäse.

Norwegen auf einen Blick

Fläche: 324 000 km²
Einwohnerzahl: 4,7 Millionen
Landessprache: Norwegisch

Währung:
1 Norw. Krone (NOK) = 100 Øre.
Euro-Wechselkurs (Stand 11.02.09):
1 Euro (€) = 8,68 NOK

Campingplätze: ca. 1200

Grenzübertritt Personen:
Pass/Personalausweis.

Grenzübertritt Haustiere:
EU-Heimtierausweis mit Impfung und Identitätskennzeichnung. Einfuhr von Kampfhunden verboten.

Grenzübertritt Kraftfahrzeuge:
Führerschein. Zulassungsbescheinigung Teil 1. Internationale Grüne Versicherungskarte/Kurzkasko empfohlen.

Treibstoff: Bleifrei Super 95 Oktan und Super Plus 98 Oktan, Diesel.

Geschwindigkeitsbegrenzungen:
Pkw Straße: 80 - 90 km/h
Pkw Autobahn: 90 km/h
Pkw mit Caravan Straße
und Autobahn: 60 - 80 km/h.
Motorcaravan (bis 3,5 t) wie Auto, darüber Straße und Autobahn: 80 km/h.

Besondere Verkehrsbestimmungen:
Promillegrenze: 0,2 ‰. Fahren mit Abblendlicht ist obligatorisch. Warnwestenpflicht für Fahrzeuge mit norwegischem Kennzeichen.

Polizei: 112
Notruf: 113

Autobahngebühren:
Für einige Straßen, Brücken, Tunnels und Städte werden Mautgebühren (bompenger) erhoben.

Telefon-Vorwahl aus dem Ausland:
0047 + Teilnehmernummer.

Mobiltelefon: Telefonieren ist während der Fahrt nur mit Freisprechanlage erlaubt.

Wichtig für den Camper:
Übernachten außerhalb von Campingplätzen ist auf Raststätten und bei entsprechender Beschilderung verboten. Gespann-Maßbeschränkungen: 255 cm Höchstbreite. Ausländische Gasflaschen können nicht befüllt werden. Einheimische Flaschen können bei den Niederlassungen der Firma AGA geliehen und mittels dort erhältlichem Adapter angeschlossen werden.

Rauchverbot
in Restaurants und Bars und allen öffentlichen Räumen.

Information:
NAF
Østensjøveien 14, N-0661 Oslo.

Touristik:
Innovation Norway,
Postfach 113317,
D-20433 Hamburg.
http://www.visitnorway.com

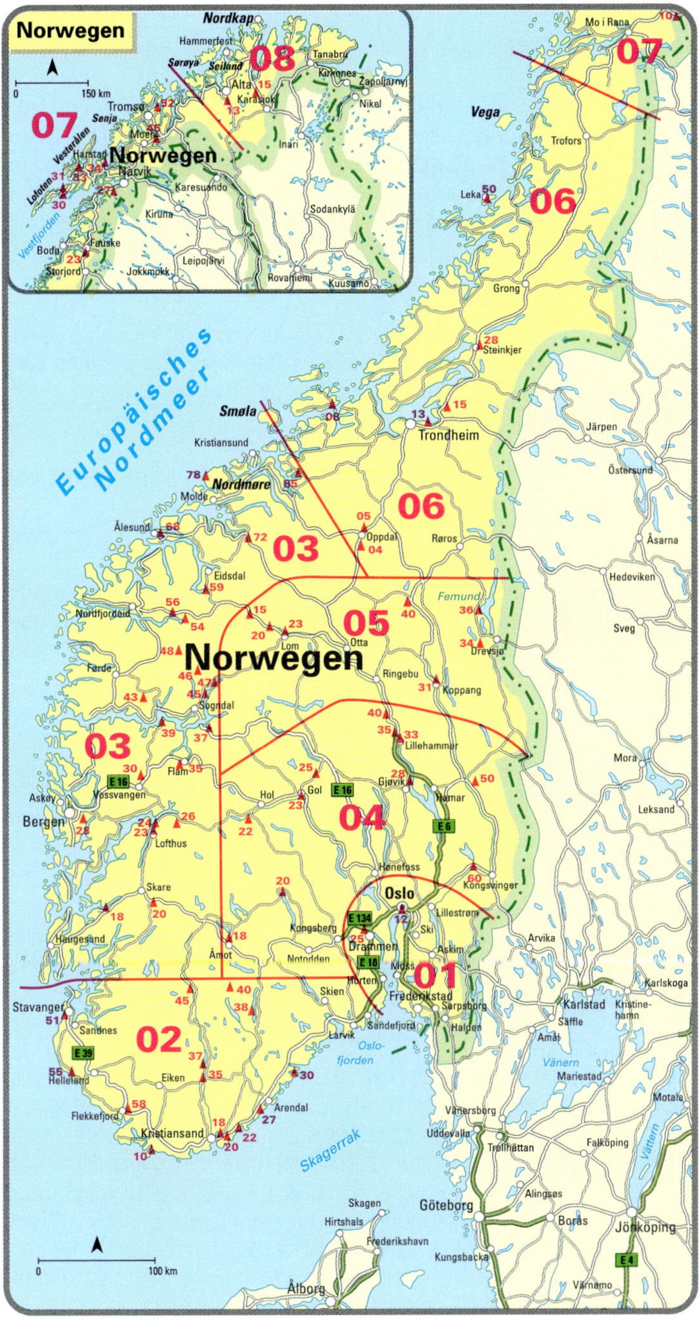
Norwegen
Nordkap
Hammerfest
Sørøya
Seiland
08
Tanabru
Kirkenes
Zapoljarnyj
Nikel
Alta
Karasjok
0
150 km
Tromsø
Senja
07
Moen
Vesterålen
Harstad
Norwegen
Narvik
Inari
Lofoten
Karesuando
Sodankylä
Kiruna
Vestfjorden
Fauske
Bodø
Storjord
Leipojärvi
Jokkmokk
Rovaniemi
Kuusamo
Mo i Rana
07
Vega
Trofors
Leka
06
Grong
Steinkjer
Europäisches Nordmeer
Smøla
Trondheim
Järpen
Kristiansund
Östersund
Nordmøre
Molde
06
Oppdal
Røros
Åsarna
Ålesund
03
Eidsdal
Hedeviken
Femund
Nordfjordeid
05
Lom
Otta
Drevsjø
Sveg
Norwegen
Førde
Ringebu
Koppang
Sogndal
03
Lillehammer
Mora
Flåm
E 16
Vossvangen
Askøy
Gol
E 16
Gjøvik
Hamar
Bergen
Hol
04
E 6
Leksand
Lofthus
Hønefoss
Kongsvinger
Skare
Oslo
E 134
Lillestrøm
Kongsberg
Ski
Haugesund
Drammen
Askim
Arvika
Åmot
Notodden
E 10
Moss
01
Horten
Karlskoga
Skien
Fredrikstad
Karlstad
Kristinehamn
Stavanger
Sarpsborg
Säffle
Sandnes
02
Sandefjord
Larvik
Halden
Åmål
E 39
Oslofjorden
Vänern
Mariestad
Helleland
Eiken
Arendal
Motala
Flekkefjord
Vänersborg
Kristiansand
Uddevalla
Trollhättan
Falköping
Vättern
Skagerrak
Alingsås
Skagen
Göteborg
Hirtshals
Borås
Jönköping
Frederikshavn
Kungsbacka
E 4
0
100 km
Värnamo
Ålborg

Mietunterkünfte in Norwegen

Die Ausstattung der Mietunterkünfte auf den Campingplätzen in Norwegen wird mit Sternen beurteilt. Dabei erhalten die einfachsten Campinghütten einen Stern und Unterkünfte mit dem höchsten Standard fünf Sterne. **Die im Hütten-Ferien-Führer verwendete Darstellung der Ausstattungsmerkmale entspricht nicht dieser Klassifizierung**, dennoch soll diese hier kurz vorgestellt werden.

★
Die Hütte besteht aus einem Raum mit notwendiger Einrichtung wie Betten und Sitzgelegenheit. Es gibt kein Bad oder WC, doch es können die sanitären Einrichtungen des Campingplatzes benutzt werden.

★★
Die Hütte kann mehrere Räume haben und hat elektrisches Licht, Heizung, Kühlschrank und eine Kochgelegenheit.

★★★
Unterkünfte, die unter diese Kategorie fallen, haben zusätzlich zur Ausstattung der Hütten mit 2 Sternen einen Wasseranschluss entweder in direkter Nähe zur Hütte oder in den Wohnräumen. Oft gibt es einen abgetrennten Schlafraum.

★★★★
Zusätzlich zu dem Obengenannten gibt es in diesen Hütten einen Sanitärraum, warmes und kaltes Wasser, Küchengeschirr und Töpfe, einen Aufenthaltsraum und mindestens ein abgetrenntes Schlafzimmer.

★★★★★
Die Einrichtung dieser Hütten erreicht nicht selten Hotelniveau. Eine Ausstattung, die Selbstversorgung ermöglicht (z. B. eine komplette Kücheneinrichtung) gehört hier zum Standard.

Diese Klassifizierung der Mietunterkünfte ist unabhängig von der Klassifizierung der Campingplätze. Der Platz kann durchaus höher eingestuft sein als die Mietunterkünfte. Campinghütten sind im Regelfall mit dem Notwendigsten ausgestattet. Dennoch sollte man sich vor der Abreise auf jeden Fall darüber informieren ob Küchenutensilien vorhanden sind, und ob man seine Bettwäsche selbst mitbringen muss oder leihen kann. Die Reinigung der Unterkunft wird meist vom Gast übernommen, doch gibt es Campingplätze, auf denen diese Arbeit gegen einen kleinen Aufpreis erledigt wird. Wenn man vor Ort keine böse Überraschung erleben möchte, sollte die Unterkunft vor allem für die

Monate Juli und August so früh wie möglich gebucht werden, da das Mieten von Campinghütten sehr beliebt ist. In den übrigen Monaten kann in der Regel auch kurzfristig ein paar Tage vor der Anreise reserviert werden.

Seit Anfang 2006 ist in Norwegen die Camping Card Scandinavia Pflicht. Diese Campingkarte gilt für alle skandinavischen Länder und kann im Internet unter www.camping.no bestellt werden. Die dazugehörige Jahresmarke kann auf allen Campingplätzen käuflich erworben werden.

Preise und Gebühren

Die Preise sind, falls nicht anders angegeben, in Landeswährung genannt. Alle Preise sind zusätzlich durch das Jahr ihrer Gültigkeit gekennzeichnet. Bei Anlagen ohne genauere Angaben sind die Preise direkt beim Campingplatz zu erfragen. Zu beachten ist, dass die Hauptsaisonpreise häufig auch für die Feiertage bzw. verlängerte Wochenenden gelten (Ostern, Pfingsten, Himmelfahrt, Mittsommer).

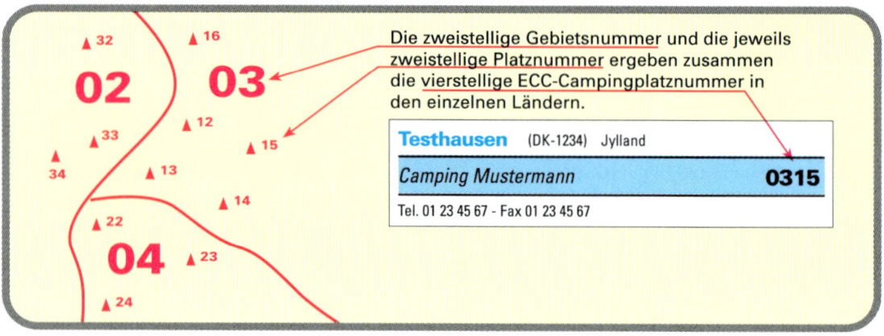

Oslo 01

Oslo (N-0766) Oslo

Bogstad Camp & Turistsenter 0112a

Ankervejen 117 / GPS: N 59°57'45.2'' E 10°38'38.4''
Tel. 22 51 08 00 – Fax 22 51 08 50 – E-Mail: mail@bogstadcamping.no

F E

Ⓗ 0.2 km

150 m, 18000 m² – Geöffnet: 1.1. – 31.12.

➜ Bei Bogstad, ca. 8 km nordwestlich von Oslo Richtung Langlia – Åsa

Hauptsaison: 1.6.–31.8. – RES empfohlen – (Preise auf Anfrage)
Hütten: 10 Hütten (25 qm) für 2+2 Pers.
10 Hütten (25 qm) für 2+2 Pers.
3 Hütten (10 qm) für 2+1 Pers.
4 Hütten (30 qm) für 4 Pers.
16 Hütten (45 qm) für 4+1 Pers.
Ausstattung: 4, 5, 6, 8, 9, 10, 11, 12, 13, 15, 16, 18 (je nach Unterkunft)
Sonstiges: Bettwäsche mitbringen oder mieten, zzgl. Endreinigung

50 40 40 40 12 70 WC 5 4 2 W

0.2 km 5 km

D GB F VISA AE MasterCard

Drammen (N-3027) Buskerud

NAF-Camping Drammen 0125

Buskerudvej 97 / GPS: N 59°45'4.17'' E 10°8'3.08''
Tel. 32 82 17 98 – Fax 32 82 57 68
E-Mail: post@drammencampingplass.no

0.3 km

3 m, 35000m² – Geöffnet: 1.5. – 15.9.

➜ E 134 Drammen – Notodden, ca. 5 km westlich Drammen abzweigen, beschildert

Hauptsaison: 1.5.–15.9. – (Preise 2008)
Hütten: 10 Hütten (10 qm) für 4 Pers. – HS / NS 330.– pro Nacht
10 Hütten (10 qm, mit Kissen und Decken) für 4 Pers. – HS / NS 380.– pro Nacht
Ausstattung: 6, 7, 8, 9, 11 (je nach Unterkunft)
Sonstiges: Bettwäsche mitbringen

16 16 6 6 4 WC 0.5 km 4 km
4 km GB VISA Maestro MasterCard

Südküste
La Côte du Sud
South Coast

02

Spangereid (N-4521) Vest-Agder

Lindesnes Camping **0210**

GPS: N 57°59'46'' E 7°5'36.5''
Tel. 38 25 88 74 – Fax 38 25 88 92
E-Mail: gabrielsen@lindesnescamping.no

E

1 m, 24000m² – Geöffnet: 1.4. – 30.9.

➜ Straße E 39 Kristiansand – Flekkefjord. Abbiegen auf Straße 460 Richtung Lillehavn/Lindesnes. 3,5 km vom Leuchtturm Lindesnes

Hauptsaison: 15.6.–15.8. – RES empfohlen (Preise 2009)
Hütten und Bungalows: 1 Hütte (ohne Strom) für 2 Pers. – HS 250.– / NS 230.– pro Nacht
2 Hütten (ohne Bad) für 4 Pers. – HS 390.– bis 495.– / NS 300.– bis 380.– pro Nacht
1 Hütte (Du/WC) für 4-5 Pers. – HS 795.– pro Nacht / NS 590.– pro Nacht
1 Bungalow für 6-8 Pers. – HS 7600.– / NS 5100.– pro Woche
2 Bungalows für 8 Pers. – HS 8500.– bis 8900.– / NS 5500.– bis 5800.– pro Woche
Ausstattung: 4, 5, 6, 7, 11, 15 (je nach Unterkunft)
Sonstiges: zzgl. Endreinigung

6 6 2 2 4 WC 8 km 3 km
D GB VISA Maestro MasterCard

Hamresanden (N-4651) Vest-Agder

Pluscamp Kristiansand Hamre Familiecamp **0218**

Hamresandveien 1 / GPS: N 58°11'5.1'' E 8°5'22.7''
Tel. 38 05 87 87 – Fax 92 40 90 09 – E-Mail: booking@hamresanden.biz

F

2m, 40000m² – Geöffnet: 1.1. – 31.12.

➜ Von Kristiansand E 18 Richtung Arendal, nach ca. 7 km Straße 41 Richtung Birkeland, ca. 3 km, dann abzweigen. Ca. 11 km nordöstlich Kristiansand

Hauptsaison: 19.6.–9.8. – RES empfohlen – (Preise 2008)
Hütten und Bungalows: 10 Hütten (17 qm) für 4 Pers. – HS 915.– / NS 505.– bis 616.– pro Nacht
5 Hütten (20 qm) für 4 Pers. – HS 1245.– / NS 685.– bis 835.– pro Nacht
10 Hütten (43 qm) für 6 Pers. – HS 1810.– / NS 995.–bis 1215.– pro Nacht
16 Bungalows (14-23 qm) für 3 Pers. – HS 895.– bis 1375.– / NS 490.– bis 920.– pro Nacht
Ausstattung: 1, 2, 4, 7, 8, 9, 10, 11, 12, 13, 14, 15, 16, 19 (je nach Unterkunft)
Sonstiges: Bettwäsche mieten, Endreinigung incl.

WC 0.2km 0.2km

Høvåg (N-4770) Aust-Agder

Skottevik Ferie Senter **0220**

GPS: N 58°7'32.14'' E 8°13'50.62''
Tel. 37 26 90 30 – Fax 37 26 90 33 – E-Mail: post@skottevik.no

F D H 0.2km

10m, 300000m² – Geöffnet: 1.4. – 30.9.

➜ E 18 Kristiansand – Oslo. Ca. 5 km östlich Kristiansand abzweigen auf Straße 401 nach Høvåg. Ca. 3 km westlich des Ortes zum Platz abbiegen

Hauptsaison: 27.6.–8.8. – RES empfohlen – (Preise 2008)
Hütten: 5 Hütten (16 qm, ohne Du/WC) für 4 Pers. – HS 800.– / NS 550.– bis 560.– pro Nacht
7 Hütten (20 qm, ohne Du/WC) für 5 Pers. – HS 800.– / NS 550.– bis 560.– pro Nacht
23 Hütten (52 qm) für 6 Pers. – HS / NS auf Anfrage
1 Hütte (52 qm) für 6 Pers. – HS 9995.– pro Woche / NS 995.– bis 1195.– pro Nacht
2 Hütten (55-60 qm) für 6 Pers. – HS 1295.– / NS 795.– bis 995.– pro Nacht
Ausstattung: 1, 2, 3, 4, 5, 6, 7, 8, 9, 10, 11, 12, 15, 16, 18, 21, 22 (je nach Unterkunft)

48 48 48 28 30 WC

W A S

D GB VISA AE MasterCard

Lillesand (N-4790) Aust-Agder

Tingsaker Familiecamping 0222

GPS: N 58°15'22.6'' E 8°23'22.6''
Tel. 37 27 04 21 – E-Mail: post@tingsakercamping.no

F E H 0.1 km

5 m, 30000m² – Geöffnet: 1.5. – 1.9.

➜ E 18 Kristiansand – Oslo. Zwischen Kristiansand und Arendal abzweigen nach Lillesand. Ca. 1 km östlich des Ortes

Hauptsaison: 28.6.–8.8. – RES empfohlen – (Preise 2009)
Hütten: 16 Hütten (31-38 qm) für 4-5 Pers. – HS 1500.– / NS 850.– bis 990.– pro Nacht
Ausstattung: 4, 5, 6, 7, 9, 10, 12, 15, 18, 19 (je nach Unterkunft)
Sonstiges: Bettwäsche mitbringen, zzgl. Endreinigung

24 20 15 15 5 19 WC 3 3

1 km 0.5 km S

D GB VISA Maestro AE MasterCard

Fevik (N-4870) Aust-Agder

Camping Bagatell 0227

GPS: N 58°22'12.2'' E 8°40'59.7''
Tel. 37 04 74 67 – Fax 37 04 74 25

F E H 0.8 km

2 m, 22000m² – Geöffnet: 1.6. – 15.8.

➜ E 18 Kristiansand – Arendal, ca. 3 km hinter Grimstad abzweigen. Ca. 500 m außerhalb des Ortes

Hauptsaison: 1.6.–15.8. – RES notwendig – (Preise auf Anfrage)
Bungalows: 12 Bungalows (32-50 qm, 2 bis 3 Zimmer)
Ausstattung: 2, 4, 5, 6, 7, 8, 9, 10, 11, 12, 15, 16, 18, 21, 22 (je nach Unterkunft)
Sonstiges: Bettwäsche mitbringen oder mieten, zzgl. Endreinigung

20 20 10 10 22 WC

S 2 km 1 km D GB F

Risør (N-4950) Aust-Agder

Sørlandet Feriesenter 0230

GPS: N 58°41'27.6'' E 9°9'48.7''
Tel. 37 15 40 80 – Fax 37 15 40 82 – E-Mail: sorferie@online.no

F E ☆ H 0.1 km

10 m, 40000 m² – Geöffnet: 1.4. – 1.11.

➜ E 18 Oslo – Kristiansand. In Akland abzweigen auf Straße 416 nach Risør. Westlich des Ortes abzweigen auf Straße 411, dann über Laget zum Platz

Hauptsaison: 3.7.–9.8. –RES empfohlen – (Preise 2009)
Hütten und Bungalows: 4 Hütten (12-15 qm) für 3-5 Pers. – HS 2900.– bis 3300.– / NS 1800.– bis 2400.– pro Woche
17 Hütten (38 qm) für 6 Pers. – HS 7100.– bis 7500.– / NS 2900.– bis 5400.– pro Woche
2 Hütten (48 qm) für 8 Pers. – HS 8900.– / NS 4400.– bis 6700.– pro W.
1 Bungalow (125 qm) für 12-14 Pers. – HS 17900.– / NS 7500.– bis 12900.– pro Woche
4 Bungalows (30-42 qm) für 4-6 Pers. – HS 5400.– bis 6900.– / NS 2200.– bis 4500.– pro Woche
1 Bungalow (20 qm) für 3 Pers. – HS 4700.– / NS 2950.– bis 3900.– pro Woche
Ausstattung: 1, 2, 3, 4, 5, 6, 7, 8, 9, 11, 12, 13, 15, 16, 18, 21, 22, 24 (je nach Unterkunft)
Sonstiges: Bettwäsche mitbringen oder mieten, zzgl. Endreinigung

2 5 5 14 14 4 24 WC 4 2 2 TV
W
1 km D GB VISA Maestro MasterCard

N

Evje (N-4735) Aust-Agder

Odden Camping **0235**

GPS: N 58°35'5.4'' E 7°47'45.8''

Tel. 37 93 06 03 – Fax 37 93 11 01
E-Mail: post@oddencamping.setesdal.com

F E D ☆ H 0.4 km

180 m, 46000 m² – Geöffnet: 1.1. – 31.12.

➜ Von Kristiansand Straße 9 nach Norden. Über Hægeland und Hornnes nach Evje. Ca. 500 m südlich des Ortes

RES empfohlen – (Preise 2009)
Hütten: 4 Hütten (10 qm) für 2 Pers. – HS 350.– bis 400.– / NS 250.– bis 300.– pro Nacht
Hütten (15 qm) für 2 Pers. – HS 500.– bis 550.– / NS 400.– bis 450.– pro Nacht
10 Hütten (25 qm) für 4 Pers. – HS 500.– bis 575.– / NS 400.– bis 475.– pro Nacht
6 Hütten (40-55 qm) für 4-8 Pers. – HS 900.– bis 1125.– / NS 725.– bis 950.– pro Nacht
Ausstattung: 4, 5, 6, 7, 8, 9, 11, 12, 15, 16, 18, 21, 22 (je nach Unterkunft)

2 11 11 5 5 2 9 2
0.2 km 0.2 km 6 km 6 km 5 km 1.5 km
0.2 km 5 km

Byglandsfjord (N-4741) Aust-Agder

Camping Neset **0237**

GPS: N 58°41'18.3'' E 7°48'5''
Tel. 37 93 40 50 – Fax 37 93 43 93 – E-Mail: post@neset.no
F E 0.3 km
202 m, 50 000 m² – Geöffnet: 1.1. – 31.12.
➜ Von Kristiansand Straße 9 nach Norden. Über Hægeland und Hornnes nach Byglandsfjord. Ca. 2 km nördlich des Ortes
Hauptsaison: 1.7.–15.8. – RES empfohlen – (Preise 2009)
Hütten: 29 Hütten für 4-6 Pers. – HS 525.– bis 700.– / NS 425.– bis 600.– pro Nacht
Ausstattung: 6, 7, 8, 9, 11, 15, 16, 18, 21, 22 (je nach Unterkunft)
Sonstiges: Bettwäsche mitbringen oder mieten
37 35 17 17 8 34 3 3
2.5 km 4 km 3 km

Treungen (N-3855) Telemark

Nisser Camping **0238**

GPS: N 59°7'22'' E 8°28'27.1''
Tel. 35 04 78 67 – Fax 35 04 78 68 – E-Mail: bjarnereime@nisser.no
F D
246 m, 25 000 m² – Geöffnet: 1.1. – 31.12.
➜ Von Kristiansand Straße 41 nach Norden bis Treungen, weiter Straße 354 Richtung Fjone, ca. 15 km am Nisser-See entlang
Hauptsaison: 21.6.–23.8. – RES empfohlen – (Preise 2009)
Hütten: 5 Hütten (40 qm) für 6 Pers. – HS 5800.– / NS 2800.– bis 3700.– pro Woche
1 Hütte (27 qm) für 5 Pers. – HS 5000.– / NS 2300.– bis 3100.– pro Woche
Hütten für 4 Pers. – HS / NS 1700.– pro Woche
1 Hütte (120 qm) für 14 Pers. – HS / NS Preis auf Anfrage
Ausstattung: 1, 4, 8, 9, 10, 12, 15, 16, 19, 21, 22 (je nach Unterkunft)
Sonstiges: Bettwäsche mitbringen, zzgl. Endreinigung (200.– bis 700.–)
2 7 7 4 4 7 W A
6 km 1 km 5 km
D GB VISA

Hauggrend-Fyresdal (N-3870) Telemark

Fossumsanden Camping **0240**

GPS: N 59°19'0.9'' E 8°8'0.2''
Tel. 35 04 25 14 – Fax 35 04 25 64 – E-Mail: fossum@fyresdal.online.no

F E Ⓗ0.1 km

350 m, 40000m² – Geöffnet: 1.1. – 31.12.

➜ Von Kristiansand Straße 41 nach Norden. Bei Tjønnefoss abzweigen auf Straße 355 nach Hauggrend. Im Ort Richtung Skrevatn-See abbiegen

Hauptsaison: 1.7.–15.8. – RES notwendig – (Preise 2009)
Hütten: 2 Hütten für 2 Pers. – HS / NS 450.– pro Nacht
3 Hütten für 3 Pers. – HS / NS 400.– pro Nacht
5 Hütten für 4 Pers. – HS / NS 350.– bis 600.– pro Nacht
1 Hütte für 5 Pers. – HS / NS 800.– pro Nacht
2 Hütten für 6 Pers. – HS / NS 850.– pro Nacht
1 Hütte für 10 Pers. – HS / NS 1250.– pro Nacht
Ausstattung: 1, 5, 6, 7, 8, 9, 10, 11, 12, 16 (je nach Unterkunft), alle Hütten ohne fließend Wasser
Sonstiges: Heizkostenzuschlag von Dezember bis April, Bettwäsche und Handtücher mieten (80.–), zzgl. Endreinigung (250.– bis 1000.–)

9 13 13 7 7 2 6 WC 2
0.5 km D GB F VISA AE MasterCard

Valle (N-4747) Aust-Agder

Flateland Camping **0245**

GPS: N 59°14'28.9'' E 7°27'49.6''
Tel. 95 00 55 00, 37 93 68 37
E-Mail: flateland.camping@broadpark.no

F Ⓗ0.4 km

350 m, 15000m² – Geöffnet: 1.5. – 1.10.

➜ Von Kristiansand Straße 9 nach Norden. Ca. 5 km nach der Verzweigung der Straßen 9 und 45 abzweigen, beschildert. Ca. 6 km nördlich Valle

Hauptsaison: 1.6.–1.9. – (Preise 2009)
Hütten: 18 Hütten für 4-6 Pers. – HS / NS 350.– bis 500.– pro Nacht
Ausstattung: 4, 5, 6, 7, 8, 9, 10, 11, 16 (je nach Unterkunft)

8 8 10 10 2 8 WC W 8 km
D GB VISA Maestro MasterCard

Im Juli und August ist eine Reservierung auf norwegischen Campingplätzen unbedingt erforderlich. Sonst ist auch eine kurzfristige Buchung einen Tag vorher möglich.

N

Stavanger (N-4021) Rogaland

NAF-Camping Mosvangen **0251**

Henrik Ibsensgate 31 / GPS: N 58°57'7'' E 5°42'51.6''
Tel. 51 53 29 71 – Fax 51 87 20 55
E-Mail: info@mosvangencamping.no

F E 0.3 km

25 m, 20000 m² – Geöffnet: 15.5. – 15.9.

→ E 39 bis Stavanger, Abfahrt Ullandhaug. Ca. 2 km südwestlich des Ortes

Hauptsaison: 15.5.–15.9. – RES empfohlen – (Preise auf Anfrage)
Hütten: 10 Hütten (18 qm) für 4 Pers.
9 Hütten (9 qm) für 2-3 Pers.
Ausstattung: 2, 6, 7, 12, 16, 19, 24 (je nach Unterkunft)
Sonstiges: Bettwäsche mitbringen oder mieten, zzgl. Endreinigung

12 12 4 4 3 13 WC

0.2 km 0.2 km 2 km 3 km 8 km 2 km 2 km
S 2 km 2 km S 2 km 2 km S 2 km 2 km S 2 km
2 km S 2 km 2 km 2 km 2 km 2 km 2 km 2 km
2 km 0.5 km 2 km 2 km

D GB F VISA Maestro MasterCard

Brusand (N-4363) Rogaland

NAF-Camping Brusand **0255**

GPS: N 58°32'18.9'' E 5°43'28.7''
Tel. 93 62 58 23 – Fax 51 43 91 41 – E-Mail: post@brusand-camping.no

F D 0.8 km

20 m, 70000 m² – Geöffnet: 1.1. – 31.12.

→ E 39 Kristiansand – Stavanger, hinter Helleland abzweigen, Straße 42 Richtung Egersund, später Straße 44 nach Brusand. Beschildert. Ca. 1 km nördlich des Ortes

RES empfohlen – (Preise 2009)
Hütten: 4 Hütten (40-60 qm) für 4-6 Pers. – HS / NS 400.– bis 700.– pro Nacht
Ausstattung: 2, 4, 5, 6, 7, 8, 9, 10, 11, 15, 16, 18, 21, 22, 24 (je nach Unterkunft)
Sonstiges: Bettwäsche mitbringen oder mieten, zzgl. Endreinigung

2 14 14 10 10 10 WC 1 km
0.4 km 0.3 km 0.3 km D GB VISA Maestro MasterCard

! Der Hütten-Ferien-Führer – aktuell • preiswert • zuverlässig

Flekkefjord (N-4400) Vest-Agder

Egenes Camping **0258**

GPS: N 58°17'29'' E 6°42'49.2''
Tel. 38 32 01 48, 38 32 13 48 – Fax 38 32 01 11
E-Mail: camping@online.no

F E D Ⓗ 1.5 km

34 m, 25 000 m² – Geöffnet: 1.1. – 31.12.

➜ E 39 Kristiansand – Stavanger bis Flekkefjord. Ca. 4 km südöstlich des Ortes abzweigen

Hauptsaison: 1.5.–31.8. – RES empfohlen – (Preise 2008)
Hütten: 2 Hütten (15 qm) für 4 Pers. – HS 400.– / NS 350.– pro Nacht
1 Hütte (25 qm) für 4+2 Pers. – HS 500.– / NS 400.– pro Nacht
1 Hütte (34 qm) für 4 Pers. – HS 550.– / NS 400.– pro Nacht
1 Hütte (40 qm) für 6 Pers. – HS 800.– / NS 600.– pro Nacht
1 Hütte (50 qm) für 6 Pers. – HS 950.– / NS 700.– pro Nacht
Ausstattung: 4, 5, 6, 7, 8, 10, 11, 12, 15, 18 (je nach Unterkunft)

18 18 8 8 2 18 WC 2 2
5 km 5 km 5 km
5 km 5 km 0.5 km D GB NL VISA Maestro AE MasterCard

N

Westküste
La Côte de l'Ouest
West Coast
03

Kyrping (N-5590) Hordaland

Pluscamp Kyrping **0318**

GPS: N 59°44'45.6'' E 6°6'44.8''
Tel. 53 77 08 80 – Fax 53 77 08 81 – E-Mail: post@kyrping-camping.no

F D Ⓗ 1.5 km

2 m, 35 000 m² – Geöffnet: 1.1. – 31.12.

➜ Von Haugesund E 134 Richtung Jøsendal bis Kyrping. Beschildert. Ca. 1,5 km vom Ort

Hauptsaison: 1.7.–15.8. – RES empfohlen – (Preise 2009)
Hütten: Hütten für 4-6 Pers. – HS 2200.– bis 4750.– / NS 1750.– bis 3800.– pro Woche
Ausstattung: 4, 5, 6, 7, 8, 9, 10, 11, 12, 15, 16, 18, 21, 22 (je nach Unterkunft)
Sonstiges: Bettwäsche mitbringen, zzgl. Endreinigung (300.– bis 500.–), zzgl. Stromgebühr (30.– pro Nacht)

5 5 D GB VISA MasterCard

Røldal (N-5760) Hordaland

Saltvold Camping 0320

Kirkeveien 34 / GPS: N 59°49'56.1'' E 6°49'15.2''
Tel. 53 64 72 45 – Fax 53 64 41 65 – E-Mail: gulleik@online.no

F D H 0.4 km

380 m, 25 000 m² – Geöffnet: 1.1. – 31.12.

→ Straße E 134, in Røldal abzweigen Richtung Stabkirche
RES empfohlen – (Preise auf Anfrage)
Hütten: 4 Hütten (35 qm) für 5 Pers.
4 Hütten (46 qm) für 8 Pers.
Ausstattung: 1, 4, 5, 6, 7, 8, 9, 10, 11, 12, 15, 16, 18, 19, 21, 22, 24 (je nach Unterkunft)
Sonstiges: Bettwäsche mieten, zzgl. Endreinigung

10 10 4 4 WC 0.1 km 0.1 km 0.1 km 0.4 km 0.1 km 0.4 km 0.9 km 0.1 km D GB

Lofthus (N-5781) Hordaland

Lofthus NAF-Camping 0323

GPS: N 60°20'10.9'' E 6°39'36.2''
Tel. 53 66 13 64 – Fax 53 66 15 00 – E-Mail: post@lofthuscamping.com

F E H 1.3 km

60 m, 17 000 m² – Geöffnet: 1.5. – 30.9.

→ E 134 Oslo – Haugesund. Bei Jøsendal auf Straße 13 abzweigen, über Odda Richtung Kinsarvik. Ca. 10 km südlich Kinsarvik in Lofthus abzweigen. Ca. 1,3 km nördlich des Ortes
Hauptsaison: 30.6.–24.8. – RES empfohlen – (Preise 2009)
Hütten und Bungalows: 10 Hütten (10 qm) für 2 Pers. – HS 480.– / NS 360.– pro Nacht
10 Hütten (15 qm) für 4 Pers. – HS 590.– / NS 450.– pro Nacht
5 Bungalows (25 qm) für 4+2 Pers. – HS 970.– / NS 770.– pro Nacht
2 Bungalows (90 qm) für 6 Pers. – HS 1140.– / NS 860.– pro Nacht
Ausstattung: 1, 4, 5, 6, 7, 9, 10, 11, 12, 16, 18, 21, 22 (je nach Unterkunft)
Sonstiges: Bettwäsche mitbringen

6 12 12 6 6 4 12 WC 4 W 1 km 0.4 km 0.4 km 0.4 km 1 km 0.4 km 0.8 km 0.8 km D GB VISA Maestro MasterCard

Kinsarvik (N-5780) Hordaland

Hardangertun Camping **0324**

GPS: N 60°22'38.7'' E 6°43'31''
Tel. 53 67 13 13 – Fax 53 67 13 14 – E-Mail: info@hardangertun.no

F E 0.2 km

5 m, 18000 m² – Geöffnet: 1.1. – 31.12.

→ E 134 Oslo – Haugesund. Bei Jøsendal auf Straße 13 abzweigen, über Odda Richtung Kinsarvik. Abzweigung am nördlichen Ortsrand, beschildert

Hauptsaison: 19.6.–9.8. – RES notwendig – (Preise 2009)
Hütten: 16 Hütten (50 qm) für 7 Pers. – HS 1445.– / NS 795.– bis 1195.– pro Nacht
10 Hütten (65 qm) für 8 Pers. – HS 1545.– / NS 895.– bis 1195.– pro Nacht
Ausstattung: 1, 4, 5, 6, 7, 8, 9, 11, 12, 14, 15, 16, 18, 19, 21, 22, 24 (je nach Unterkunft)
Sonstiges: Bettwäsche mieten, zzgl. Endreinigung

8 2 22 22 12 12 2 22 WC 2 2
3 0.1 km
0.1 km D GB VISA Maestro AE Master Card

N

Øvre Eidfjord (N-5784) Hordaland

NAF-Camping Sæbø **0326**

GPS: N 60°25'33.1'' E 7°7'15.8''
Tel. 53 66 59 27 – E-Mail: scampi@online.no

F E 0.4 km

25 m, 72000 m² – Geöffnet: 15.5. – 15.9.

→ E 134 Oslo – Haugesund. Bei Jøsendal auf Straße 13 Richtung Kinsarvik/Voss abzweigen. Bei Brimnes Straße 7 Richtung Hol/Gol. Zwischen Eidfjord und Fossli, ca. 6 km südlich Eidfjord

Hauptsaison: 1.7.–1.9. – RES notwendig – (Preise 2009)
Hütten: 10 Hütten (16 qm) für 4 Pers. – HS / NS 380.– pro Nacht
1 Hütte (25 qm) für 6 Pers. – HS / NS 550.– pro Nacht
1 Hütte (26 qm) für 4 Pers. – HS / NS 785.– pro Nacht
1 Hütte (33 qm) für 6 Pers. – HS / NS 940.– pro Nacht
Ausstattung: 1, 4, 5, 6, 12, 16, 18 (je nach Unterkunft)
Sonstiges: Bettwäsche mitbringen

6 13 13 7 7 3 9 WC
0.5 km 0.5 km 0.5 km 0.5 km
D GB NL VISA Maestro Master Card

Haukeland (N-5268) Hordaland

Bratland NAF-Camping **0328**

Bratlandsveien 6 / GPS: N 60°21'9.9'' E 5°26'11.9''
Tel. 55 10 13 38 – Fax 55 10 53 60 – E-Mail: post@bratlandcamping.no

F H0.2km

100m, 100000m² – Geöffnet: 20.5. – 10.9.

➜ Straße 580, beschilderter Abzweig. Ca. 1 km vom Ort und 16 km östlich Bergen

RES empfohlen – (Preise 2009)
Hütten: 13 Hütten für 2-4 Pers. – HS 390.– pro Nacht / NS auf Anfrage
9 Hütten für 4-5 Pers. – HS 790.– pro Nacht / NS auf Anfrage
4 Hütten für 6-8 Pers. – HS 1200.– pro Nacht / NS auf Anfrage
Ausstattung: 4, 5, 6, 7, 8, 9, 10, 11, 12, 15, 16, 18, 19
(je nach Unterkunft)

3 10 10 6 6 4 12 WC 2 2 4
D GB VISA Master Card

Voss-Tvinde (N-5700) Hordaland

Tvinde Camping **0330**

GPS: N 60°43'26.6'' E 6°29'18.1''
Tel. 56 51 69 19 – Fax 56 51 30 15 – E-Mail: tvinde@tvinde.no

F E H0.3km

101m, 10000m² – Geöffnet: 1.1. – 31.12.

➜ Von Bergen Straße E 16 bis Voss, weiter Richtung Sogn, noch ca. 12 km

RES empfohlen – (Preise auf Anfrage)
Hütten: 14 Hütten (16 qm) für 4 Pers.
7 Hütten (25 qm) für 5 Pers.
Ausstattung: 2, 6, 7, 11, 12, 15, 16, 19, 21, 22 (je nach Unterkunft)
Sonstiges: Endreinigung incl.

14 14 6 6 WC 8km 0.2km
6km 6km 8km 8km D GB VISA Maestro AE Master Card

Flåm (N-5743) Sogn og Fjordane

NAF-Camping Flåm **0335**

GPS: N 60°51'36.7'' E 7°6'23.2''
Tel. 57 63 21 21 – Fax 57 63 23 80
E-Mail: camping@flaam-camping.no

F E H0.4km

5m, 15000m² – Geöffnet: 1.5. – 15.9.

➜ E 16 Bergen – Oslo bis Flåm-Centrum. Am westlichen Ortsrand
Hauptsaison: 1.5.–30.9. – RES notwendig – (Preise 2009)
Hütten und Bungalows: 11 Hütten (16 qm) für 2-4 Pers. – HS / NS 600.– bis 650.– pro Nacht
4 Bungalows (32 qm) für 2-4 Pers. – HS / NS 930.– pro Nacht
Ausstattung: 1, 4, 5, 6, 7, 8, 9, 12, 15, 16, 18, 21, 22 (je nach Unterkunft)
Sonstiges: Bettwäsche mitbringen oder mieten (65.–)
2 22 22 12 12 7 16 WC 2
0.3 km 0.3 km 0.5 km 7 km 0.4 km 0.4 km
0.5 km 0.4 km 0.5 km 0.5 km
D GB VISA Maestro MasterCard

Lærdal (N-6886) Sogn og Fjordane

Lærdal Ferie- og Fritidspark 0337

GPS: N 61°6'1.6'' E 7°28'22.3''
Tel. 57 66 66 95 – Fax 57 66 87 81 – E-Mail: info@laerdalferiepark.com
F 0.4 km
1 m, 23000m² – Geöffnet: 1.4. – 31.10.
➜ E 16 Oslo – Bergen. In Lærdal beschilderter Abzweig von der Straße 5. Ca. 400 m westlich des Ortes
Hauptsaison: 10.7.–22.8. – RES empfohlen – (Preise 2009)
Hütten und Bungalows: Hütten für 2-6 Pers. – HS 845.– bis 995.– / NS 695.– bis 950.– pro Nacht
Bungalows für 1-2 Pers. – HS 675.– bis 750.– / NS 525.– bis 695.– pro Nacht
Ausstattung: 1, 3, 4, 5, 6, 7, 8, 9, 11, 13, 14, 15, 16, 18, 21, 22 (je nach Unterkunft)
Sonstiges: Bettwäsche mitbringen oder mieten (75.–), zzgl. Endreinigung (Hütte 250.– / Bungalow 175.–)
2 15 15 9 9 4 14 WC 2 4
W
D GB NL VISA Maestro AE MasterCard

Vangsnes (N-6894) Sogn og Fjordane

Tveit Camping 0339

GPS: N 61°8'43.2'' E 6°37'25.7''
Tel. 57 69 66 00 – Fax 57 69 66 70 – E-Mail: tveitca@online.no
F 0.1 km
10 m, 7000m² – Geöffnet: 1.5. – 30.9. 12.00 – 14.00

N

➜ E 16 Bergen – Gudvangen. Bei Vinje abzweigen auf Straße 13 nach Norden. Über Vik Richtung Vangsnes. Ca. 4 km südlich des Ortes und 3,5 km westlich der Fährstation

Hauptsaison: 25.6.–15.8. – RES empfohlen – (Preise 2009)
Hütten und Bungalows: 5 Hütten (12 qm) für 4 Pers. – HS / NS auf Anfrage
5 Bungalows (24 qm) für 4 Pers. – HS / NS 450.– bis 550.– pro Nacht
1 Bungalow (24 qm) für 2 Pers. – HS / NS 300.– bis 400.– pro Nacht
Ausstattung: 1, 2, 4, 5, 6, 8, 9, 10, 11, 12, 14, 15, 16, 18, 19, 21, 22 (je nach Unterkunft)
Sonstiges: Bettwäsche mitbringen, zzgl. Endreinigung

6 18 18 4 4 3 6 WC
3 km 3 km
D GB VISA Maestro AE MasterCard

Viksdalen (N-6978) Sogn og Fjordane

Hov Camping Hyttegrend 0343

GPS: N 61°19'36.35'' E 6°16'14.18''
Tel. 57 71 79 37 – Fax 57 71 79 55 – E-Mail: ottarhov@c2i.net

F E

410 m, 40 000 m² – Geöffnet: 1.4. – 1.10.

➜ E 39 Bergen – Nordfjordeid bis Sande. Straße 610 bis Viksdalen. Straße 13 Richtung Gaularfjellet, rechts der Straße

Hauptsaison: 1.7.–15.8. – RES empfohlen – (Preise 2009)
Hütten: 12 Hütten (13 qm) für 2 Pers. – HS 150.– / NS 130.– pro Nacht
5 Hütten (28 qm) für 2-4 Pers. – HS 270.– / NS 230.– pro Nacht
3 Hütten (40 qm) für 2-4 Pers. – HS 390.– / NS 330.– pro Nacht
2 Hütten (45 qm) für 2-5 Pers. – HS 440.– / NS 360.– pro Nacht
Ausstattung: 4, 5, 6, 7, 8, 9, 10, 11, 12, 16, 19 (je nach Unterkunft)
Sonstiges: Preise zzgl. Übernachtungsgebühr – HS / NS Erw. 50.– pro Nacht, Kind 20.– pro Nacht, Bettwäsche mitbringen

11 11 4 4 2 6 WC
D GB VISA Maestro MasterCard

Gaupne (N-6868) Sogn og Fjordane

Pluscamp Sandvik 0345

GPS: N 61°24'2'' E 7°18'1.5''
Tel. 57 68 11 53 – Fax 57 68 16 71 – E-Mail: sandvik@pluscamp.no

F E H 0.6 km

4 m, 15 000 m² – Geöffnet: 1.1. – 31.12.

➜ E 39 Bergen – Nordfjordeid. Bei Vadheim abzweigen auf Straße 55, über Hella und Sogndal bis Gaupne. Im Ort Abzweigung beschildert. Ca. 500 m vom Ortszentrum

Hauptsaison: 20.6.–5.8. – RES empfohlen – (Preise 2008)
Hütten: 8 Hütten für 2-3 Pers. – HS 500.– / NS 900.– pro Nacht
4 Hütten für 4-5 Pers. – HS 600.– bis 800.– / NS 400.– pro Nacht
4 Hütten für 2-4 Pers. – HS 1000.– / NS 800.– pro Nacht
Ausstattung: 4, 5, 6, 7, 8, 9, 11, 12, 15, 16, 18, 21, 22
(je nach Unterkunft)
Sonstiges: Bettwäsche mieten, zzgl. Endreinigung
6 10 10 4 4 2 10 WC
0.5 km 0.5 km 0.5 km 0.5 km 0.5 km
2 km D GB VISA MasterCard

Jostedal (N-6871) Sogn og Fjordane

Jostedal Camping 0346

GPS: N 61°37'50.52'' E 7°16'0.6''
Tel. 57 68 39 14, 97 75 67 89 – Fax 57 68 41 36
E-Mail: post@jostedalcamping.no

H 0.2 km
200 m, 6000 m² – Geöffnet: 1.5. – 15.10.
→ E 39 Bergen – Nordfjordeid. Bei Vadheim abzweigen auf Straße 55, über Hella und Sogndal bis Gaupne. Weiter Straße 604 bis Jostedal, ca. 30 km
Hauptsaison: 1.7.–1.9. – RES empfohlen – (Preise 2009)
Hütten und Bungalows: 5 Hütten (12 qm) für 2-4 Pers. – HS 325.– / NS 280.– pro Nacht
5 Hütten (24 qm) für 4 Pers. – HS 460.– / NS 400.– pro Nacht
2 Bungalows (60 qm) für 6 Pers. – HS 1000.– / NS 850.– pro Nacht
Ausstattung: 1, 4, 5, 6, 7, 8, 9, 12, 16, 18, 19, 20, 21, 22, 24
(je nach Unterkunft)
Sonstiges: Bettwäsche mitbringen oder mieten (50.–)
5 2 14 14 6 6 2 11 WC 2
0.2 km 0.2 km D GB F VISA Maestro MasterCard

N

Luster (N-6872) Sogn og Fjordane

Dalsøren Camping 0347

GPS: N 61°26'36'' E 7°27'37.3''
Tel. 57 68 54 36 – Fax 57 68 52 30 – E-Mail: info@dalsoren.com

F H 0.2 km
2 m, 15000 m² – Geöffnet: 1.5. – 1.10.
→ E 39 Bergen – Nordfjordeid. Bei Vadheim abzweigen auf Straße 55, über Sogndal und Gaupne bis Luster. Im Ort, beschildert

Hauptsaison: 2.7.–24.8. – RES empfohlen – (Preise 2008)
Hütten: 4 Hütten (45 qm) für 6 Pers. – HS 550.– bis 800.– pro Nacht / NS auf Anfrage
1 Hütte (68 qm) für 5 Pers. – HS 980.– pro Nacht / NS auf Anfrage
5 Hütten (30 qm) für 3-5 Pers. – HS 550.– bis 730.– pro Nacht / NS auf Anfrage
2 Hütten (25 qm) für 4 Pers. – HS 550.– bis 600.– pro Nacht / NS auf Anfrage
3 Hütten (16 qm) für 2 Pers. – HS 700.– pro Nacht / NS auf Anfrage
Ausstattung: 1, 4, 5, 6, 7, 9, 10, 11, 12, 15, 16, 18, 19, 21, 22, 24 (je nach Unterkunft)
Sonstiges: Bettwäsche mitbringen oder mieten

6 6 4 4 6 WC

0.2 km 0.1 km 0.1 km 0.1 km 0.1 km 0.1 km

D GB VISA Maestro AE Master Card

Briksdalsbre (N-6792) Sogn og Fjordane

Camping Melkevoll Bretun **0348**

Oldedalen / GPS: N 61°39'53.6'' E 6°48'59''
Tel. 57 87 38 64, 91 31 98 32 – Fax 57 87 38 90
E-Mail: post@melkevoll.no

F E H 0.1 km

130 m, 20000 m² – Geöffnet: 1.5. – 30.9.

➜ E 39 Bergen – Nordfjordeid bis Byrkjelo. Dort abzweigen auf Straße 60 nach Olden, weiter ca. 22 km Richtung Süden über Briksdal nach Briksdalsbre
Hauptsaison: 21.6.–20.8. – RES empfohlen – (Preise 2009)
Hütten: 3 Hütten (63 qm) für 6 Pers. – HS 650.– / NS 500.– pro Nacht
3 Hütten für 4 Pers. – HS 350.– / NS 250.– pro Nacht
Ausstattung: 1, 4, 5, 6, 7, 8, 9, 10, 11, 12, 15, 16, 18, 19, 21, 22, 24 (je nach Unterkunft)
Sonstiges: zzgl. Endreinigung (300.–)

7 7 6 6 4 8 WC 4

0.4 km 4 km 0.3 km GB VISA Maestro Master Card

Loen i Nordfjord (N-6789) Sogn og Fjordane

Pluscamp Sande **0354a**

GPS: N 61°51'6.4'' E 6°54'42''
Tel. 57 87 45 90 – Fax 57 87 45 91 – E-Mail: post@sande-camping.no

F E D

50 m, 25000 m² – Geöffnet: 1.1. – 31.12.

➜ E 39 Bergen – Nordfjordeid bis Byrkjelo. Dort abzweigen auf Straße 60 und über Olden nach Loen. Abzweigen Richtung Lodalen, noch ca. 2 km

Hauptsaison: 19.6.–23.8. – RES empfohlen – (Preise 2009)
Hütten: 3 Hütten (20 qm) für 2-3 Pers. – HS 300.– bis 315.– / NS 265.– bis 275.- pro Nacht
3 Hütten (30 qm) für 2-3 Pers. – HS 480.– bis 495.– / NS 375.– bis 390.– pro Nacht
1 Hütte (35 qm) für 4 Pers. – HS 750.– / NS 650.– pro Nacht
2 Hütten (50 qm) für 5-6 Pers. – HS 880.– / NS 735.– pro Nacht
1 Hütte (55 qm) für 4 Pers. – HS 880.– / NS 735.– pro Nacht
2 Hütten (85 qm) für 8-10 Pers. – HS 1600.– / NS 1400.– pro Nacht
Ausstattung: 1, 4, 5, 6, 7, 8, 9, 10, 11, 12, 13, 14, 15, 16, 18, 19, 21, 22 (je nach Unterkunft)
Sonstiges: Geschirr für die Campinghütten kann gemietet werden, Bettwäsche mitbringen oder mieten (70.– pro Pers.), Endreinigung incl.

10 10 6 6 2 10 WC 2

D GB VISA MasterCard

Stryn (N-6783) Sogn og Fjordane

Strynsvatn Camping 0356 N

Meland / GPS: N 61°55'54.2'' E 6°55'19''
Tel. 57 87 75 43 – Fax 57 87 75 65 – E-Mail: camping@strynsvatn.no

F E D H 0.1 km

25 m, 40 000m² – Geöffnet: 1.5. – 30.9.

➜ E 39 Bergen – Nordfjordeid. Dort Straße 15 bis Stryn. Ca. 12 km östlich des Ortes, am Strynsvatn

Hauptsaison: 5.6.–23.8. – RES notwendig – (Preise 2009)
Hütten: 8 Hütten (14-27 qm + Terrasse) für 2-4 Pers. – HS 420.– bis 680.– / NS 420.– bis 550.
12 Hütten (16 qm + Terrasse) für 4 Pers. – HS 450.– / NS 360.– pro Nacht
2 Hütten (32 qm + Terrasse) für 4-6 Pers. – HS 780.– / NS 650.– pro Nacht
6 Hütten (38 qm + Terrasse) für 6 Pers. – HS 890.– / NS 730.– pro Nacht
2 Hütten (50 qm + Terrasse) für 8 Pers. – HS 1050.– / NS 850.– pro Nacht
2 Hütten (62 qm + Terrasse) für 7-9 Pers. – HS 1390.– / NS 950.– pro Nacht
Ausstattung: 4, 5, 6, 7, 8, 9, 10, 11, 12, 15, 16, 18, 21, 22 (je nach Unterkunft)
Sonstiges: Bettwäsche mieten (75.–)

6 9 9 7 7 4 8 WC

D GB VISA Maestro MasterCard

Geiranger (N-6216) Møre og Romsdal

Geirangerfjorden Feriesenter **0359a**

GPS: N 62°6'57.21'' E 7°11'4.27''
Tel. 95 10 75 27 – Fax 70 26 19 99 – E-Mail: geirangerfjorden@adsl.no

F ☆ H 0.3 km

1 m, 10000m² – Geöffnet: 1.5. – 30.9.

➜ Straße 15 Nordfjordeid – Lom. Bei Langvatn abzweigen auf Straße 63 nach Geiranger. Ca. 2 km nördlich des Ortes

Hauptsaison: 12.6.–25.8. – RES empfohlen – (Preise 2009)
Hütten: 8 Hütten (40 qm) für 5 Pers. – HS 990.– / NS 840.– pro Nacht
3 Hütten (34 qm) für 5 Pers. – HS 870.– / NS 730.– pro Nacht
6 Hütten (26 qm) für 4 Pers. – HS 750.– / NS 620.– pro Nacht
Ausstattung: 1, 4, 5, 6, 7, 8, 9, 10, 11, 12, 13, 14, 15, 16, 18, 21, 22 (je nach Unterkunft)
Sonstiges: Bettwäsche mitbringen oder mieten (70.–), zzgl. Endreinigung
7 7 4 4 6 WC 2 W
D GB NL VISA Master Card

Ålesund (N-6015) Møre og Romsdal

Prinsen Strandcamping NAF **0368**

Gronvika 17, Prinsen Strand / GPS: N 62°27'50.9'' E 6°15'19.2''
Tel. 70 15 52 04 – Fax 70 15 49 96

F E ☆ H 0.1 km

2 m, 35000m² – Geöffnet: 1.1. – 31.12.

➜ E 39 Bergen – Nordfjordeid – Ålesund. Ca. 5 km östlich des Ortszentrums Richtung Spjelkavik

Hauptsaison: 1.6.–31.8. – RES empfohlen – (Preise 2008/09)
Hütten und Bungalows: Hütten für 2 Pers. – HS 630.– bis 690.– / NS 610.– bis 660.– pro Nacht
Hütten für 4 Pers. – HS 920.– bis 990.– / NS 860.– bis 915.– pro Nacht
Hütten für 6 Pers. – HS 1160.– bis 1220.– / NS 1080.– bis 1140.– pro Nacht
9 Bungalows (22 qm) für 2 Pers. – HS 740.– / NS 715.– pro Nacht
Bungalows für 4 Pers. – HS 1090.– / NS 1020.– pro Nacht
4 Bungalows (34 qm) für 6 Pers. – HS 1370.– / NS 1300.– pro Nacht
8 Bungalows (28 qm) für 8 Pers. – HS 1590.– / NS 1575.– pro Nacht
Ausstattung: 1, 4, 5, 6, 7, 8, 9, 11, 13, 14, 15, 16, 18, 21, 22 (je nach Unterkunft)
Sonstiges: Bettwäsche mitbringen oder mieten

! Camping news online unter www.campingnews.info

4 2 14 14 10 10 2 14 2 2
0.6 km 1 km 4 km
5 km 1.2 km 1.2 km 4 km
D GB

Åndalsnes (N-6300) Møre og Romsdal

Åndalsnes Camping **0372a**

GPS: N 62°33'16.7'' E 7°41'45.5''
Tel. 71 22 16 29 – Fax 71 22 63 60

F E 0.1 km
3 m, 66 000m² – Geöffnet: 1.5. – 15.9.
➜ E 136 Ålesund – Dombås bis Åndalsnes. Ca. 1,5 km westlich des Ortes
RES notwendig – (Preise 2008)
Hütten: 5 Hütten (50 qm) für 7 Pers. – HS 880.– pro Nacht / NS auf Anfrage
Hütten (25 qm) für 4 Pers. – HS 550.– pro Nacht / NS auf Anfrage
Hütten (16 qm) für 4 Pers. – HS 475.– pro Nacht / NS auf Anfrage
Ausstattung: 4, 5, 6, 7, 8, 9, 11, 12, 15, 16 (je nach Unterkunft)
7 32 32 13 13 6 38 3 2 5
1.5 km 1.5 km 1.5 km
1 km 1.5 km 1 km
D GB

N

Åndalsnes (N-6300) Møre og Romsdal

Mjelva Camping **0372c**

GPS: N 62°32'51.6'' E 7°42'48.3''
Tel. 71 22 64 50 – Fax 71 22 68 77 – E-Mail: mjelvac@eunet.no

F E 3.0 km
20 m, 35 000m² – Geöffnet: 1.5. – 15.9.
➜ E 136 Ålesund – Dombås. Ca. 3 km südlich Åndalsnes. Beschildert
Hauptsaison: 1.7.–12.8. – RES empfohlen – (Preise 2009)
Hütten: 7 Hütten für 2 Pers. – HS 510.– bis 530.– / NS 450.– pro Nacht
8 Hütten für 3+1 bzw. 2+2 Pers. – HS 360.– bis 580.– / NS 320.– bis 510.– pro Nacht
2 Hütten für 4 Pers. – HS 440.– bis 610.– / NS 380.– bis 550.– pro Nacht
5 Hütten für 6 Pers. – HS 760.– / NS 660.– pro Nacht
Ausstattung: 1, 4, 5, 6, 7, 8, 9, 10, 11, 12, 14, 15, 16, 19, 21, 22, 24 (je nach Unterkunft)
Sonstiges: Extra Kosten für die erste Nacht 50.–, Bettwäsche mitbringen oder mieten (80.–)

3 14 14 7 7 6 13 4
3 km 3 km 3 km 3 km 3 km 3 km 3 km
4 km

Bud (N-6430) Møre og Romsdal

Pluscamp Bud **0378**

GPS: N 62°54'14.2'' E 6°55'43.6''
Tel. 71 26 10 23 – Fax 71 26 11 47 – E-Mail: bud@pluscamp.no

F

10 m, 20 000m² – Geöffnet: 1.4. – 30.9.
➜ Von Trondheim E 39 bis Molde, weiter Straßen 64, 663 und 664 bis Bud. Ca. 500 m vom Ortszentrum
Hauptsaison: 1.6.–31.8. – RES empfohlen – (Preise 2009)
Hütten: Hütten für 4 Pers. – HS / NS 400.– pro Nacht
Hütten für 8 Pers. – HS 950.– bis 1050.– / NS 725.– pro Nacht
Ausstattung: 4, 5, 6, 7, 8, 9, 10, 11, 12, 15, 16, 18, 21, 22 (je nach Unterkunft)
Sonstiges: Bettwäsche mieten, zzgl. Endreinigung
0.5 km

Bøverfjord (N-6644) Møre og Romsdal

Småøyan Camping **0385**

GPS: N 63°1'21.2'' E 8°35'20.7''
Tel. 71 66 29 04 – Fax 71 66 29 04 – E-Mail: post@smaaoyan.no

F D 0.3 km

1 m, 20 000m² – Geöffnet: 15.5. – 15.9.
➜ Von Trondheim E 39 Richtung Molde, bei Betna abzweigen auf Straße 65 bis Bøverfjord. Ca. 200 m vom Ortszentrum
Hauptsaison: 15.5.–15.9. – RES empfohlen – (Preise 2009)
Hütten: 20 Hütten (8-30 qm) für 2-5 Pers. – HS 200.– bis 800.– pro Nacht / NS auf Anfrage
Ausstattung: 12, 18, 21, 22 (je nach Unterkunft)
Sonstiges: Bettwäsche mitbringen

Die Bandbreite von Mietunterkünften auf norwegischen Campingplätzen reicht von schlichten Holzhütten bis zum hochwertig ausgestatteten Blockhaus.

Vinje (N-3890) Telemark

Groven NAF-Camping **0418**

GPS: N 59°33'46.7'' E 8°0'38.6''
Tel. 35 07 14 21 – Fax 35 07 10 87 – E-Mail: grovenc@online.no

F E

470 m, 80 000m² – Geöffnet: 20.5. – 1.10.

→ E 134 Drammen – Haugesund. Bei Åmot abzweigen auf Straße 37. Beschildert. Ca. 400 m außerhalb des Ortes

RES empfohlen – (Preise 2009)
Hütten und Bungalows: 10 Hütten (12 qm) für 4 Pers. – HS / NS 325.– bis 375.– pro Nacht
10 Bungalows (42 qm) für 4 Pers. – HS / NS 650.– bis 750.– pro Nacht
Ausstattung: 1, 4, 5, 6, 7, 8, 9, 10, 12, 15, 16, 21, 22, 24 (je nach Unterkunft)
Sonstiges: Bettwäsche mitbringen oder mieten, zzgl. Stromgebühr (30.–)

8 7 4 4 4 10 WC

0.3 km 0.2 km 0.2 km 0.2 km D GB

Tinn-Austbygd (N-3650) Telemark

Sandviken Camping **0420**

GPS: N 59°59'22.07'' E 8°49'6.71''
Tel. 35 09 81 73 – Fax 35 09 41 05
E-Mail: kontakt@sandviken-camping.no

F D H 0.2 km

190 m, 30 000m² – Geöffnet: 1.1. – 31.12.

→ E 134 Drammen – Haugesund. Bei Ørvella abzweigen auf Straße 361/ 37, dann Straße 364 bis Tinn-Austbygd. Am nördlichen Ortsrand abzweigen zum See

RES notwendig – (Preise 2009)
Hütten: 12 Hütten für 4-6 Pers. – HS 525.– bis 1025.– / NS 425.– bis 825.– pro Nacht
Ausstattung: 4, 5, 6, 7, 8, 9, 11, 15, 16, 18 (je nach Unterkunft)
Sonstiges: Bettwäsche mitbringen

14 14 7 7 WC

1 km

D GB VISA Maestro AE Master Card

N

Geilo (N-3580) Buskerud

Geilo Camping **0422a**

GPS: N 60°31'32.1'' E 8°13'20''
Tel. 32 09 07 33 – Fax 32 09 11 56 – E-Mail: post@geilocamping.no

E

770 m, 30 000 m² – Geöffnet: 1.1. – 31.12.

➜ E 134 Drammen – Haugesund, bei Kongsberg Straße 40 Richtung Geilo. Vor Ortsanfang links zum Platz abbiegen. Ca. 400 m südlich des Ortes

RES empfohlen – (Preise auf Anfrage)
Hütten: Hütten für 4-8 Pers.
Ausstattung: 3, 4, 5, 6, 7, 8, 9, 10, 11, 12, 15, 16 (je nach Unterkunft)
Sonstiges: Bettwäsche mitbringen oder mieten

2 10 10 6 6 9 WC 0.1 km 2 km 1 km 2 km 0.5 km 0.5 km 0.8 km 0.8 km 2 km D GB VISA Master Card

Geilo (N-3580) Buskerud

Øen Turistsenter og Geilo Vandrerhjem **0422b**

Lienveien 137 / GPS: N 60°32'14.3'' E 8°13'38.2''
Tel. 32 80 70 60 – Fax 32 80 70 66 – E-Mail: post@oenturist.no

F

770 m, 20 000 m² – Geöffnet: 1.1. – 31.12.

➜ E 134 Drammen – Haugesund, bei Kongsberg Straße 40 Richtung Geilo

Hauptsaison: 15.6.–31.8. – RES empfohlen – (Preise 2009)
Hütten und Bungalows: 7 Hütten (25 qm) für 4 Pers. – HS / NS 400.– bis 930.– pro Nacht (incl. 2 Pers.)
3 Hütten (30 qm) für 5 Pers. – HS / NS 580.– bis 980.– pro Nacht (incl. 2 Pers.)
4 Bungalows (65 qm) für 6-8 Pers. – HS / NS 650.– bis 1450.– pro Nacht (incl. 2 Pers.)
Bungalows (84 qm) für 8-9 Pers. – HS / NS 750.– bis 1500.– pro Nacht (incl. 2 Pers.)
Ausstattung: 2, 3, 4, 5, 6, 7, 8, 9, 10, 11, 12, 15, 16, 18, 19, 21, 22, teilweise mit Sauna (je nach Unterkunft)
Sonstiges: Übernachtungsgebühr ab 3. Pers. – HS / NS 100.– pro Nacht, Bettwäsche / Handtücher mitbringen oder mieten (65.– / 30.–), zzgl. Endreinigung (250.– bis 800.–)

WC 2 km

Gol (N-3550) Buskerud

Pluscamp Gol **0423**

GPS: N 60°41'56.2'' E 9°0'15.2''
Tel. 32 07 41 44 – Fax 32 07 53 96 – E-Mail: gol@pluscamp.no

F E 0.2 km

200 m, 80000m² – Geöffnet: 1.1. – 31.12.

➜ Von Oslo E 16 bis Hønefoss, Straße 7 bis Gol. Ca. 3 km südöstlich Gol

Hauptsaison: 15.6.–17.8. – RES empfohlen – (Preise 2009)
Hütten: 20 Campinghütten (12 qm) für 4 Pers. – HS 2500.– / NS 1900.– bis 2000.– pro Woche
Ausstattung: 6, 7, 8, 9, 11, 12, 16, 18, 21, 22
Sonstiges: Bettwäsche mitbringen

24 24 12 12 6 22 WC 2 2 TV
3 km 3 km 3 km 2 km 3 km
5 km 3 km D GB VISA AE

Tisleidalen i Valdres (N-2923) Oppland

Vasetdansen Camping **0425**

GPS: N 60°51'48.9'' E 9°12'6.8''
Tel. 61 35 99 50 – Fax 61 35 99 55 – E-Mail: camp@vasetdansen.no

F E D
0.1 km

800 m, 200000m² – Geöffnet: 1.1. – 31.12.

➜ Von Oslo E 16 bis Hønefoss, Straße 7 bis Gol. Dann Straße 51, ca. 30 km über Kvanhøgd und Sanderstølen. Abzweigung beschildert

RES empfohlen – (Preise 2009)
Hütten: 1 Hütte (20 qm) für 4 Pers. – HS / NS 450.– pro Nacht
3 Campinghütten (18 qm) für 2+1 Pers. – HS / NS 475.– pro Nacht
5 Campinghütten (25 qm) für 4 Pers. – HS / NS 600.– pro Nacht
1 Hütte (43 qm) für 5 Pers. – HS / NS 850.– pro Nacht
1 Hütte (80 qm) für 8 Pers. – HS 850.– / NS 750.– pro Nacht
1 Hütte (60 qm) für 6 Pers. – HS 850.– / NS 750.– pro Nacht
1 Hütten (50 qm) für 4 Pers. – HS / NS 950.– pro Nacht
Ausstattung: 1, 4, 5, 6, 7, 8, 9, 15, 16, 18 (je nach Unterkunft)
Sonstiges: Bettwäsche und Handtücher mieten (95.–), zzgl. Endreinigung (200.– bis 400.–)

14 20 20 20 20 WC
TV W A 4 km 4 km 4 km 4 km
1 km 4 km 2 km 2 km 4 km
D GB VISA AE

N

Biri-Redalen (N-2836) Oppland

Camping Sveastranda **0428**

Stokkeveien 147 / GPS: N 60°55'4.32'' E 10°41'23.52''
Tel. 61 18 15 29 – Fax 61 18 17 23 – E-Mail: resepsjon@sveastranda.no

F E D
Ⓗ 0.5 km

150 m, 100000 m² – Geöffnet: 1.1. – 31.12.
➜ Von Oslo Straße 4 über Gjøvik Richtung Lillehammer bis Biri-Redalen. Ca. 12 km nördlich Gjøvik
RES empfohlen – (Preise 2009)
Hütten: 23 Hütten (15-30 qm) für 3-4 Pers. – HS 330.– bis 480.– pro Nacht / NS auf Anfrage
10 Hütten (mit Du/WC) für 4-6 Pers. – HS 660.– bis 980.– pro Nacht / NS auf Anfrage
Ausstattung: 4, 5, 6, 7, 8, 9, 15 (je nach Unterkunft)
25 25 14 14 3 21 WC 3 2 3
8 km
D GB F VISA MasterCard

Lillehammer (N-2605) Oppland

➳ ANN. 131

Lillehammer Turistsenter **0433b**

Sandheimsbakken 20 / GPS: N 61°7'34'' E 10°26'27''
Tel. 61 25 97 10 – Fax 61 25 90 10 – E-Mail: post@motelcamp.no

F E Ⓗ 0.5 km

120 m, 40000 m² – Geöffnet: 1.1. – 31.12.
➜ Von Oslo E 6 Richtung Lillehammer, Ausfahrt Lillehammer-Nord. Ca. 2 km nördlich des Ortes
RES notwendig – (Preise 2009)
Hütten: 11 Hütten für 2-5 Pers. – HS 600.– bis 950.– pro Nacht / NS auf Anfrage
Ausstattung: 6, 7, 16, 18, 19, 21, 22 (je nach Unterkunft)
Sonstiges: Bettwäsche mitbringen
8 20 20 15 15 WC
0.8 km 0.8 km 0.2 km 0.2 km 0.2 km 0.2 km
0.2 km 3 km 3 km 0.2 km 0.3 km 1 km
0.5 km 3 km D GB VISA Maestro MasterCard

Im Juli und August ist eine Reservierung auf norwegischen Campingplätzen unbedingt erforderlich. Sonst ist auch eine kurzfristige Buchung einen Tag vorher möglich.

Fåberg-Hunderfossen (N-2625) Oppland

NAF-Camping Hunderfossen **0435**

GPS: N 61°14'16.6'' E 10°25'41.2''
Tel. 61 27 73 00 – Fax 61 25 33 65
E-Mail: resepsjon@hunderfossen-camping.no

F E H 0.5 km

160 m, 112 000m² – Geöffnet: 1.1. – 31.12.

➜ E 6 Oslo – Trondheim bis Hunderfossen, links abbiegen zum Platz

Hauptsaison: 30.6.–17.8. – RES empfohlen – (Preise 2008)
Hütten: 30 Hütten (9-50 qm) für 2-8 Pers. – HS 3025.– bis 9070.– / NS 2715.– bis 6775.– pro Woche
28 Hütten (20-80 qm) mit Du/WC für 2-8 Pers. – HS 11565.– / NS 9270.– bis 9856.– pro Woche
Ausstattung: 1, 3, 4, 5, 6, 7, 8, 9, 15, 16, 18, 19, 22 (je nach Unterkunft)
Sonstiges: Bettwäsche mitbringen oder mieten (105.–), zzgl. Endreinigung (250.– bis 550.–)

50 20 10 10 4 30 WC 2 2 2

2.5 km 0.5 km 1 km 7 km 7 km 0.5 km
3 km 3 km 2 km D GB VISA Maestro MasterCard

Tretten (N-2635) Oppland

NAF-Camping Mageli **0440**

GPS: N 61°22'1.9'' E 10°17'5.1''
Tel. 61 27 63 22 – Fax 61 27 63 50 – E-Mail: info@magelicamping.no

F

200 m, 50 000m² – Geöffnet: 1.1. – 31.12.

➜ E 6 Oslo – Trondheim bis Tretten. Links der Straße, ca. 5 km nördlich des Ortes

Hauptsaison: 23.6.–18.8. – RES notwendig – (Preise 2009)
Hütten und Bungalows: 27 Hütten für 4 Pers. – HS 300.– bis 440.– / NS 250.– bis 350.– pro Nacht
5 Bungalows (mit Bad und WC) für 4-6 Pers. – HS 730.– bis 840.– / NS 590.– bis 690.– pro Nacht
Ausstattung: 1, 4, 5, 6, 7, 8, 9, 10, 11, 12, 15, 18, 21, 22 (je nach Unterkunft)
Sonstiges: Bettwäsche mitbringen, in den Hütten keine Kissen und Decken vorhanden

22 10 10 18 WC 5 km D GB

Elverum (N-2407) Hedmark

Elverum Camping 0450

Halvdans Gransvei 6 / GPS: N 60°52'0.66'' E 11°33'20.98''
Tel. 62 41 67 16 – Fax 62 41 68 17
E-Mail: booking@elverumcamping.no

F H 0.2 km

250 m, 50 000 m² – Geöffnet: 1.1. – 31.12.

→ Von Oslo E 6 bis Kolomoen, Straße 3 bis Elverum, dort Straße 20 Richtung Kongsvinger, nach ca. 2 km beschilderter Abzweig

RES empfohlen – (Preise 2009)
Hütten: Hütte (ohne Bad) für 2 Pers. – HS / NS 500.– pro Nacht
Hütte (mit Bad) für 2 Pers. – HS / NS 900.– pro Nacht
Hütte (ohne Bad) für 4 Pers. – HS / NS 650.– pro Nacht
Hütte (mit Bad) für 4 Pers. – HS / NS 1100.– pro Nacht
Ausstattung: 1, 2, 4, 5, 6, 8, 16, 19 (je nach Unterkunft)
Sonstiges: zzgl. Stromgebühr (Winter 50.– / Sommer 40.–)

WC 0.1 km GB VISA MasterCard

Skarnes (N-2100) Hedmark

Sanngrund Camping 0460

GPS: N 60°12'45.4'' E 11°38'0''
Tel. 62 96 46 60 – Fax 62 96 46 69 – E-Mail: booking@sanngrund.no

F

200 m, 10 000 m² – Geöffnet: 1.1. – 31.12.

→ Von Oslo E 6, dann Straße 2 Richtung Kongsvinger bis Skarnes

! **Um am Urlaubsziel keine unangenehmen Überraschungen erleben zu müssen, sollten Sie sich einige Fragen stellen, bevor Sie eine Reservierung vornehmen. Nähere Informationen darüber finden Sie auf Seite 6 in diesem Reiseführer.**

Hauptsaison: 1.7.–31.7. – RES empfohlen – (Preise 2008)
Hütten: 4 Hütten (8-15 qm) für 2-3 Pers. – HS 390.–bis 450.– / NS 300.– bis 390.– pro Nacht
3 Hütten (20 qm) für 4 Pers. – HS 590.– / NS 450.– bis 550.– pro Nacht
10 Hütten (20-29 qm) für 4-5 Pers. – HS 550.– bis 850.– / NS 420.– bis 750.– pro Nacht
3 Hütten (40 qm) für 4-6 Pers. – HS 1100.– / NS 890.– bis 990.– pro Nacht
5 Hütten (45 qm) für 4-8 Pers. – HS 1250.– / NS 990.– bis 1090.– pro Nacht
Ausstattung: 1, 4, 5, 6, 7, 8, 9, 11, 12, 15, 18, 21, 22, (je nach Unterkunft)
Sonstiges: Bettwäsche mitbringen oder mieten (75.– pro Set), zzgl. Endreinigung (150.– bis 450.– oder selbst durchführen)
5 5 5 4 4 5 WC 1 km GB VISA Maestro AE Master Card

Gudbrandsdalen – Bergland
Gudbrandsdalen – Les Monts
Gudbrandsdalen – The Mountains

05

N

Nordberg-Dønfoss (N-2693) Oppland

Dønfoss Camping 0515

GPS: N 61°55'0.63'' E 8°5'33.61''
Tel. 61 21 48 98 – Fax 61 21 49 46
F D H 0.1 km
400 m, 40 000m² – Geöffnet: Ostern – 15.10.
→ Straße 15 Otta – Stryn, über Lom nach Dønfoss. Beschildert
RES empfohlen – (Preise 2009)
Hütten und Bungalows: 2 Hütten (12 qm) für 2 Pers. – HS 450.– / NS 400.– pro Nacht
2 Hütten (16 qm, mit Du/WC) für 2 Pers. – HS 625.– / NS 550.– pro Nacht
8 Hütten (42 qm) für 4 Pers. – HS 850.– / NS 750.– pro Nacht
5 Bungalows (45 qm) – HS 850.– pro Nacht / NS auf Anfrage
Ausstattung: 4, 5, 6, 10, 12, 15 (je nach Unterkunft)
Sonstiges: Bettwäsche mitbringen oder mieten, zzgl. Endreinigung
WC W 9 km GB VISA Maestro

Skjåk-Bismo (N-2690) Oppland

NAF-Camping Bispen **0520a**

GPS: N 61°52'54'' E 8°16'36''
Tel. 61 21 41 30 – Fax 61 21 43 91 – E-Mail: bispen@online.no

F E 0.5 km

400 m, 60 000 m² – Geöffnet: 1.6. – 15.9.

➜ Straße 15 Otta – Lom – Stryn. Ca. 10 km westlich Lom, links der Straße, ca. 500 m östlich Bismo

Hauptsaison: 1.6.–15-9. – RES empfohlen – (Preise 2009)
Hütten: 10 Hütten (20-22 qm) für 4-6 Pers. – HS / NS 350.– bis 600.– pro Nacht
Ausstattung: 4, 5, 6, 8, 9, 10, 11, 12, 15, 16 (je nach Unterkunft)
Sonstiges: Bettwäsche mitbringen oder mieten

2 6 6 4 4 2 7 WC W
0.5 km 0.5 km GB VISA

Skjåk (N-2690) Oppland

Gjeilo Camping **0520b**

GPS: N 61°52'18.5'' E 8°27'6.4''
Tel. 61 21 30 32 – Fax 61 21 30 32 – E-Mail: s.gjeilo@online.no

0.1 km

360 m, 12 000 m² – Geöffnet: 1.6. – 1.9.

➜ Straße 15 Otta – Lom – Stryn. Ca. 7 km westlich Lom. Beschildert

RES empfohlen – (Preise auf Anfrage)
Hütten: 10 Hütten für 4 Pers.
Ausstattung: 6, 7, 12, 16 (je nach Unterkunft)

6 6 4 4 2 5 WC 2 D GB

Lom (N-2686) Oppland

Nordal Turistsenter NAF-Camping **0523**

GPS: N 61°50'30.9'' E 8°35'15.3''
Tel. 61 21 93 00 – Fax 61 21 93 01
E-Mail: booking@nordalturistsenter.no

F 0.4 km

380 m, 35 000 m² – Geöffnet: 1.5. – 30.9.

➜ Von Otta Straße 15 bis Lom. Ca. 500 m vom Ortszentrum

> **! Je früher Sie buchen, desto besser kann man Ihren Wünschen entgegenkommen.**

Hauptsaison: 19.6.–31.8. – (Preise 2009)
Hütten und Bungalows: 3 Hütten für 2 Pers. – HS 435.– / NS 340.– pro Nacht
4 Hütten für 3 Pers. – HS 650.– / NS 545.– pro Nacht
44 Hütten für 4 Pers. – HS 485.– bis 1090.– / NS 390.– bis 925.– pro Nacht
1 Hütte für 5 Pers. – HS 1090.– / NS 925.– pro Nacht
1 Hütte für 6 Pers. – HS 795.– / NS 650.– pro Nacht
1 Bungalow (40 qm) für 2 Pers. – HS 1040.– / NS 920.– pro Nacht
3 Bungalows (36 qm) für 6 Pers. – HS 915.– / NS 756.– pro Nacht
3 Bungalows (60 qm) für 8 Pers. – HS 1300.– / NS 1135.– pro Nacht
Ausstattung: 3, 4, 5, 6, 7, 8, 9, 10, 11, 12, 15, 16, 18
(je nach Unterkunft)

40 40 10 10 2 20 WC 3 2 2

0.1 km D GB VISA Maestro MasterCard

Koppang (N-2480) Hedmark

Koppang Camping og Hytteutleie NAF **0531**

GPS: N 61°34'30.1'' E 11°0'49''
Tel. 62 46 02 34 – Fax 62 46 12 34 – E-Mail: info@koppangcamping.no

F E

H 1.0 km

350 m, 50 000m² – Geöffnet: 1.1. – 31.12.

➜ E 6 Oslo – Hamar. Vor Hamar abzweigen auf Straße 3 nach Koppang. Oberhalb der großen Brücke, ca. 2,5 km nördlich des Ortes

RES empfohlen – (Preise 2009)
Hütten und Bungalows: 9 Hütten (15 qm) für 4 Pers. – HS / NS 400.– pro Nacht
11 Bungalows (30 qm) für 4 Pers. – HS / NS 720.– pro Nacht
Ausstattung: 1, 4, 5, 6, 8, 9, 10, 11, 12, 15, 16, 18, 19
(je nach Unterkunft)
Sonstiges: Übernachtungsgebühr im Bungalow ab 5. Pers. – HS / NS 50.– pro Nacht, Bettwäsche mitbringen oder mieten (80.– pro Set), Handtücher mitbringen, zzgl. Endreinigung (160.– / 325.–)

4 10 10 4 4 4 10 WC W

A 1 km 0.2 km 3 km 5 km 1 km

D GB NL

Sølenstua (N-2440) Hedmark

NAF-Camping Sølenstua **0534**

GPS: N 61°50'17'' E 11°44'40.2''
Tel. 62 45 97 42 – Fax 62 45 97 42 – E-Mail: camping@solenstua.com

N

600 m, 35 000 m² – Geöffnet: 1.1. – 31.12.

➜ Straße 3 Elverum – Alvdal bis Koppang. Straße 217 Åkrestrømmen – Isterfossen bis Sølenstua

Hauptsaison: 1.5.–14.9. – (Preise 2009)

Insgesamt 23 Hütten: Hütten für 4 Pers. – HS 1850.– bis 2200.– / NS 1850.– pro Woche

Hütten für 6 Pers. – HS 3800.– bis 6100.– / NS 3800.– pro Woche

Ausstattung: 1, 4, 5, 6, 7

0.5 km 1.5 km

Sømådalen (N-2448) Hedmark

Johnsgård Turistsenter 0536

GPS: N 62°8'42.4'' E 11°36'58.9''

Tel. 62 45 99 25 – Fax 62 45 99 55 – E-Mail: post@johnsgard.no

700 m, 30 000 m² – Geöffnet: 1.1. – 30.4., 15.6. – 31.10.

➜ Straße 3 Elverum – Alvdal bis Koppang. Straße 217 Åkrestrømmen – Isterfossen, dort Straße 26 Richtung Røros bis Sømådalen. Nach Ortsende beschilderter Abzweig. Ca. 6 km nordwestlich des Ortes

Hauptsaison: 22.6.–17.10. – (Preise 2009)

Insgesamt 20 Hütten: 3 Hütten (15-18 qm) für 2-4 Pers. – HS 210.– bis 245.– / NS 170.– bis 210.– pro Nacht

5 Hütten (35 qm) für 6 Pers. – HS 495.– / NS 350.– pro Nacht

10 Hütten (60 qm) für 6 Pers. – HS 670.– / NS 450.– pro Nacht

2 Hütten (51 qm) für 6+2 Pers. – HS 670.– / NS 450.– pro Nacht

Ausstattung: 1, 4, 5, 6, 7, 8, 10, 11, 12, 18

W 0.1 km

GB VISA Maestro AE MasterCard

Alvdal (N-2560) Hedmark

NAF-Camping Gjelten-Bru 0540

GPS: N 62°7'37.8'' E 10°34'25.6''

Tel. 62 48 74 44 – Fax 62 48 70 20

F H 0.1 km

500 m, 8 000 m² – Geöffnet: 1.1. – 31.12.

➜ E 6 Oslo – Hamar. Vor Hamar abzweigen auf Straße 3, über Koppang nach Alvdal. Nach Ortsende Straße 29 Richtung Folldal. Ca. 4 km vom Ort. Beschildert

RES empfohlen – (Preise 2009)
Hütten: insgesamt 13 Hütten (10-35 qm) für 4-6 Pers. – HS / NS 350.– bis 700.– pro Nacht
Ausstattung: 4, 5, 6, 7, 9, 10, 12, 15, 16 (je nach Unterkunft)
Sonstiges: Bettwäsche mitbringen oder mieten (40.– pro Set), Endreinigung incl.

2 12 12 4 4 2 8 WC 2
4 km 1 km D GB VISA Maestro Master Card

Mittel-Norwegen
La Norvège Centrale
Central Norway

06

Oppdal-Driva (N-7340) Sør-Trøndelag

Smegarden Camping 0604

GPS: N 62°32'3.3'' E 9°37'31.6''
Tel. 72 42 41 59 – Fax 72 42 42 42

F E D 8.0 km

N

520 m, 14000 m² – Geöffnet: 1.1. – 31.12.

→ E 6 Oslo – Trondheim, ca. 7 km südlich Oppdal, Abzweig beschildert

RES empfohlen – (Preise auf Anfrage)
Hütten: 2 Hütten (9 qm) für 2 Pers.
10 Hütten (15-25 qm) für 4 Pers.
3 Hütten (30-50 qm) für 6 Pers.
Ausstattung: 1, 7, 8, 10, 11, 12, 15, 16, 19, 22, 24 (je nach Unterkunft)
Sonstiges: Bettwäsche mitbringen oder mieten, zzgl. Endreinigung

7 7 4 4 7 WC TV 0.3 km
7 km 7 km 7 km 7 km 7 km 7 km 7 km
7 km 7 km 7 km 1 km D GB VISA Maestro AE Master Card

Oppdal (N-7340) Sør-Trøndelag

NAF-Camping Halsetløkka 0605

GPS: N 62°36'46.04'' E 9°45'1.47''
Tel. 72 42 13 61 – Fax 72 42 25 67

F E 0.1 km

550 m, 30000 m² – Geöffnet: 1.6. – 1.9.

→ E 6 Oslo – Trondheim bis Oppdal. Ca. 3 km nördlich des Ortes, links der Straße

Hauptsaison: 1.6.–1.9. – RES empfohlen – (Preise auf Anfrage)
Hütten und Bungalows: 6 Hütten (25 qm) für 2-4 Pers.
5 Hütten (12 qm) für 2 Pers.
6 Bungalows (55 qm) für 4-8 Pers.
Ausstattung: 1, 4, 5, 6, 7, 8, 9, 10, 11, 12, 15, 16, 18, 21, 22, 24
(keine Küche, kein Bad und kein WC in den Hütten)
Sonstiges: Bettwäsche mitbringen (Hütten) oder incl. (Bungalows), Endreinigung incl.

16 25 25 15 15 3 19 WC 3 2 2
3 km 3 km 1 km 3 km 2 km 2 km
3 km 3 km D GB VISA MasterCard

Sandstad/Hitra (N-7246) Sør-Trøndelag

Hitra Camping 0608

GPS: N 63°31'45.7'' E 9°6'52.3''
Tel. 72 44 37 30 – Fax 72 44 37 30
E-Mail: hitracamping@hotmail.com

1 m, 40 000m² – Geöffnet: 1.4. – 30.9.

→ Von Trondheim E 39 bis Orkanger, weiter Straße 710, später 714 bis zur Insel Hitra. Gleich nach dem Tunnel abbiegen nach Sandstad

Hauptsaison: 1.6.–15.8. – RES empfohlen (Preise 2009)
Hütten: 5 Hütten (11 qm) für 2-3 Pers. – HS 2380.– / NS 1960.– pro Woche
5 Hütten (20 qm) für 4 Pers. – HS 2380.– / NS 1960.– pro Woche
5 Hütten (16 qm) für 4 Pers. – HS 2730.– / NS 2380.– pro Woche
Ausstattung: 2, 6, 7, 8, 9, 10, 11, 12, 16, 18, 19, 21, 22
(je nach Unterkunft)
Sonstiges: Bettwäsche mitbringen oder mieten, zzgl. Endreinigung

WC
4 km D GB VISA AE MasterCard

Malvik (N-7563) Sør-Trøndelag

Storsand Gård Camping 0613

GPS: N 63°25'55.55'' E 10°42'24.65''
Tel. 73 97 63 60 – Fax 73 97 73 46 – E-Mail: post@storsandcamping.no

H 0.2 km

100 m, 90 000m² – Geöffnet: 15.5. – 1.9.

→ Von Trondheim E 6 Richtung Steinkjer, nach ca. 16 km abzweigen Richtung Malvik. Ca. 2 km vom Ort

RES empfohlen – (Preise 2009)
Hütten und Bungalows: 112 Hütten (20-30 qm) für 4-6 Pers. – HS / NS 440.– bis 875.– pro Nacht
2 Bungalows (75 qm) für 8 Pers. – HS / NS auf Anfrage
Ausstattung: 1, 2, 4, 5, 6, 7, 8, 9, 10, 11, 12, 15, 16, 18, 24 (je nach Unterkunft)
Sonstiges: Bettwäsche mitbringen oder mieten, zzgl. Endreinigung (100.–)
WC 5 km
D

Åsen (N-7630) Nord-Trøndelag

NAF-Camping Gullberget 0615

GPS: N 63°37'22.86'' E 11°4'0.46''
Tel. 74 05 61 51 – Fax 74 05 65 73
E-Mail: gullberget@sensewave.com
F 0.1 km
17 m, 20000m² – Geöffnet: 1.4. – 1.10.
➜ E 6 Trondheim – Steinkjer bis Åsen. Ca. 2 km nach Ortsende abzweigen, beschildert
Hauptsaison: 1.6.–20.8. – RES empfohlen – (Preise 2009)
Hütten: 30 Hütten (16-25 qm) für 2-7 Pers. – HS / NS 300.– bis 800.– pro Nacht
Ausstattung: 1, 4, 5, 6, 7, 8, 9, 10, 11, 12, 15, 16, 18, 21, 22 (je nach Unterkunft)
Sonstiges: Bettwäsche mieten (50.–)
9 9 5 5 7 WC 3 W
2 km 2 km
D GB F VISA Maestro AE Master Card

Steinkjer (N-7701) Nord-Trøndelag

Guldbergaunet Sommerhotell & Camping 0628

Elvenget 34 / GPS: N 64°1'19.8'' E 11°30'26.4''
Tel. 74 16 20 45 – Fax 74 16 47 35 – E-Mail: g-book@online.no
F E 0.2 km
15 m, 37000m² – Geöffnet: 1.1. – 31.12.
➜ Von Trondheim E 6 bis Steinkjer. Ca. 1 km nordöstlich des Ortszentrums
RES empfohlen – (Preise 2008)
Hütten: Hütten für 4 Pers. – HS 350.– / NS auf Anfrage
Hütten für 5 Pers. – HS 475.– / NS auf Anfrage
Ausstattung: 6, 7, 16 (je nach Unterkunft)
2 WC

N

Leka (N-7994) Nord-Trøndelag

NAF-Camping Leka **0650**

GPS: N 65°4'53'' E 11°41'46.7''
Tel. 74 39 98 23 – Fax 74 39 98 99 – E-Mail: post@leka-camp.no

F

1 m, 20000m² – Geöffnet: 1.5. – 30.9.

→ E 6, hinter Grong, bei Harran abzweigen. Straße 17 Richtung Norden, abzweigen nach Gutvik. Mit der Fähre nach Leka. An der Nordostküste der Insel gelegen, ca. 2,5 km vom Fährhafen

RES empfohlen – (Preise 2009)
Insgesamt 21 Hütten: 14 Steinhütten für 4 Pers. – HS / NS 330.– bis 390.– pro Nacht
4 + 3 Holzhütten für 4-12 Pers. – HS / NS 675.– bis 875.– pro Nacht
Ausstattung: 1, 4, 5, 6, 7, 8, 11, 12, 15, 16 (je nach Unterkunft)
Sonstiges: Preis richtet sich nach der Dauer des Aufenthaltes

WC W 1 km 2 km
0.2 km 2.5 km D GB VISA Maestro MasterCard

Nordland 07

Krokstrand (N-8630) Nordland

NAF-Camping Krokstrand **0710**

GPS: N 66°28'7.2'' E 15°4'59.4''
Tel. 75 16 60 74 – Fax 75 16 60 74

H 0.3 km

300 m, 22000m² – Geöffnet: 1.6. – 20.9.

→ E 6 Mo i Rana – Narvik – Fauske bis Krokstrand. Ca. 300 m außerhalb des Ortes, Abzweigung vor der Brücke

Insgesamt 15 Hütten – (Preise auf Anfrage)

WC 0.3 km 0.1 km
D GB VISA MasterCard

Fauske-Leivset (N-8210) Nordland

Fauske Camping og Motell **0723a**

GPS: N 67°13'46.6'' E 15°24'36.9''
Tel. 75 64 84 01 – Fax 75 64 84 13 – E-Mail: fausm@online.no

E ☆ 0.1 km

66 m, 12000m² – Geöffnet: 1.1. – 31.12.

➜ E 6 Mo i Rana – Narvik – Fauske. Ca. 4 km südlich des Ortes

RES notwendig – (Preise auf Anfrage)

Hütten: Insgesamt 44 Hütten

Ausstattung: 4, 5, 6, 7, 8, 9, 11, 15, 16 (je nach Unterkunft)

6 25 25 8 8 4 12 WC

4.5 km 2 km 4 km D GB VISA AE MasterCard

Fauske (N-8200) Nordland

Lundhøgda Camping 0723b

Lundeveien / GPS: N 67°14'42'' E 15°20'10.69''

Tel. 75 64 39 66, 97 54 52 21 – Fax 75 64 92 49

E-Mail: post@lundhogdacamping.no

F ☆ 3.0 km

66 m, 15000m² – Geöffnet: 1.1. – 31.12.

➜ E 6 Mo i Rana – Narvik bis Fauske. Ca. 3 km vom Ort (Straße 80), beschildert

Hauptsaison: 1.5.–30.9. – RES empfohlen – (Preise 2009)

Insgesamt 36 Hütten: Hütten für 2 Pers. – HS 380.– pro Nacht / NS auf Anfrage

Hütten für 3-4 Pers. – HS 490.– bis 750.– pro Nacht / NS auf Anfrage

Ausstattung: 1, 2, 4, 5, 6, 7, 8, 9, 12, 16 (je nach Unterkunft)

Sonstiges: Bettwäsche mitbringen

18 18 6 6 12 WC 3 km

1 km 1 km 2 km 2 km 2 km 2 km

GB VISA AE MasterCard

N

Ballangen (N-8540) Nordland

Ballangen NAF-Camping 0727

GPS: N 68°20'33.5'' E 16°55'45.4''

Tel. 76 92 76 90 – Fax 76 92 76 92 – E-Mail: ballcamp@c2i.net

F E ☆

0.2 km

4 m, 90000m² – Geöffnet: 1.1. – 31.12.

➜ E 6 Mo i Rana – Narvik bis Ballangen. Ca. 3 km vom Ort, Richtung Narvik

> **! Eine frühzeitige Reservierung, vor allem für Aufenthalte in der Hauptsaison, ist empfehlenswert!**

Hauptsaison: 1.6.–1.9. – RES notwendig – (Preise 2009)
Hütten und Bungalows:
8 Hütten (10 qm) für 4 Pers. – HS / NS 350.– pro Nacht
5 Hütten (16 qm) für 4 Pers. – HS / NS 450.– pro Nacht
20 Bungalows (30 qm) für 4 Pers. – HS / NS 750.– pro Nacht
15 Bungalows (35 qm) für 4+2 Pers. – HS / NS 850.– pro Nacht
Ausstattung: 1, 2, 4, 5, 6, 7, 8, 9, 10, 11, 12, 15, 16, 18, 19, 21, 22, 24 (je nach Unterkunft)
Sonstiges: Bettwäsche mitbringen oder mieten, zzgl. Endreinigung
6 40 40 16 16 8 20 WC 2 10
W 4 km
2 km
D GB VISA Maestro Master Card

Kabelvåg-Ørsvågær/Lofoten (N-8310) Nordland

NAF-Camping Sandvika 0730

Ørsvågveien 45 / GPS: N 68°12'22.81'' E 14°25'33.77''
Tel. 76 07 81 45 – Fax 76 07 90 10
E-Mail: post@sandvika-camping.no
F 0.8 km
1 m, 10000m² – Geöffnet: 1.1. – 31.12.
➜ Von der E 10 ca. 3 km westlich Kabelvåg abzweigen, noch ca. 1 km
RES empfohlen – (Preise 2009)
Hütten: 3 Hütten für 2 Pers. – HS / NS 3465.– pro Woche
8 Hütten für 4 Pers. – HS / NS 4725.– bis 5985.– pro Woche
3 Hütten für 6 Pers. – HS / NS 7560.– pro Woche
4 Ferienhäuser für 4 Pers. – HS / NS 4100.– bis 5400.– pro Woche
6 Ferienhäuser für 6 Pers. – HS / NS 5985.– bis 9765.– pro Woche
Ausstattung: 1, 2, 3, 4, 5, 6, 7, 8, 9, 10, 11, 15, 16, 18, 21, 22 (je nach Unterkunft)
Sonstiges: Bettwäsche mieten (110.–)
4 10 10 4 10 WC
1 km 9 km
D GB VISA Maestro Master Card

Laukvik-Sandsletta/Lofoten (N-8315) Nordland

Sandsletta Camping 0731

GPS: N 68°20'9'' E 14°29'57.9''
Tel. 76 07 52 57 – Fax 76 07 52 57
E-Mail: sandsletta@camping-lofoten.com
F 0.1 km
5 m, 30000m² – Geöffnet: 1.1. – 31.12.

➜ E 10 Svolvær – Fiskebøl, nach ca. 15 km abzweigen Richtung Laukvik, noch ca. 10 km
Hauptsaison: 1.6.–20.8. – RES empfohlen – (Preise 2009)
Hütten und Bungalows:
7 Hütten (9 qm) für 3 Pers. – HS / NS 300.– pro Nacht
6 Hütten (16 qm) für 4-5 Pers. – HS / NS 400.– pro Nacht
1 Hütte (17 qm) für 4-5 Pers. – HS / NS 500.– pro Nacht
2 Bungalows (30 qm) für 4 Pers. – HS / NS 700.– pro Nacht
2 Bungalows (60 qm) für 8 Pers. – HS / NS 1000.– pro Nacht
Ausstattung: 1, 2, 3, 4, 5, 6, 7, 8, 9, 10, 11, 12, 13, 15, 16, 18, 21, 22, 24 (je nach Unterkunft)
Sonstiges: Bettwäsche mieten, Endreinigung incl.

8 8 6 6 3 10 WC 3
(D) (GB) VISA Maestro AE MasterCard

Sortland/Vesterålen (N-8400) Nordland

NAF-Camping & Motell Sortland **0733**

Vesterveien 51 / GPS: N 68°42'10.05'' E 15°23'27.91''
Tel. 76 11 03 00 – Fax 76 12 25 78
E-Mail: hj.bergseng@sortland-camping.no

(H) 0.8 km
50 m, 30 000 m² – Geöffnet: 1.1. – 31.12.
➜ Straße E 6 bis Bjerkvik, E 10 bis Sortland. Abzweigung beschildert. Ca. 1 km vom Ort
(Preise 2009)
Hütten und Bungalows:
15 Hütten (ohne Du/WC) – HS / NS 150.– bis 950.– pro Nacht
18 Bungalows (mit Du/WC) – HS / NS auf Anfrage
Ausstattung: 1, 2, 4, 6, 7, 9, 12, 18, 19, 21, 22 (je nach Unterkunft)

WC 1 km
(D) (GB) VISA MasterCard

Harstad (N-9411) Troms

NAF-Camping Harstad **0734**

Nesseveien 55 / GPS: N 68°46'49.4'' E 16°34'13.9''
Tel. 77 07 36 62 – Fax 77 07 35 02
E-Mail: postmaster@harstad-camping.no

F E (H) 1.2 km
3 m, 12 000 m² – Geöffnet: 1.1. – 31.12.
➜ Straße E 6 bis Bjerkvik, dann E 10, hinter Tjeldsundbro Straße 83 Richtung Harstadt. Ca. 5 km südlich des Ortes

RES notwendig – (Preise 2008)
Hütten: 16 Hütten (10-45 qm) für 4 Pers. – HS 375.– bis 950.– pro Nacht / NS auf Anfrage
Ausstattung: 4, 5, 6, 7, 8, 9, 11, 12, 15, 16 (je nach Unterkunft)
Sonstiges: Bettwäsche mitbringen oder mieten (20.– bis 80.–), die kleinsten Hütten (10 qm) haben keine Decken und Kissen
15 10 4 4 2 7 WC 3 5km
1km 8km 1km 5km 5km
GB VISA MasterCard

Nordkjosbotn (N-9049) Troms

NAF-Camping Bjørnebo 0745

Sentrumsveien 10 / GPS: N 69°12'58.55'' E 19°33'24.06''
Tel. 77 72 81 61, 96 20 22 42

E 0.2km
3m, 5000m² – Geöffnet: 10.6. – 15.8.
➜ E 6 Narvik – Hammerfest bis Nordkjosbotn (zwischen Moen und Øvergård). Direkt im Ort, ca. 50 m vom Zentrum
Hauptsaison: 10.6.–15.8. – RES notwendig – (Preise auf Anfrage)
Hütten: Insgesamt 6 Hütten
Ausstattung: auf Anfrage
4 8 8 3 3 6 WC A
0.1 km 0.2 km 8 km 1 km D GB F

Krokelvdalen (N-9022) Troms

Skittenelv Camping 0752

GPS: N 69°46'26.3'' E 19°22'55.7''
Tel. 46 85 80 00 – Fax 94 14 48 07
E-Mail: post@skittenelvcamping.no

F E 0.1km
1m, 30000m² – Geöffnet: 1.1. – 31.12.
➜ E 6 Narvik – Hammerfest bis Nordkjosbotn. E 8 bis Tromsø. Dort Richtung Tønsnes/Oldervik bis Krokelvdalen
Hauptsaison: 20.6.–20.8. – RES notwendig – (Preise 2009)
Hütten: 10 Hütten (18 qm) für 4 Pers. – HS 480.– pro Nacht / NS auf Anfrage
4 Hütten (23 qm) für 4 Pers. – HS 600- pro Nacht / NS auf Anfrage
4 Hütten (33 qm) für 5 Pers. – HS 800.– pro Nacht / NS auf Anfrage
2 Hütten (36 qm) für 5 Pers. – HS 900.– pro Nacht / NS auf Anfrage
Ausstattung: 4, 5, 6, 7, 8, 9, 11, 12, 15, 16 (je nach Unterkunft)
Sonstiges: Bettwäsche mieten (60.–)
11 11 6 6 11 WC
D GB VISA Maestro AE MasterCard

Alta-Øvre (N-9518) Finnmark

Wisløff Camping 0813a

Steinfossveien / GPS: N 69°55'39.1'' E 23°16'9.4''
Tel. 78 43 43 03 – Fax 78 44 31 37 – E-Mail: lilly@wisloeff.no
D 4.0 km
50 m, 18000m² – Geöffnet: 10.6. – 15.9.
➜ E 6 Narvik – Hammerfest bis Alta. Dort Straße 93 Richtung Kautokeino, noch ca. 4 km
RES empfohlen – (Preise auf Anfrage)
Hütten und Bungalows: 3 Hütten (9 qm) für 2 Pers.
7 Hütten (12 qm) für 4 Pers.
1 Bungalow (20 qm) für 2 Pers.
6 Bungalows (26 qm) für 4-5 Pers.
1 Bungalow (39 qm) für 6 Pers.
Ausstattung: 1, 2, 4, 5, 6, 8, 9, 11, 12, 15, 16, 19, 21, 22, 24 (je nach Unterkunft)
Sonstiges: Bettwäsche mitbringen oder mieten, zzgl. Endreinigung
2 4 4 6 6 2 8 WC
4 km D GB VISA AE MasterCard

Skoganvarre (N-9722) Finnmark

Skoganvarre Camping 0815

GPS: N 69°50'31.8'' E 25°4'40.1''
Tel. 78 46 48 46 – Fax 78 46 48 97 – E-Mail: skoganvarre@c2i.net
0.2 km
40 m, 40000m² Geöffnet: 1.1. – 31.12.
➜ E 6 von Narvik nach Norden bis Alta. Weiter über Olderfjord nach Skoganvarre
RES empfohlen – (Preise 2009)
Hütten und Bungalows:
8 Hütten (9 qm) für 2 Pers. – HS 2100.– pro Woche / NS auf Anfrage
4 Hütten (13 qm) für 2 Pers. – HS 2400.– pro Woche / NS auf Anfrage
2 Hütten (13 qm) für 4 Pers. – HS 3050.– pro Woche / NS auf Anfrage
3 Hütten (20 qm) für 4 Pers. – HS 3700.– pro Woche / NS auf Anfrage
12 Bungalows (36 qm) für 4 Pers. – HS 5800.– pro Woche / NS auf Anfrage
Ausstattung: 2, 4, 5, 6, 8, 14, 21, 22, 24 (je nach Unterkunft)
Sonstiges: Bettwäsche mitbringen oder mieten (80.–), Endreinigung incl.
WC
GB VISA AE MasterCard

N

Schweden

Mit nur neun Millionen Einwohnern stellt Schweden eine kleine Nation dar, doch fällt es flächenmäßig durch seine enorme Nord-Süd-Ausdehnung auf, die zur großen landschaftlichen und kulturellen Vielfalt beiträgt.
Die Hauptstadt Stockholm gilt als eine der schönsten Städte der Welt. Dies liegt einerseits an ihrem sehr gut erhaltenen mittelalterlichen Stadtkern, und andererseits an ihrer Lage: Die Metropole wurde auf 14 Inseln an der Mündung des Sees Mälaren in die Ostsee hinein erbaut. Neben den historischen Gebäuden erzählen zahlreiche Museen wie das Vasamuseum von der spannenden Geschichte der Stadt. Skansen ist das älteste Freilichtmuseum der Welt und zeigt das historische Schweden en miniature. Beeindruckend sind sowohl der königliche Schlosspark Drottningholm, das »Versailles des Nordens« genannt, als auch der östlich des Stadtzentrums gelegene Schärengarten. Die Inselwelt besteht aus über 24000 Inseln und Schären, von denen ca. 1000 bewohnt sind. Übers Jahr ist der Schärengarten ein beliebtes Naherholungsziel für die Stockholmer: Im Sommer wird gesegelt, im Winter, wenn das Meer zugefroren ist, kann man hier Schlittschuh laufen.
Auch der Süden des Landes ist von großen Wasserflächen geprägt. Unter den über 1000 Seen, die sich hier finden, sind die beiden größten des Landes, Vätter und Väner. Der südlichste Schärengarten Schwedens liegt in der Provinz Blekinge. Die herrlichen Strände eignen sich vortrefflich für einen erholsamen Familienurlaub. Wer Stadtluft schnuppern möchte, sollte das auf 33 Inseln erbaute Karlskrona besuchen. Die südlichste Provinz des Landes ist Skåne, durch dessen herrliche Buchenwälder man ausgiebige Radtouren zu den vielen Schlössern und Herrenhäusern unternehmen kann. An der Küste Schonens, die sich an den Klippen Hovs Hallar gewaltig und schroff präsentiert, liegt die international renommierte Kunst- und Musikstadt Malmö, die durch die imposante Öresundbrücke mit Kopenhagen verbunden ist. Nördlich von Skåne liegt die Provinz Halland mit ihren endlosen Sandstränden und lebhaften Küstenstädten. In Bohuslän berichten Felszeichnungen aus der Vergangenheit, und auch hier befindet sich ein sehenswerter Schärengarten. Die seenreichste Region Schwedens

ist Dalsland, wo man eine außergewöhnliche Fauna antrifft. Der Götakanal, eines der bedeutendsten Kulturdenkmäler des Landes, verbindet Östergötland und Västergötland und bietet mit seinen gewaltigen Schleusen Möglichkeiten zu lohnenden Bootstouren an. Göteborg, die zweitgrößte Stadt Schwedens, ist mit seinem riesigen Fracht- und Fährhafen Zentrum des schwedischen Exports und für den Fährverkehr aus Dänemark, Norwegen, Großbritannien, Deutschland und Holland. Ein Kulturangebot, zu welchem die Oper und das Kunstmuseum zählen, macht die Messe- und Kongress-Stadt zu einem hochgeschätzten Ziel für Touristen und Geschäftsreisende. Segeltouren führen durch die reizvoll in warmem Licht schimmernde Schärenwelt von Göteborg.

Als Zentrum des schwedischen Möbel- und Glasdesigns gilt Småland. In traditionsreichen Glasbläserorten kann man die Glashütten ganzjährig besuchen. Ein Erlebnis für große und vor allem kleine Besucher ist »Astrid Lindgrens Värld« in Vimmerby, wo man auf Pippi Langstrumpf und viele andere Figuren aus den Kinderbüchern der schwedischen Autorin trifft. Småland vorgelagert sind die beiden Inseln Gotland und Öland. Gotland ist mit seinen sonnigen warmen Stränden auch bei den Schweden ein beliebtes Ferienziel. Vom Meer geformte Raukarsteine ragen aus der von Orchideen und anderen seltenen Pflanzen bewachsenen Landschaft empor. Die alte Hansestadt Visby lädt zum Bummel durch ihre mittelalterlichen Gassen ein, in denen man Kirchenruinen besichtigen und in hübschen Kunsthandwerkerläden einkaufen kann. Öland erstreckt sich zwischen den Leuchttürmen »Langer Erik« im Norden und »Langer Jan« im Süden. Rund um das Schloss Solliden kann man Wikingergräber, Windmühlen und Runen bestaunen.

Ein Eldorado für Aktivurlauber und Naturfreunde ist Mittelschweden mit weiten Berglandschaften, tiefen Wäldern und im Sommer farbenfroh blühenden Wiesen. Die Flüsse und Seen sind ein ideales Revier für Paddeltouren sowie Floß- und Wildwasserfahrten. Mittelschweden gilt als Wiege der schwedischen Industrie, wovon Denkmäler wie das Falu Kupferbergwerk zeugen. Zu den beliebtesten Urlaubsregionen gehören Dalarna und Värmland. Traditionsreiche Feste wie die Mittsommerfeiern oder Folklorefestivals locken in Dalarna alljährlich tausende Besucher an. Hierher stammt auch das schwedische Nationalsymbol, das Dalapferd. Am Fuße der »Blauen Berge« (Kilsbergen) erstreckt sich die Provinz Närke, deren größte Stadt Örebro lange Zeit ein wichtiges Handelszentrum war. Sörmland beeindruckt durch 400

majestätische Schlösser und Herrenhäuser. Die Region Västmanland vermag mit ihren Wäldern, Seen und einer faszinierenden Bergwelt den Naturfreund ebenso zu begeistern wie den Sportfan und Kulturliebhaber, die mit Musik, auf attraktiven Golfplätzen und bei Pferdesportveranstaltungen auf ihre Kosten kommen. Das im Osten gelegene Uppland besteht aus fruchtbaren Ebenen, märchenhaften Wäldern und einer Küste, die sich von den unterschiedlichsten Seiten zeigt. Die einstigen Bewohner der Region haben zahlreiche Spuren hinterlassen: Felszeichnungen der Bronzezeit, Runensteine der Wikinger, mittelalterliche Kirchen und wallonische Eisenhütten können hier bestaunt werden. Die Universitätsstadt Uppsala war schon immer ein Zentrum von Kunst und Wissenschaft. Am Bottnischen Meerbusen liegt Gästrikland mit der historischen Stadt Gävle.
Nordschweden nimmt die Hälfte des Staatsgebietes ein, ist jedoch gleichzeitig der am dünnsten besiedelte Landesteil, geprägt von großen Entfernungen in einer schier endlosen Landschaft mit faszinierenden Bergen und unzähligen Seen. Und über alledem leuchtet der Himmel! Nördlich des Polarkreises geht die Sonne von der Frühjahrs- bis zur Herbst-Tagundnachtgleiche nie unter. Ebenso faszinierend wie die Mitternachtssonne sind die Polarlichter, die den Nachthimmel im Winterhalbjahr erstrahlen lassen. Die südlichste Region des Nordens bildet Hälsingland, das sich ideal zum Wandern, Radfahren und Angeln eignet. Auch die nördlich angrenzenden Provinzen Medelpad und Ångermanland fesseln durch ihre einzigartige Natur. In Sundsvall wird durch Konzerte, das jährliche Sommerfestival, Straßencafés und gute Einkaufsmöglichkeiten für Abwechslung gesorgt. Berühmte Skiresorte wie Funäsdalen und Åre locken sommers wie winters mit attraktiven Angeboten. In den Regionen Västerbotten und Norrbotten am Bottnischen Meerbusen werden die meisten Sonnenstunden gezählt. In der gewaltigen Bergwelt von Norrbotten und Lappland bietet sich eine beträchtliche Auswahl an Sport- und Outdooraktivitäten.

Nicht nur landschaftlich und kulturell bietet Schweden viel Abwechslung, auch kulinarisch kann man hier auf Entdeckungsreise gehen. Die traditionelle schwedische Küche basiert auf Zutaten, die hier, bedingt durch die Lage des Landes und die besonderen klimatischen Verhältnisse, schon immer verfügbar waren. Berühmt ist Schweden für seine Spezialitäten aus Fisch und Schalentieren. Insbesondere gebeizter Lachs und eingelegter Hering werden sehr geschätzt. Ihre ausgezeichnete Qualität bekommen Fisch, Krabben, Muscheln, Austern, Krebse und Hummer hier durch langsames Wachstum im kalten Wasser. Im Herbst findet man auf vielen Speisekarten Wildgerichte aus Elch, Rentier, Reh und Waldhühnern, die mit Pilzen und Beeren serviert werden. Viele der feinsten schwedischen Delikatessen wie geräuchertes Renfilet und Renherz, Edelfische wie Saibling, Äsche und Forelle, Lachs-, Felchen- und Ukeleirogen sowie Polar- und Ackerbeeren stammen aus dem Norden des Landes. In allen Regionen werden erlesene Käsespezialitäten erzeugt. Der herzhafte Västerbotten-Käse wird liebevoll als »Schwedens Parmesan« bezeichnet und auch in der Edelgastronomie verwendet.

Aus der langen Kulturgeschichte des Landes haben sich zahllose traditionelle Bräuche und Feste erhalten. Weit über die Landesgrenzen hinaus bekannt sind die Mittsommerfeiern, mit denen Ende Juni der Hochsommer begrüßt wird. In lauen Augustnächten kann man sich bei der »Kräftskiva« mit Fluss- und Meereskrebsspezialitäten verwöhnen lassen. Die langen Winternächte werden am Luciatag, dem Lichterfest am 13. Dezember, von singenden, weiß gekleideten und Lichter tragenden Kindern und Jugendlichen erhellt. Vor Weihnachten verwandeln sich die herrlich dekorierten Städte und Dörfer mit ihren Weihnachtsmärkten in wahre Wintermärchen. Stärken kann man sich dann beim »Julbord«, einem üppigen Weihnachtsbüffet. Und an »Valborg«, der Walpurgisnacht am 30. April, wird der Winter mit dem Maifeuer »ausgeräuchert« und das Frühjahr mit Festen, Musik und Gesang willkommen geheißen.

Schweden auf einen Blick

Fläche: 450 000 km²

Einwohnerzahl: 9 Millionen

Landessprache: Schwedisch

Währung:
1 schwed. Krone (SEK) = 100 Öre

Euro-Wechselkurs (Stand 11.02.09):
1 Euro (€) = 10,53 SEK

Campingplätze: 700

Grenzübertritt Personen:
Pass/Personalausweis.

Grenzübertritt Haustiere:
EU-Heimtierausweis mit Impfung und Identitätskennzeichnung.

Grenzübertritt Kraftfahrzeuge:
Führerschein. Zulassungsbescheinigung Teil 1. Internationale Grüne Versicherungskarte empfohlen.

Treibstoff:
Bleifrei 95 Oktan + 98 Oktan, Diesel.

Verkehrsregeln:
Pkw Straße: 70 - 110 km/h
Pkw Autobahn: 110 km/h
Pkw mit Caravan Straße und Autobahn: 40 - 80 km/h
Motorcaravan (bis 3,5 t) wie Auto, darüber Straße: 80 - 90 km/h, Autobahn: 90 km/h

Besondere Verkehrsbestimmungen:
Promillegrenze: 0,2 ‰. Fahren mit Abblendlicht ist obligatorisch.

Straßengebühren: Gebührenpflichtig ist die Verbindung über den Øresund (Tunnel/Brücke). Für Fahrzeuge mit schwedischem Kenzeichen gilt in der Stockholmer Innenstadt Citymaut.

Polizei/Notruf: 112

Telefon-Vorwahl aus dem Ausland:
0046 + Ortsvorwahl ohne 0
+ Teilnehmernummer

Wichtig für den Camper:
Einmaliges Übernachten außerhalb von Campingplätzen ist auf Straßen, Parkplätzen oder Raststätten erlaubt. Die Benutzung offener Abwassersysteme ist verboten.
Ausländische Gasflaschen können nicht befüllt werden. Einheimische Flaschen können bei den Niederlassungen der Firma AGA geliehen und mittels ebenfalls dort erhältlichem Adapter angeschlossen werden.

Rauchverbot in Restaurants und Bars und allen öffentlichen Räumen.

Information: Motormännens Riksförbund, Fridhemsgatan 32, S-10029 Stockholm.

Camping: SCR, Mässans Gata 10, S-40222 Göteborg.

Touristik: VisitSweden, Storgortet 3, S-83130 Östersund.

Schweden-Werbung,
Michaelistr. 22, D-20459 Hamburg.
http://www.visitsweden.com

Schweden
Senja
Vesterålen
Lofoten
Moen
Harstad
Narvik
Karesuando
Inari
Kiruna
Sodankylä
Vestfjorden
Europäisches
Nordmeer
Bodø
Fauske
Leipojärvi
Storjord
Rovaniemi
Jokkmokk
Mo i Rana
11
Kemi
Boden
Luleå
Pudasjärvi
Arvidsjaur
Bottenviken
Trofors
Piteå
Oulu
Perämeri
Storuman
E 4
Raahe
Skellefteå
Oulujärvi
Grong
Lycksele
09
Anäset
Åsele
Steinkjer
Strömsund
Umeå
Kokkola
Schweden
Trondheim
Örnsköldsvik
Järpen
Vaasa
Östersund
Saarijärvi
Kurikka
Alavus
Jyväskylä
Oppdal
Røros
Åsarna
Härnösand
Sundsvall
Njurundabommen
Kristinestad
Hedeviken
Famund
Parkano
Jämsä
Sveg
Ljusdal
Otta
Drevsjø
10
Hudiksvall
Tampere
Bottenhavet
Koppang
Bollnäs
Selkämeri
Pori
Rauma
Lillehammer
Söderhamn
Hämeenlinna
Lahti
Mora
08
E 12
E 75
Gol
Uusikaupunki
Hamar
Sandviken
Gävle
Salo
Vantaa
Leksand
Falun
Åland
Turku
E 18
Espoo
Borlänge
Valbo
Helsinki
Kongsvinger
Ekenäs
Oslo
Lillestrøm
Fagersta
Sala
Uppsala
Mariehamn
Hangö
Tallinn
Drammen
Arvika
Västerås
Märsta
Norrtälje
Köping
Kristinehamn
Karlskoga
Vasby
Fredrikstad
Strängnäs
Täby
Karlstad
E 20
Örebro
Arboga
Södertälje
Stockholm
Säffle
Kumla
Västerhaninge
Larvik
Åmål
06
Katrineholm
Nynäshamn
Hiiumaa
Oslofjorden
Vänern
Mariestad
Motala
Nyköping
Oxelösund
07
Baltisches
Saaremaa
Pärnu
Skagerrak
Vänersborg
Lidköping
Skövde
Norrköping
Uddevalla
Mjölby
Linköping
Kuressare
02
Skara
Meer
Trollhättan
Falköping
Tranås
Alingsås
Vättern
Fårösund
Kolka
Skagen
Göteborg
Lerum
Jönköping
Västervik
Visby
Golf von Riga
Frederikshavn
Mölndal
Borås
Nässjö
Eksjö
Gotland
Kungsbacka
Kinna
Vetlanda
Riga
05
Värnamo
03
Varberg
Burgsvik
Ålborg
Falkenberg
Växjö
Nybro
Kattegat
Ljungby
Liepaja
Halmstad
Kalmar
Öland
Grenå
01
E 6
Ronneby
04
Helsingborg
Karlshamn
Karlskrona
Siauliai
Helsingør
Landskrona
E 45
Århus
Horsens
Kristianstad
Palanga
Vejle
Roskilde
Lund
Simrishamn
Klaipeda
A 1
Odense
København
Malmö
Ostsee
Nida
Kolding
E 20
E 55
Ystad
E 271
Trelleborg
E 47
Bornholm
Sovetsk
0
100 km

Mietunterkünfte in Schweden

Im landestypischen Stil gebaut und in leuchtendem Rot gestrichen - so präsentieren sich die Ferienhäuser auf schwedischen Campingplätzen, die hinsichtlich Größe und Komfort ein breites Spektrum bieten. **Campinghütten** sind meist eher schlicht ausgestattet und haben häufig keinen Wasseranschluss und nur eine einfache Kochplatte. Es gibt jedoch auch hochwertigere Campinghütten mit komplett eingerichteter Küche. Bad und WC sowie Gästeküchen befinden sich in den Gemeinschaftsgebäuden der Campingplätze. Zahlreiche Ferienanlagen bieten auch **Mietwohnwagen** an.

Eine besonders komfortable Unterkunftsform sind die **Ferienhäuser**, die wegen ihrer winterfesten Ausstattung mit Heizung und guter Isolierung das ganze Jahr über zu gemietet werden können. Zur Einrichtung gehören hier in der Regel Dusche und WC sowie eine Küche, die je nach Standard des Ferienhauses über einen Kühl- und Gefrierschrank, Herd und Mikrowelle sowie Kaffeemaschine verfügt. Für Unterhaltung sorgt ein Farbfernseher. Bettwäsche und Handtücher werden meist nicht gestellt, können jedoch auf vielen Plätzen gemietet werden. Die Endreinigung ist üblicherweise vom Mieter durchzuführen, wird gegen eine Gebühr aber auch von den Angestellten der Anlagen übernommen. Um sich sein Wunsch-Ferienhaus zu sichern, ist in jedem Fall eine Reservierung sehr wichtig.

Für einen Campingurlaub in Schweden ist die Camping Card Scandinavia unentbehrlich. Die kostenlos unter www.camping.se oder www.stuga.nu zu beziehende Karte wird am ersten Campingplatz mit einer Gebührenmarke für das laufende Jahr versehen. Neben einem unkomplizierten, schnelleren Ein- und Auschecken auf dem Campingplatz bringt die Karte zahlreiche weitere Vorteile mit sich, wie z. B. eine Unfallversicherung und Vergünstigungen bei vielen Kooperationspartnern wie Freizeitparks, Museen, Gastronomiebetrieben, Fährlinien, Auto- und Wohnmobilvermietungen etc.

Preise und Gebühren

Die Preise sind, falls nicht anders angegeben, in Landeswährung genannt. Alle Preise sind zusätzlich durch das Jahr ihrer Gültigkeit gekennzeichnet. Bei Anlagen ohne genauere Angaben sind die Preise direkt beim Campingplatz zu erfragen. Zu beachten ist, dass die Hauptsaisonpreise häufig auch für die Feiertage bzw. verlängerte Wochenenden gelten (Ostern, Pfingsten, Himmelfahrt, Mittsommer).

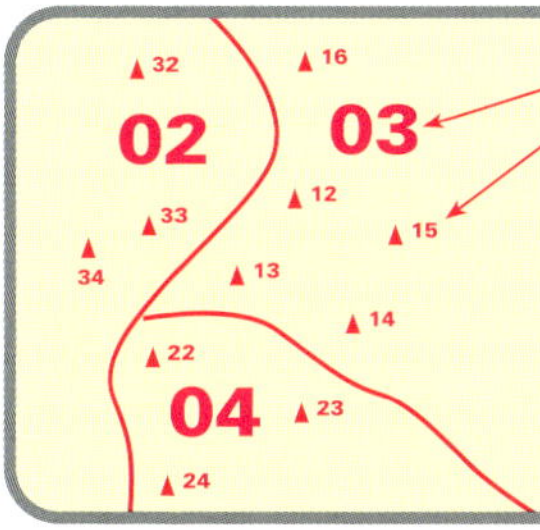

Die zweistellige Gebietsnummer und die jeweils zweistellige Platznummer ergeben zusammen die vierstellige ECC-Campingplatznummer in den einzelnen Ländern.

Testhausen (DK-1234) Jylland

Camping Mustermann **0315**

Tel. 01 23 45 67 - Fax 01 23 45 67

Nordseeküste La Côte de la Mer du Nord Coast of the German Sea 01

Mölle-Möllehässle (S-26042) Skåne

First Camp Mölle **0122**

GPS: N 56°16'11.6'' E 12°31'51.8''
Tel. 0 42/34 73 84 – Fax 0 42/34 77 29 – E-Mail: molle@firstcamp.se

F 0.1 km

S

40 m, 60 000m² – Geöffnet: 17.3. – 9.11.

➜ Von Helsingborg Straße 111 Richtung Höganäs. Über Höganäs nach Möllehässle. Beschildert

Hauptsaison: 24.4.–16.8. – (Preise 2009)
Hütten: 24 Hütten (10 qm) für 4 Pers. – HS / NS 420.– bis 570.– pro Nacht
1 Hütte (20 qm) für 2-6 Pers. – HS 750.– bis 1150.– / NS 600.– bis 1000.– pro Nacht
10 Hütten (25 qm) für 2-5 Pers. – HS 800.– bis 1200.– / NS 660.– bis 1100.– pro Nacht
2 Hütten (40+20 qm) für 4-8 Pers. – HS / NS 1350.– bis 1600.– pro Nacht
Ausstattung 1, 3, 4, 5, 6, 7, 9, 10, 12, 15, 19, 21, 22 (je nach Unterkunft)
Sonstiges: Preise abhängig von Personenzahl, in den Hütten (25 qm) zzgl. Übernachtungsgebühr ab 5. Pers. – HS 150.– pro Nacht / NS auf Anfrage

24 24 20 20 14 22 WC 2 2 6
W A 1.5 km 2 km S 2 km 2 km
S 2 km 2 km 2 km 3 km 8 km 0.5 km
3 km D GB VISA Maestro MasterCard

! Infos zur Camping Card Scandinavia finden Sie auf Seite 7.

Torekov (S-26093) Skåne

First Camp Torekov **0125**

Flymossavägen 5 / GPS: N 56°26'7.03'' E 12°38'14.76''
Tel. 04 31/36 45 25 – Fax 04 31/36 46 25
E-Mail: torekov@firstcamp.se

0.1 km

5 m, 130000m² – Geöffnet: 9.4. – 27.9.

➜ E 6/E 20 Helsingborg – Halmstadt, Ausfahrt Båstad. Straße 115, über Båstad nach Torekov. Ca. 500 m nördlich des Ortes

Hauptsaison: 5.7.–2.8. – RES notwendig – (Preise 2009)
Insgesamt 14 Hütten: Hütten (45 qm) für 6 Pers. – HS 9450.– / NS 4500.– bis 7400.– pro Woche
Hütten (18 qm) für 4 Pers. – HS 7250.– / NS 3300.– bis 5350.– pro Woche
Ausstattung: 1, 4, 5, 6, 7, 8, 9, 10, 11, 12, 13, 14, 15, 19, 21, 22
Sonstiges: Bettwäsche mitbringen oder mieten, Endreinigung auf Anfrage, zzgl. Buchungsgebühr (100.–), zzgl. Rücktrittsversicherung (300.–)

4 3 40 40 30 30 10 40 WC 4 3
12 TV W S 0.5 km
0.5 km 0.5 km 1 km 1 km
3 km D GB VISA Maestro Master Card

Mellbystrand (S-31260) Halland

➽ ANN. 155

Marias Camping **0128**

Norra Strandvägen 1 / GPS: N 56°31'13.4'' E 12°56'52.2''
Tel. 04 30/2 85 85 – Fax 04 30/2 73 21
E-Mail: info@mariascamping.se

1.0 km

5 m, 26000m² – Geöffnet: 24.4. – 28.8.

➜ E 6/E 20 Helsingborg – Halmstadt, Ausfahrt 41, Richtung Mellbystrand, dort beschildert

Hauptsaison: 21.6.–9.8. – (Preise 2009)
Hütten: 10 Hütten (20 qm, ohne WC) für 4 Pers. – HS 5000.– / NS 3000.–
10 Hütten (20 qm, mit WC) für 4 Pers. – HS 5500.– / NS 3500.–
Ausstattung: 1, 5, 6, 7, 9, 10, 12, 16, 19, 21, 22, 24 (je nach Unterkunft)
Sonstiges: Bettwäsche incl., Kaution erforderlich (200.–)

6 38 38 23 22 10 31 WC 4 3 2
TV 0.9 km 0.1 km 2.5 km 7 km
3 km 5 km 3 km S 3 km 3 km 2 km 0.9 km 2 km
0.9 km 0.9 km 1 km D GB VISA Maestro Master Card

S

Eldsberga (S-31031) Halland

Camping Gullbrannagården **0129**

GPS: N 56°35'31.09'' E 12°56'38.73''
Tel. 0 35/4 21 80 – Fax 0 35/4 61 80
E-Mail: mail@gullbrannagarden.se

F E 0.3 km

1 m, 15000m² – Geöffnet: 1.2. – 30.11. 12.00 – 13.00

➜ E 6/E 20 Helsingborg – Halmstadt, Ausfahrt 43. Straße 117 Richtung Markaryd, abzweigen nach Gullbrannagården, beschildert

Hauptsaison: 14.6.–9.8. – (Preise 2009)
Hütten und Bungalows: 12 Hütten (12-15 qm) für 4 Pers. – HS 3950.– bis 5650.– pro Woche / NS 545.– pro Nacht
15 Bungalows (35-37 qm, mit Du/WC) für 6 Pers. – HS 4950.– bis 8500.– pro Woche / NS 720.– bis 845.– pro Nacht
Ausstattung: 1, 4, 5, 6, 7, 8, 9, 10, 12, 18, 21, 22 (je nach Unterkunft)

10 45 45 30 30 12 45 WC 2 2
2 0.5 km 0.5 km 0.5 km
D GB VISA Maestro Master Card

Halmstad (S-30260) Halland

Hagöns Camping **0131**

Östra Stranden / GPS: N 56°38'22.9'' E 12°53'55.1''
Tel. 0 35/12 53 63 – Fax 0 35/12 43 65
E-Mail: info@hagonscamping.se

F E D 0.1 km

2 m, 105 000m² – Geöffnet: 25.4. – 31.8.

➜ E 6/E 20 Helsingborg – Halmstadt, Ausfahrt Halmstad-Süd. Ca. 6 km südöstlich Halmstad-Zentrum

Hauptsaison: 12.6.–9.8. – (Preise 2009)
Hütten und Mobilheime: 10 Hütten (20 qm, mit Du/WC) für 4 Pers. – HS 7000.– / NS 5000.– bis 5800.– pro Woche
11 Mobilheime (17 qm, ohne Du/WC) für 4-5 Pers. – HS 5400.– / NS 4000.– bis 4600.– pro Woche
Ausstattung: 1, 4, 5, 6, 7, 8, 9, 19, 21, 22 (je nach Unterkunft)
Sonstiges: In der Hauptsaison nur wochenweise Vermietung ab Samstag

60 60 50 50 26 60 WC 6 6 3
5 km 4 km 4 km 5 km 9 km 0.2 km 5 km
3 km 5 km 5 km 5 km 5 km
GB VISA Maestro Master Card

Tylösand (S-30270) Halland

First Camp Tylösand **0132**

Kungsvägen 3 / GPS: N 56°39'41.33'' E 12°44'26.97''
Tel. 0 35/3 05 10 – Fax 0 35/3 27 78 – E-Mail: tylosand@firstcamp.se

F E 0.1 km

5 m, 80 000m² – Geöffnet: 25.4. – 31.8.

➜ E 6/E 20 Helsingborg – Halmstadt bis Halmstad. Dort ca. 9 km nach Westen Richtung Tylösand. Ca. 1 km vom Ortszentrum

Hauptsaison: 21.6.–2.8. – RES notwendig – (Preise 2009)
Hütten: 10 Hütten (17 qm) für 4+1 Pers. – HS 925.– bis 1150.– / NS 525.– bis 675.– pro Nacht
8 Hütten (18 qm) für 4 Pers. – HS 975.– bis 1250.– / NS 575.– bis 725.– pro Nacht
13 Hütten (27 qm) für 4+1 Pers. – HS 1075.– bis 1475.– / NS 675.– bis 825.– pro Nacht
Ausstattung: 1, 4, 5, 6, 9, 11, 12, 15, 16, 19, 21, 22
Sonstiges: Bettwäsche mitbringen oder mieten, Kinderbetten und -stühle verfügbar, zzgl. Endreinigung

4 25 25 24 24 18 34 4 4
0.3 km 5 km 3 km 0.3 km 3 km
0.3 km 3 km 1 km 1 km
D GB VISA MasterCard

Falkenberg (S-31142) Halland

Skrea Camping **0135a**

Sommarvägen / GPS: N 56°52'54.42'' E 12°30'47.06''
Tel. 03 46/1 71 07 – Fax 03 46/1 58 40 – E-Mail: info@skreacamping.se

F

1 m, 50 000 m² – Geöffnet: 21.4. – 10.9.

➜ E 6/E 20 Halmstad – Varberg, Ausfahrt 52 Falkenberg, Richtung Skrea, beschildert. Ca. 2 km von Falkenberg

Hauptsaison: 18.6.–31.8. – RES empfohlen – (Preise 2009)
15 Hütten (11 qm) für 2 Pers. – HS / NS 500.– pro Nacht
15 Hütten (16 qm) für 4 Pers. – HS / NS 700.– pro Nacht
Hütten (18 qm) für 4 Pers. – HS 800.– pro Nacht / NS auf Anfrage
Wohnwagen für 6 Pers. – HS / NS 1000.– pro Nacht
5 Hütten (30 qm + 10 qm + 15 qm) für 6-10 Pers. – HS 1400.– bis 1500.– / NS 500.– bis 1000.– pro Nacht
Ausstattung: 3, 4, 5, 6, 7, 9, 12, 15, 21, 22, 24
Sonstiges: Bettwäsche mitbringen oder mieten (50.–), zzgl. Endreinigung (100.– bis 400.–)

30 30 30 30
1 km 1 km D GB VISA Maestro MasterCard

S

Tvååker (S-43010) Halland

Björkängs Camping **0138**

Varbergs Küstväg / GPS: N 57°0'31.9'' E 12°20'49.7''
Tel. 03 40/4 21 34 – Fax 03 40/4 20 40
E-Mail: receptionen@bjorkangscamping.se

F E D 0.5 km

1 m, 100 000 m² – Geöffnet: 25.4. – 5.9.

➜ E 6/E 20 Helsingborg – Varberg, Ausfahrt 52 Morup oder 53 Varberg-Süd. Ca. 13 km südlich Varberg

! **Die Angebote rund um Service und Unterhaltung unterscheiden sich in den skandinavischen Ländern teilweise stark.**
Daher gilt: Je genauer Sie sich vor Buchung Ihrer Urlaubsreise informieren, desto angenehmer und schöner werden Sie Ihren Urlaub genießen können.

Hauptsaison: 21.6.–9.8. – RES empfohlen – (Preise 2009)
Hütten: 1 Doppelhaus (40 qm) mit 2 Wohneinheiten für je 6 Pers. – HS 6500.– bis 8050.– / NS 4500.– pro Woche
4 Hütten (28 qm) für 4 Pers. – HS 6500.– bis 8400.– / NS 4500.– pro Woche
1 Hütte (16 qm) für 2 Pers. – HS 3500.– bis 4200.– / NS 2500.– pro Woche
1 Hütte (16 qm) für 4 Pers. – HS 4500.– bis 5250.– / NS 3000.– pro Woche
2 Hütten (10 qm) für 2 Pers. – HS 3000.– bis 3500.– / NS 2000.– pro Woche
Ausstattung: 1, 4, 5, 6, 7, 8, 9, 10, 11, 12, 18, 21, 22 (je nach Unterkunft)
Sonstiges: Vom 29.6.09-27.7.09 nur wochenweise Vermietung ab Sonntag, zzgl. Buchungsgebühr (75.–), zzgl. Rücktrittsversicherung (125.–)

40 34 19 17 17 33 WC 3 2 6 A
8 km D GB VISA Maestro MasterCard

Varberg-Södra Näs (S-43291) Halland

Södra Näs Camping **0141a**

Nygård 3 / GPS: N 57°4'16.9'' E 12°16'57.7''
Tel. 03 40/67 13 88 – Fax 03 40/67 15 90
E-Mail: info@sodranascamping.se

F

5 m, 30000 m² – Geöffnet: 21.3. – 30.9.

➜ E 6/E 20 Halmstad – Göteborg, Ausfahrt 55. Richtung Varberg auf der alten E 6 Västkustvägen, Abfahrt beschildert. Ca. 4,5 km südlich Varberg

Hauptsaison: 18.6.–16.8. – RES empfohlen – (Preise 2009)
Hütten: 2 Hütten (12 qm) für 2 Pers. – HS 700.– / NS 400.– pro Nacht
2 Hütten (40 qm) für 4+2 Pers. – HS 1300.– / NS 700.– bis 900.– pro Nacht
Ausstattung: 4, 5, 7, 8, 9, 11, 12, 14, 15, 16, 18, 21, 22 (je nach Unterkunft)
Sonstiges: Daunendecken sind vorhanden, Anzahlung erforderlich, zzgl. Endreinigung

WC 0.4 km 0.4 km
0.4 km

Varberg (S-43253) Halland

Apelvikens Familjecamping **0141b**

Sanatorievägen 4 / GPS: N 57°5'16.95'' E 12°14'52.91''
Tel. 03 40/64 13 00 – Fax 03 40/64 13 09 – E-Mail: info@apelviken.se

H 0.1 km

3 m, 74000 m² – Geöffnet: 1.1. – 31.12.

➜ E 6/E 20 Halmstad – Göteborg, Ausfahrt 53 (von Norden kommend) oder 55 (von Süden kommend), Richtung Varberg, beschildert. Ca. 2 km südlich des Ortes

Hauptsaison: 15.6.–9.8. – (Preise 2009)
Hütten: 2 Hütten (10 qm) für 2 Pers. – HS 2600.– bis 3500.– / NS 2000.– bis 2350.– pro Woche
1 Hütte (23 qm) für 4 Pers. – HS 3600.– bis 7650.– / NS 2000.– bis 2750.– pro Woche
7 Hütten (30 qm) für 6 Pers. – HS 4175.– bis 9000.– / NS 2500.– bis 3000.– pro Woche
Ausstattung: 2, 4, 5, 6, 7, 8, 9, 11, 13, 14, 15, 16, 18, 21, 22
Sonstiges: zzgl. Buchungsgebühr (75.–), Bettwäsche mitbringen oder mieten (70.– pro Person), zzgl. Endreinigung

34 34 34 34 24 34 WC 3 3 10 TV
0.1 km S 2 km 2 km
1 km D GB VISA MasterCard

Varberg (S-43293) Halland

Getteröns Camping **0141c**

S

GPS: N 57°6'58.28'' E 12°12'50.67''
Tel. 03 40/1 68 85 – Fax 03 40/1 04 22
E-Mail: info@getteronscamping.se

H 0.1 km

5 m, 60000 m² – Geöffnet: 24.4. – 13.9.

➜ E 6/E 20, Ausfahrt Varberg-Nord, Richtung Getterön. Im Südosten der Halbinsel, ca. 4 km nordwestlich Varberg

Hauptsaison: 3.6.–7.8. – (Preise 2009)
Hütten: 2 Hütten für 2 Pers. – HS 2350.– / NS 800.– bis 1910.– pro Woche
11 Hütten (10-12 qm) für 3 Pers. – HS 4550.– / NS 1610.– bis 3660.– pro Woche
4 Hütten (15 qm ohne Du/WC) für 4 Pers. – HS 5150.– / NS 1750.– bis 4010.– pro Woche
3 Hütten (20 qm mit Du/WC) für 4 Pers. – HS 6950.– / NS 2170.– bis 5620.– pro Woche
6 Hütten (24-26 qm mit Du/WC) für 4+2 Pers. – HS 7600.– bis 8150.– / NS 2660.– bis 6670.– pro Woche
Ausstattung: 1, 4, 5, 6, 7, 8, 9, 18, 19, 21, 22
Sonstiges: In der HS nur wochenweise Vermietung ab Samstag bzw. Sonntag, zzgl. Buchungsgebühr

40 40 35 35 40 38 3 3 3
0.3 km 0.5 km 0.3 km 0.3 km
4 km (D) (GB)

Nordwest-Schweden
Le Nord-ouest de la Suède
North-West Sweden
02

Askim (S-43645) Västra Götaland

Lisebergs Camping Askim Strand 0208

Marholmsvägen / GPS: N 57°37'42.29'' E 11°55'15.41''
Tel. 0 31/84 02 00 – Fax 0 31/68 13 35
E-Mail: askim.strand@liseberg.se

F E
(H) 0.4 km

1 m, 50 000m² – Geöffnet: 20.4. – 2.9.

→ E 6/E 20 Varberg – Göteborg, Ausfahrt Askim. Beschilderung »Hamnar« (Hafen) und Camping folgen. Ca. 5 km südlich Göteborg, an der Askim-Bucht

Hauptsaison: 29.6.–8.8. – RES erforderlich – (Preise 2009)
Hütten: 15 Hütten (15 qm) für 4 Pers. – HS 6655.– / NS 4455.– pro Woche
Ausstattung: 1, 6, 7, 8, 9, 12, 15, 18, 21, 22
Sonstiges: Bettwäsche mitbringen oder mieten, Hand- und Geschirrtücher vorhanden, Eintritt in Liseberg-Vergnügungspark incl.

50 40 26 26 18 27 2 6
0.4 km 1 km S
(D) (GB) (F) AE

Mölndal (S-43162) Västra Götaland

Krono Camping Göteborg – Åby 0209

Idrottsvägen 13 / GPS: N 57°38'50.26'' E 11°59'35.49''
Tel. 0 31/87 88 84 – Fax 0 31/7 76 02 40
E-Mail: kronocamping@telia.com

F

15 m, 110 000m² – Geöffnet: 1.1. – 31.12.

→ E 6/E 20 Varberg – Göteborg. Von Norden kommend Ausfahrt Mölndal-Süd/Åby Trabrennbahn. Von Süden kommend Ausfahrt Mölndal-Zentrum/Åby. Ca. 5 km südöstlich Göteborg

Hauptsaison: 16.6.–15.8.– (Preise 2009)
Insgesamt 64 Hütten: 11 Campinghütten (12-18 qm, ohne Du/WC) für 4 Pers. – HS ab 695.– / NS ab 495.– pro Nacht
48 Selbstversorgerhütten (18-27 qm, mit Du/WC) für 4-6 Pers. – HS ab 895.– / NS ab 695.– pro Nacht
Ausstattung: 1, 4, 5, 6, 7, 8, 9, 10, 12, 15, 19, 21, 22
Sonstiges: zzgl. Strom

34 34 34 34 10 24 WC 2 3 TV
0.5 km 2.5 km 2 km 0.2 km 6 km 8 km 8 km
2 km 1 km 3 km 2 km D GB F VISA MasterCard

Göteborg (S-41655) Västra Götaland

Lisebergsbyn Kärralund 0211

Olbergsgatan 1 / GPS: N 57°42'17.04'' E 12°1'48.6''
Tel. 0 31/84 02 00 – Fax 0 31/84 05 00 – E-Mail: karralund@liseberg.se

F E
H 0.3 km

40 m, 40700 m² – Geöffnet: 1.1. – 31.12.

➜ E 6/E 20 bis Göteborg. Ca. 2,5 km östlich des Stadtzentrums, beschildert

Hauptsaison: 19.6.–15.8. – RES empfohlen – (Preise 2009)
Hütten: 10 Hütten (14 qm, ohne Du/WC) für 4 Pers. – HS 1345.– / NS 495.– bis 1345.– pro Nacht
14 Hütten (15 qm) für 4 Pers. – HS 1545.– / NS 745.– bis 1545.– pro N.
8 Hütten (18 qm) für 4 Pers. – HS 1745.– / NS 895.– bis 1745.– pro N.
22 Hütten (25 qm) für 5 Pers. – HS 1545.– bis 1745.–/ NS 1095.– bis 1745.– pro Nacht
Ausstattung: 1, 4, 5, 6, 7, 8, 9, 10, 11, 12, 15, 18, 19, 21, 22 (je nach Unterkunft)
Sonstiges: in 18 qm Hütten incl. Bettwäsche und Handtücher – sonst mitbringen oder mieten (115.– bis 150.–), Frühstück und Endreinigung – sonst (500.–), Kissen und Geschirrtücher vorhanden, Frühstück und all inclusive buchbar

6 3 25 25 20 20 14 25 WC 2
2 6 TV W 0.3 km 0.4 km 2.5 km
0.4 km 3 km 1 km 2 km 2 km 3 km 3 km
0.4 km 1 km 0.1 km 3 km 3 km 0.4 km
D GB F VISA AE MasterCard

Myggenäs (S-47161) Västra Götaland

Tjörnbrons Park Camping 0215

GPS: N 58°3'25.82'' E 11°46'26.75''

S

Tel. 03 04/66 12 90 – Fax 03 04/66 19 42
E-Mail: info@tjornbropark.com

F ⓗ0.5km

1m, 300000m² – Geöffnet: 15.4. – 30.9.

➜ E 6 Göteborg – Uddevalla, Ausfahrt St. Höga, Straße 160 Richtung Tjörn-Orust. Bei der Tjörn-Brücke. Beschildert

RES empfohlen – (Preise 2009)
Hütten: Hütten für 2-3 Pers. – HS 850.– pro Nacht / NS auf Anfrage.–
Ausstattung: 4, 5, 6
Sonstiges: Ab 3. Pers. zzgl. Übernachtungsgebühr – HS 375.– pro Nacht, / NS auf Anfrage

WC

D VISA MasterCard

Uddevalla (S-45196) Västra Götaland

Hafsten SweCamp Resort 0231b

Hafsten 120 / GPS: N 58°18'52.2'' E 11°43'24.6''
Tel. 05 22/64 41 17 – Fax 05 22/64 44 80 – E-Mail: info@hafsten.se

F E D

35m, 170000m² – Geöffnet: 1.1. – 31.12.

➜ Aus Richtung Uddevalla Straße 161 Richtung Lysekil. Nach ca. 10 km links abbiegen auf Straße 160 Richtung Orust. Ca. 20 km nordwestlich Uddevalla

Hauptsaison: 18.6.–2.8. – (Preise 2009)
Insgesamt ca. 60 Hütten: Hütten (10-28 qm) für max. 4-6 Pers. – HS 3465.– bis 10456.– / NS 2125.– bis 5970.– pro Woche (je nach Ausstattung und Belegung)
Ausstattung: 1, 4, 5, 6, 7, 8, 9, 12, 15, 18, 19, 21, 22 (je nach Unterkunft)
Sonstiges: Bettwäsche und Handtücher mitbringen oder mieten, zzgl. Endreinigung (oder selbst durchführen)

4 30 30 20 20 12 23WC 3 4 6
TV 3km
D GB F VISA Maestro MasterCard

Kungshamn-Hovenäset (S-45691) Västra Götaland

Camping Johannesvik 0234a

Wägga Nordgård 1 / GPS: N 58°21'59'' E 11°16'52''
Tel. 05 23/3 23 87 – Fax 05 23/3 03 78 – E-Mail: info@johannesvik.se

F D

10m, 100000m² – Geöffnet: 1.1. – 31.12.

➜ E 6 Göteborg – Strömstad. Hinter Munkedal abfahren, dann Straße 171 Richtung Kungshamn und Hovenäset. Ca. 800 m hinter der Brücke von Hovenäset auf der rechten Seite. Ca. 7 km nordöstlich Kungshamn

Hauptsaison: 10.7.–2.8. – RES notwendig – (Preise 2009)
Hütten: Hütten (12 qm) für 3 Pers. – HS 875.– / NS 650.– bis 750.– pro Nacht
Hütten (16 qm) für 4 Pers. – HS 1125.– / NS 775.– bis 975.– pro Nacht
3 Hütten (20 qm) für 4 Pers. – HS 1100.– / NS 725.– bis 950.– pro Nacht
24 Hütten (24 qm) für 4+1 Pers. – HS 1200.– / NS 825.– bis 1050.– pro Nacht
5 Hütten (28 qm) für 6 Pers. – HS 1400.– / NS 925.– bis 1250.– pro Nacht
1 Hütte (42 qm) für 6 Pers. – HS 1700.– / NS 900.– bis 1500.– pro Nacht
Ausstattung: 1, 4, 5, 6, 9, 10, 11, 12, 15, 16, 19, 21, 22
Sonstiges: Bettwäsche incl., zwischen dem 18. 6. und dem 21. 6. 2009 gelten die Preise der Hauptsaison

3 41 41 25 25 25 38 WC 5 3 3
2 km 0.3 km 3 km 0.3 km 0.3 km
S 2 km 2 km S 4 km 3 km 0.3 km 9 km 3 km
3 km GB VISA Master Card

Kungshamn (S-45691) Västra Götaland

S

Solvik Camping & Stugby **0234b**

GPS: N 58°23'28.23'' E 11°15'32.77''
Tel. 05 23/1 88 90 – Fax 05 23/1 88 97
E-Mail: info@solvikscamping.se

F 0.2 km

1 m, 99000m² – Geöffnet: 15.5. – 1.9.

➜ E 6 Göteborg – Strömstad. Hinter Munkedal abfahren, dann Straße 171. Ca. 3 km nördlich Kungshamn (Straße 174). Beschildert

Hauptsaison: 14.6.–16.8. – RES notwendig – (Preise 2009)
Insgesamt 112 Hütten: Hütten (15-50 qm) für max. 4-6 Pers. – HS 5200.– bis 11600.– / NS 2580.– bis 9700.– pro Woche (je nach Ausstattung und Belegung)
Ausstattung: 1, 2, 3, 4, 5, 6, 7, 8, 9, 14, 15, 16, 18, 21, 22
Sonstiges: Bettwäsche und Handtücher mitbringen oder mieten, Kinderstühle bei Buchung reservieren (gratis), zzgl. Endreinigung (oder selbst durchführen), zzgl. Reiserücktrittsversicherung (250.–)

4 26 18 20 20 16 28 WC 4 3 10
TV W 3 km 0.6 km 1 km 3 km
3 km 3 km S 5 km 3 km 0.6 km S 3 km 1 km
1 km 1 km 3 km 3 km 3 km
D GB VISA Maestro Master Card

Strömstad (S-45297) Västra Götaland

Daftö FerieCenter **0241a**

GPS: N 58°54'1'' E 11°12'0''
Tel. 05 26/2 60 40 – Fax 05 26/2 62 50 – E-Mail: info@dafto.com

F E D 0.1 km

10 m, 500000m² – Geöffnet: 8.1. – 20.12.

→ E 6 von Göteborg Richtung Strömstad/Norwegische Grenze. Hinter Överby abzweigen auf Straße 176 Richtung Strömstad. Ca. 5 km südlich Strömstad. Beschildert

Hauptsaison: 18.6.–16.8. – RES notwendig – (Preise 2009)
Insgesamt 117 Hütten: Hütten (10 qm) für 2 Pers. – HS / NS 450.– bis 590.– pro Nacht
Hütten (20-27 qm) für 4 Pers. – HS / NS 5000.– bis 8000.– pro Woche
Hütte (36-42 qm) für 4 Pers. – HS 6990.– bis 9940.– pro Woche / NS 690.– bis 950.– pro Nacht
Hütten (48-50 qm) für 6 Pers. – HS 8500.– bis 11500.– pro Woche / NS 790.– bis 1060.– pro Nacht
Hütten (60 qm) für 8 Pers. – HS 9500.– bis 13200.– pro Woche / NS 950.– bis 1260.– pro Nacht
Ausstattung: 1, 2, 4, 5, 6, 7, 8, 9, 10, 11, 12, 13, 18, 19, 21, 22 (je nach Unterkunft)
Sonstiges: Bettwäsche und Handtücher mitbringen oder mieten, zzgl. Endreinigung, Kinderbett bei Buchung reservieren (100.– je Aufenthalt)

17 65 65 55 55 18 61 WC 8
8 13 TV W A 5 km
5 km 8 km
D GB VISA

Strömstad-Seläter (S-45290) Västra Götaland

Seläters Camping **0241b**

GPS: N 58°57'22.97'' E 11°9'27.68''
Tel. 05 26/1 22 90 – Fax 05 26/1 22 38
E-Mail: info@selater-camping.com

F E 0.1 km

30 m, 100000m² – Geöffnet: 1.5. – 31.8.

→ E 6 von Göteborg Richtung Strömstad/Norwegische Grenze. Hinter Överby abzweigen auf Straße 176. Von Strömstad noch ca. 4 km nach Nordwesten Richtung Seläter

Hauptsaison: 19.6.–14.8. – (Preise 2009)
Insgesamt 100 Hütten: Hütten (14 qm) für 4 Pers. – HS 3000.– bis 3800.– / NS 2000.– pro Woche
Hütten (18 qm) für 4+1 Pers. – HS 3500.– bis 4500.– / NS 2800.– pro Woche
Hütten (24 qm mit Du/WC) für 4+1 Pers. – HS 5300.– bis 6000.– / NS 3500.– pro Woche
Hütten (40+10 qm mit Du/WC) für 6 Pers. – HS 8200.– bis 9500.– / NS 5200.– pro Woche
Ausstattung: 1, 4, 5, 6, 7, 9, 15, 16, 18, 21, 22 (je nach Unterkunft)
Sonstiges: Bettwäsche mitbringen

60 60 27 27 18 36 WC 3 6
0.2 km 0.2 km 0.7 km 0.7 km 0.7 km S 4 km
0.7 km 0.4 km GB

Ed (S-66832) Västra Götaland

Natura-Camping Gröne Backe **0250**

Sädra Moränvägen 64 / GPS: N 58°53'59.62'' E 11°55'57.45''
Tel. 05 34/1 01 44 – Fax 05 34/1 01 45
E-Mail: gronebackecamping@telia.com

F E H 0.1 km

135 m, 60 000m² – Geöffnet: 1.1. – 31.12.

➜ E 6 Göteborg – Strömstad. Bei Tanumshede abzweigen auf Straße 163 bis Backa, dort weiter auf Straße 164 bis Ed. Am westlichen Ortsrand abzweigen. Ca. 1 km vom Ort

RES empfohlen – (Preise 2009)
Hütten und Mobilheime: Hütten (teilweise mit WC) für 4 Pers. – HS 480.– / NS 430.– pro Nacht
Mobilheime für 4 Pers. – HS / NS 400.– pro Nacht
Ausstattung: 1, 4, 5, 6, 9, 12, 24 (je nach Unterkunft)
Sonstiges: zzgl. Stromgebühr (40.–)

21 21 14 14 10 WC 2 2
0.5 km 2.5 km 2.5 km 2 km
3 km 2 km 2 km D GB

! In den Reiseunterlagen für einen Camping- und Hütten-Urlaub in Schweden darf die Camping Card Scandinavia auf keinen Fall fehlen!

! Infos zur Camping Card Scandinavia finden Sie auf Seite 7.

Ystad-Österleden (S-27160) Skåne

Sandskogens Camping **0318**

GPS: N 55°25'57.97'' E 13°51'54.35''
Tel. 04 11/1 92 70 – Fax 04 11/1 91 69
E-Mail: info@sandskogenscamping.se

F E D 0.1 km
1 m, 80000m² – Geöffnet: 24.4. – 20.9.
➜ Von Ystad Straße 9 am Meer entlang Richtung Simrishamn. Ca. 3 km östlich des Stadtzentrums
Hauptsaison: 5.6.–16.8. – RES empfohlen – (Preise 2009)
Hütten: 4 Hütten (10 qm) für 4 Pers. – HS 540.– bis 600.– / NS 440.– bis 500.– pro Nacht
4 Hütten (14 qm) für 4+1 Pers. – HS 640.– / NS 540.– pro Nacht
Hütten (25+8 qm) für 6 Pers. – HS 800.– bis 1100.– / NS 700.– bis 900.– pro Nacht
Ausstattung: 1, 4, 5, 6, 9, 11, 12, 15, 16, 19, 21, 22 (je nach Unterkunft)
Sonstiges: Hütten (25+8 qm) sind vom 4.7. bis 1.8. nur wochenweise für 6600.– zu mieten, Preise sonst abhängig von Personenanzahl, Bettwäsche mitbringen, Endreinigung ist vom Mieter durchzuführen
30 30 16 16 10 24 WC 3 3 4
0.2 km 0.1 km 0.3 km 5 km 5 km 0.2 km 5 km
2 km 2 km 4 km D GB VISA MasterCard

Åhus (S-29633) Skåne

Regenbogen-Camp Åhus **0319**

Kolonivägen 59 / GPS: N 55°56'28'' E 14°18'47''
Tel. 0 44/24 89 69 – Fax 0 44/24 35 23
E-Mail: ahus@regenbogen-camp.de

F 1.0 km
4 m, 170000m² – Geöffnet: 1.4. – 15.10. 13.00 – 14.00
➜ E 22 Malmö – Karlskrona. In Kristianstad abzweigen auf Straße 118 nach Åhus. Ca. 1,5 km nordöstlich des Ortes

! Eine frühzeitige Reservierung, vor allem für Aufenthalte in der Hauptsaison, ist empfehlenswert!

Hauptsaison: 1.6.–19.6., 22.6.–11.7., 20.7.–15.8. – RES notwendig – (Preise 2008)
Hütten: 2 Hütten (27 qm) für 4 Pers. – HS 4800.– / NS 3360.– pro Woche
8 Hütten (16 qm) für 4 Pers. – HS 4100.– / NS 2870.– pro Woche
8 Hütten (15 qm) für 4 Pers. – HS 3100.– / NS 1990.– pro Woche
Ausstattung: 1, 4, 5, 6, 7, 8, 9, 11, 12, 14, 15, 16, 18, 21, 22, 24 (je nach Unterkunft)
Sonstiges: Handtücher / Bettwäsche mitbringen oder mit Vorbestellung mieten (54.– / 109.–), zzgl. Endreinigung (300.–). Parkmöglichkeit neben der Unterkunft

7 65 65 39 39 29 41 WC 3 3 16
W A 0.5 km 0.5 km 0.5 km 0.5 km
0.5 km 0.5 km 0.5 km 0.5 km 0.5 km
0.5 km D GB VISA Maestro Master Card

Sölvesborg (S-29495) Blekinge

Hälleviks Camping **0320**

Campingvägen 41 / GPS: N 56°0'42.04'' E 14°43'4.21''
Tel. 04 56/5 27 14 – Fax 04 56/5 61 86
E-Mail: info@hallevikscamping.se

F D 0.5 km

10 m, 55000m² – Geöffnet: 1.1. – 31.12.

➜ E 22 Malmö – Karlskrona, Abfahrt Sölvesborg, Straße 123 Richtung Nogersund. Zwischen Hällevik und Nogersund, ca. 12 km von Sölvesborg
Hauptsaison: 15.6.–9.8. – RES empfohlen – (Preise 2009)
Hütten und Bungalows: 4 Hütten (12 qm) für 2 Pers. – HS / NS 450.– pro Nacht
8 Hütten (12 qm) für 4 Pers. – HS / NS 500.– pro Nacht
9 Hütten (20 qm, mit Du/WC) für 4 Pers. – HS / NS 750.– pro Nacht
1 Bungalow (40 qm) für 6 Pers. – HS / NS 1100.– pro Nacht
Ausstattung: 1, 4, 5, 6, 7, 9, 11, 12, 14, 16, 18, 21, 22, 24 (je nach Unterkunft)
Sonstiges: Während des Mittsommers (19.6.–22.6.) zusätzliche Gebühr (80.–), Bettwäsche mitbringen oder mieten, zzgl. Buchungsgebühr (80.–)

2 2 23 23 14 14 2 WC 2 2 3
1 km 0.2 km 0.5 km
5 km 0.5 km 0.5 km D GB VISA Maestro Master Card

Karlshamn (S-37430) Blekinge

Kolleviks Camping **0322**

GPS: N 56°9'36.49'' E 14°53'42.87''
Tel. 04 54/8 12 10 – Fax 04 54/1 62 80
E-Mail: kollevik_camping@hotmail.com

S

F E ⊕2.0km
5m, 20000m² – Geöffnet: 1.5. – 15.9.
➜ E 22, Ausfahrt »Karlshamns hamnar«, beschildert »Kollevik«. Ca. 3 km südöstlich der Stadt
Hauptsaison: 11.6.–12.8. – RES empfohlen – (Preise 2009 in Euro)
Hütten: 14 Hütten (10 qm) für 4 Pers. – HS / NS 400.– pro Woche
40 Hütten (32 qm) für 4-5 Pers. – HS 400.– bis 491.– / NS 253.– bis 412.– pro Woche
Ausstattung: 2, 4, 5, 6, 7, 8, 9, 10, 11, 12, 16, 19, 21, 22 (je nach Unterkunft)
Sonstiges: Buchung der großen Hütten über Tourismusbüro Karlshamn, Tel: 0046 (0) 454 812 13, Bettwäsche und Handtücher selbst mitbringen oder mieten (50.–)
18 18 9 9 7 15 WC 2
1.5km D VISA Maestro MasterCard

Karlskrona (S-37124) Blekinge

First Camp Dragsö 0325

GPS: N 56°10'24.5'' E 15°34'5.9''
Tel. 04 55/1 53 54 – Fax 04 55/1 52 77 – E-Mail: dragso@firstcamp.se
F E ⊕1.0km
1m, 60000m² – Geöffnet: 4.4. – 12.10.
➜ E 22 bis Karlskrona. Auf der Insel Dragsö. Der Beschilderung Richtung Zentrum folgen, ca. 2,5 km außerhalb des Ortszentrums
Hauptsaison: 4.7.–10.8. – RES empfohlen – (Preise 2009)
Hütten: 1Hütte für 2 Pers. – HS 2600.– / NS 1900.– bis 2400.– pro Woche
10 Hütten für 4 Pers. – HS 3800.– / NS 2700.– bis 3400.– pro Woche
Hütten für 4+2 Pers. – HS 5400.– / NS 4500.– bis 5000.– pro Woche
Ausstattung: 1, 4, 5, 6, 7, 8, 9, 11, 12, 15, 18 (je nach Unterkunft)
Sonstiges: In der HS nur wochenweise Vermietung, Preise zzgl. Buchungsgebühr (80.–), zzgl. Rücktrittsversicherung (250.– pro Buchung), zzgl. Endreinigung (350.– oder selbst durchführen)
2 24 24 16 16 12 26 WC 6 4 7
W S 2km
S 2km 1.5km 8km 1km 6km 3km
D GB VISA Maestro MasterCard

Kalmar (S-39244) Kalmar

Stensö Camping 0328

Stensövägen / GPS: N 56°38'59.7'' E 16°19'39.07''

Tel. 04 80/8 88 03 – Fax 04 80/42 04 76
E-Mail: info@stensocamping.se

F E 0.3 km

2 m, 140 000m² – Geöffnet: 17.3. – 30.9.

➜ E 22 Karlskrona – Oskarshamn, Abfahrt Kalmar S. Ca. 3 km südlich Kalmar-Zentrum

Hauptsaison: 16.6.–24.8. – RES notwendig – (Preise 2008)
Hütten: 15 Campinghütten (15 qm) für 4 Pers. – HS 3000.– / NS 2400.– pro Woche
Ausstattung: 1, 6, 7, 8, 9, 16
Sonstiges: Bettwäsche mitbringen

30 30 16 16 40 WC 3 3 5 2 km 2 km 2 km 3 km 3 km D GB VISA Maestro Master Card

Urshult (S-36013) Kronoberg

Urshults Camping 0333

Sirkövägen 19 / GPS: N 56°32'38.94'' E 14°48'26.8''
Tel. 04 77/2 02 43 – Fax 04 77/4 80 46
E-Mail: info@urshult-camping.com

F 0.1 km

60 m, 25 000m² – Geöffnet: 1.5. – 30.9.

➜ E 22 Karlshamn – Karlskrona. Bei Ronneby abzweigen auf Straße 30 bis Tingsryd. Dort Straße 120 Richtung Ryd. Ca. 1 km nördlich Urshult

Hauptsaison: 20.6.–20.8. – RES notwendig – (Preise 2009)
Hütten: Hütten (14-20 qm) für max. 4-6 Pers. – HS 2400.– bis 3540.– / NS 2100.– bis 3120.– pro Woche
Hütten (28 qm, mit Du/WC) für 4+2 Pers. – HS 4680.– / NS 4140.– pro Woche
Ausstattung: 1, 4, 5, 7, 9, 12, 16 (je nach Unterkunft)
Sonstiges: Bettwäsche mitbringen oder mieten, zzgl. Endreinigung (300.–)

8 8 6 6 5 13 WC 2 3 1 km 0.9 km 1 km 0.9 km 0.9 km 1 km 1 km 2 km 1 km D GB VISA Master Card

Ryd (S-36010) Kronoberg

Getnö Gård Naturcamping 0335

GPS: N 56°35'3'' E 14°41'37''
Tel. 04 77/2 40 11, 2 40 21 – Fax 04 77/2 40 49
E-Mail: info@getnogard.se

F ☆

50 m, 250000m² – Geöffnet: 1.5. – 30.9. 12.00 – 13.00

➜ Straße 120 bzw. Straße 126 bis Älshult, beschilderter Abzweig nach Getnö Gård. Ca. 11 km von Ryd

Hauptsaison: 21.6.–29.8. – (Preise 2008/09)

Hütten und Ferienhäuser: Hütten (12-25 qm) für 2-4 Pers. – HS 2900.– bis 5000.– / NS 3200.– bis 4600.– pro Woche

Hütten (35 qm) für 4 Pers. – HS 4500.– / NS 3600.– pro Woche

Hütten (40-46 qm) für 6990.– bis 7300.– / NS 5100.– bis 6800.– pro Woche

Hütten (60-75 qm) für 6-8 Pers. – HS 5300.– bis 8000.– / NS 3000.– bis 6990.– pro Woche

Ferienhäuser (160-200 qm) für 10-18 Pers. – HS 10600.– bis 11800.– / NS 8000.– bis 10900.– pro W.

Ausstattung: 1, 4, 5, 6, 7, 8, 9, 10, 11, 12, 15, 16, 18, 19, 21, 22, 24 (je nach Unterkunft)

Sonstiges: Bettwäsche und Handtücher mitbringen oder mieten (160.–), zzgl. Endreinigung (ab 180.– pro Pers.), zzgl. Heizung (1000.–), Kaution erforderlich, Anreise samstags

3 17 17 11 11 12 WC 2 2 2

D GB VISA MasterCard

Älmhult (S-34394) Kronoberg

Sjöstugans Camping 0338

GPS: N 56°34'4.81'' E 14°7'54.82''

Tel. 04 76/7 16 00 – Fax 04 76/1 57 50 – E-Mail: info@sjostugan.com

F E ☆ H 0.5 km

25 m, 40000m² – Geöffnet: 1.5. – 20.9.

➜ E 22 Malmö – Kristianstad. Hinter Hurva abzweigen auf Straße 23 bis Älmhult. Hier Richtung Pjätteryd abbiegen. Ca. 2 km nördlich des Ortes

Hauptsaison: 18.6.–17.8. – RES empfohlen – (Preise 2009)

Hütten und Bungalows:

1 Hütte (9 qm) für 2 Pers. – HS 300.– / NS 275.– pro Nacht

7 Hütten (10 qm) für 4 Pers. – HS 400.– / NS 375.– pro Nacht

2 Hütten (16 qm) für 4 Pers. – HS 490.– / NS 450.– pro Nacht

Hütten (26 qm) für 4 Pers. – HS 490.– / NS 450.– pro Nacht

3 Bungalows (28 qm) für 4+2 Pers. – HS 775.– / NS 675.– pro Nacht

Ausstattung: 1, 4, 5, 6, 12, 16, 19, 21, 22

Sonstiges: Bettwäsche mitbringen oder mieten (50.–), zzgl. Endreinigung (50.– oder selbst durchführen)

12 12 10 10 12 WC 2 2 2 km

3 km 3 km 3 km

2 km D GB VISA Maestro AE MasterCard

Växjö (S-35263) Småland

Evedals Camping 0343

GPS: N 56°55'18.61'' E 14°49'9.15''
Tel. 04 70/6 30 34 – Fax 04 70/6 31 22
E-Mail: evedals.camping@telia.com

F E 0.2 km

165 m, 30 000m² – Geöffnet: 1.1. – 31.12.

➜ Von Kalmar Straße 25 bis Växjö. Dort Straße 23 Richtung Åseda. Ca. 5 km nördlich Växjö

RES empfohlen – (Preise 2009)
Ferienhäuser: 7 Ferienhäuser für 4-6 Pers. – HS / NS 700.– bis 1000.– pro Nacht
Ausstattung: 1, 6, 7, 8, 9, 10, 11, 12, 15, 16, 19
Sonstiges: Bettwäsche mitbringen

16 29 29 13 13 7 17 WC 2 2 3
0.5 km
2 km 5 km 5 km D GB VISA MasterCard

Hovmantorp (S-36051) Småland

Gökaskratts Camping 0348

Bruksallén / GPS: N 56°47'3'' E 15°7'46.61''
Tel. 04 78/4 08 07 – Fax 04 78/4 08 07
E-Mail: gokaskrattscamping@telia.com

F E 0.1 km

149 m, 60 000m² – Geöffnet: 1.4. – 30.9.

➜ Von Kalmar Straße 25 über Nybro und Lessebo nach Hovmantorp. Südlich des Ortes, beschildert

RES empfohlen – (Preise 2009)
Hütten: Hütten (15 qm) für 4 Pers. – HS 450.– / NS 350.– pro Nacht
Hütten (20 qm) für 5 Pers. – HS 550.– / NS 450.– pro Nacht
Ausstattung: 11, 12, 16, 19, 21, 22, 24
Sonstiges: Bettwäsche mitbringen

15 15 9 9 9 11 WC 2
D GB VISA MasterCard

Ljungby-Bolmen (S-34194) Kronoberg

Bolmens Camping 0349

GPS: N 56°54'14.19'' E 13°46'45.66''
Tel. 03 72/2 31 00 – Fax 03 72/2 31 00 – E-Mail: info@bolmen.com

S

140 m, 135 000m² – Geöffnet: 1.5. – 15.9.
➜ E 4 Helsingborg – Jönköping bis Ljungby. Dort Richtung Bolmstad/ Bolmsö. Ca. 14 km von Ljungby
Hauptsaison: 19.6.–11.8. – (Preise 2009)
Insgesamt 12 Hütten und Ferienhäuser: Hütten (14 qm, unterschiedliche Ausstattung) für 4 Pers. – HS 400.– / NS 350.– pro Nacht
Selbstversorger-Ferienhäuser (35-75 qm, mit Du/WC) für 4-8 Pers. – HS 600.– / NS 500.– pro Nacht
Ausstattung: 1, 4, 5, 6, 7, 8, 9, 10, 11, 12, 15, 19, 21, 22 (je nach Unterkunft)
19 19 9 9 4 13 WC 2 4

Bolmsö (S-34193) Småland

Bolmsö Camping 0351

Kyrkbyvägen 12 / GPS: N 57°0'24.9'' E 13°43'15''
Tel. 03 72/9 11 02 – Fax 03 72/9 11 02
E-Mail: info@bolmsocamping.se
F H 0.5 km
140 m, 32 000m² – Geöffnet: 1.5. – 30.9.
➜ E 4 Helsingborg – Jönköping, Ausfahrt 81 Lagan, Richtung Bolmsö. Nach ca. 25 km bei Tannåker über die Brücke zur Insel Bolmsö
Hauptsaison: 1.7.–31.8. – RES empfohlen – (Preise 2008)
Hütten: 12 Hütten (14 qm) für 4 Pers. – HS 2700.– / NS 2200.– bis 2500.– pro Woche
Ausstattung: 7, 9, 12, 16, 19
Sonstiges: Bettwäsche mitbringen
20 20 8 8 4 10 WC 3 2 4
0.1 km 0.1 km
D GB VISA Maestro Master Card

Värnamo (S-33140) Småland

Värnamo Camping 0354

GPS: N 57°11'25.66'' E 14°2'45.24''
Tel. 03 70/1 66 60 – Fax 03 70/4 71 50
E-Mail: info@varnamocamping.se
F H 0.5 km
157 m, 30 000m² – Geöffnet: 1.5. – 30.9.
➜ E 4 Helsingborg – Jönköping, Ausfahrt 85 Värnamo-Nord, noch ca. 2 km. Am nördlichen Ortsrand, ca. 200 m vom Zentrum

Hauptsaison: 1.6.–30.9. – (Preise 2009)
Hütten: 24 Hütten (12 qm) für 4 Pers. – HS 530.– / NS 360.– pro Nacht
Ausstattung: 8, 12, 18, 21, 22, 24
Sonstiges: Bettwäsche mitbringen, zzgl. Endreinigung
26 24 6 6 11 WC 2 2 7 0.3 km
0.4 km 0.3 km 0.1 km 0.1 km 2 km 0.1 km
0.2 km 0.4 km D GB VISA Maestro AE MasterCard

Hestra (S-33027) Småland

Isabergs Camping & Stugby 0356

GPS: N 57°26'9.1'' E 13°37'25.2''
Tel. 03 70/33 93 00 – Fax 03 70/33 93 29 – E-Mail: info@isaberg.com
F E
171 m, 20000m² – Geöffnet: 1.1. – 31.12.
➜ Aus Richtung Jönköping Straße 26 Richtung Halmstad bis Hestra.
Im Naturreservat Isaberg. Ca. 3 km südöstlich des Ortes, bei den Skiliften
Hauptsaison: 2.2.–5.4. – RES notwendig – (Preise 2009)
Hütten: 45 Hütten (36 qm) für 4-2 Pers. – HS 6280.– / NS 2955.– bis 5535.– pro Woche
25 Hütten (46.5 qm) für 4+2 Pers. – HS 7420.– / NS 3360.– bis 6355.– pro Woche
2 Hütten (157 qm) für 12 Pers. – HS 18735.– / NS 9725.– bis 16365.– pro Woche
Ausstattung: 1, 4, 5, 6, 7, 8, 9, 10, 11, 12, 13, 14, 15, 16, 24 (je nach Unterkunft)
Sonstiges: Bettwäsche und Handtücher mitbringen oder mieten (130.– pro Pers.), zzgl. Endreinigung (650.–), Kinderbetten und -stühle reservieren
12 12 6 6 4 10 WC 2 TV
3 km 0.3 km 0.3 km 0.3 km 3 km
3 km 5 km GB VISA Maestro AE MasterCard

Västervik (S-59353) Småland

Västervik SweCamp Lysingsbadet 0360

GPS: N 57°44'13.04'' E 16°40'22.12''
Tel. 04 90/25 48 50 – Fax 04 90/25 48 55
E-Mail: lysingsbadet@vastervik.se
F E
H 0.1 km
5 m, 40000m² – Geöffnet: 1.1. – 31.12.
➜ E 22 bis Västervik. Ca. 2 km südlich des Ortes, den weißen Schildern »Lysingsbadet« folgen

S

Hauptsaison: 15.6.–15.8. – (Preise 2009 in Euro)
Hütten und Ferienhäuser: 36 Hütten (10-18 qm) für 2-4 Pers. – HS 48.– bis 80.– / NS 23.– bis 39.– pro Nacht
6 Hütten (20 qm) für 4 Pers. – HS 123.– / NS 61.– pro Nacht
35 Hütten (23 qm) für 4 Pers. – HS 106.– bis 123.– / NS 54.– bis 61.– pro Nacht
12 Hütten (24-33 qm) für 4-5 Pers. – HS 88.– bis 138.– / NS 49.– bis 70.– pro Nacht
20 Hütten (34 qm) für 4-8 Pers. – HS 150.– bis 199.– / NS 79.– bis 101.– pro Nacht
34 Ferienhäuser (35-59 qm) für 4-6 Pers. – HS 172.– bis 219.– / NS 86.– bis 109.– pro Nacht
Ausstattung: 1, 4, 5, 6, 7, 8, 9, 10, 11, 12, 13, 14, 15, 18, 19, 21, 22 (je nach Unterkunft)
Sonstiges: Kindermöbel mieten (42.–), Zustellbett (24.– pro Nacht), Bettwäsche mieten (15.–)

100 100 40 40 19 214 WC 7 10
1.5 km
1.5 km 1.5 km 1.5 km 1.5 km
1.5 km D GB VISA MasterCard

Tranås (S-57382) Jönköping

Hättebadens Camping 0370

GPS: N 58°2'8.24'' E 15°1'47.49''
Tel. 01 40/1 74 82, 6 83 33 – Fax 01 40/6 84 04
E-Mail: hattebaden@tranas.se

F 0.2 km
155 m, 110000 m² – Geöffnet: 1.5. – 30.9.
→ E 4 Jönköping – Norrköping bis Mjölby. Straße 32 bis Tranås. Dort Straße 131 Richtung Hestra. Ca. 3 km östlich Tranås
Hauptsaison: 8.6.–9.8. – RES notwendig – (Preise 2009)
Hütten: 13 Hütten (14 qm) für 1-4 Pers. – HS 365.– / NS 300.– pro Nacht
1 Hütte (26 qm, mit Du/WC, behindertengerecht, rauch- und haustierfrei) für 4 Pers. – HS 620.– / NS 480.– pro Nacht
Ausstattung: 1, 4, 5, 6, 7, 8, 9, 12, 16, 19 (je nach Unterkunft)

20 20 12 12 7 15 WC 3 2 0.1 km
0.1 km 0.1 km 0.1 km 0.1 km 1 km 0.1 km
0.1 km 0.1 km 0.1 km 6 km 3 km 3 km 3 km
4 km 0.1 km D GB VISA MasterCard

Im Internet unter www.ecc-campingfuehrer.de finden Sie Links zu hunderten von Campingplätzen in ganz Europa. Viele von ihnen bieten auch Mietunterkünfte an.

Borgholm-Ekerum (S-38792) Öland

Ekerums Camping & Stugor **0411b**

GPS: N 56°47'38.07'' E 16°34'2.47''
Tel. 04 85/56 47 00 – Fax 04 85/56 47 01 – E-Mail: info@ekerum.nu

F E 1.0 km

5 m, 300000 m² – Geöffnet: 1.4. – 5.10.

➜ Über die Öland-Brücke. Dann Straße 136 nach Norden Richtung Borgholm. Nach ca. 20 km zum Platz abbiegen. Ca. 10 km südlich Borgholm

Hauptsaison: 29.6.–9.8. – (Preise 2009)
Hütten, Bungalows, Ferienhäuser und Mobilheime: 101 Hütten (8-30 qm) für 2-5 Pers. – HS 3180.– bis 7260.– / NS 1200.– bis 5340.– pro Woche
2 Bungalows (15-34 qm) für 4-5 Pers. – HS 4920.– bis 6420.– / NS 2340.– bis 4800.– pro Woche
31 Mobilheime (32-44 qm) für 6 Pers. – HS 7140.– bis 9240.– / NS 3720.– bis 6900.– pro Woche
14 Ferienhäuser (68-107 qm) für 6-10 Pers. – HS 11200.– bis 16280.– / NS 6900.– bis 12900.– pro Woche
Ausstattung: 1, 4, 5, 6, 7, 8, 9, 10, 11, 12, 15, 18, 19, 21, 22, 24
Sonstiges: Bettwäsche und Handtücher mitbringen oder mieten (100.– pro Set), zzgl. Endreinigung (oder selbst durchführen), Kinderstühle und -betten verfügbar

15 54 54 34 34 19 52 WC 7 5 6
TV 0.5 km
0.2 km 1 km D GB VISA AE

S

Löttorp (S-38074) Öland

Sandbybadets Camping **0416a**

Hagaby 3570 / GPS: N 57°10'25.37'' E 17°2'14.79''
Tel. 04 85/2 03 22 – Fax 04 85/2 07 73
E-Mail: info@sandbybadetscamping.se

F

5 m, 40000 m² – Geöffnet: 1.5. – 15.9.

➜ Über die Öland-Brücke. Dann Straße 136 nach Norden, über Borgholm Richtung Böda. Auf Höhe Löttorp beschilderter Abzweig

Hauptsaison: 18.6.–15.8. – (Preise 2009)
Insgesamt 19 Hütten: Hütten für 4 Pers. – HS 500.– bis 600.– / NS 325.– pro Nacht
Selbstversorgerhütten (mit Du/WC) für 4 Pers. – HS 750.– bis 950.– / NS 500.– pro Nacht
Ausstattung: 1, 4, 5, 7, 8, 9, 11, 12, 16, 19, 21, 22 (je nach Unterkunft)
Sonstiges: Bettwäsche mitbringen, zzgl. Buchungsgebühr (60.–), zzgl. Rücktrittsversicherung (250.–)
22 22 13 13 16 WC 3 2 6
0.3 km 2 km 2 km 0.3 km 0.3 km
D GB VISA MasterCard

Byxelkrok (S-38075) Öland

Krono Camping Böda Sand **0418**

GPS: N 57°16'26.83'' E 17°2'57.51''
Tel. 04 85/2 22 00 – Fax 04 85/2 23 76
E-Mail: bodasand@kronocampingoland.se

F E

5 m, 320 000 m² – Geöffnet: 6.4. – 5.9.
➜ Über die Öland-Brücke. Dann Straße 136 nach Norden, über Borgholm und Böda. Ca. 5 km nördlich Böda rechts abbiegen
Hauptsaison: 28.6.–9.8. – RES in der HS empfohlen – (Preise 2009)
Hütten und Bungalows: Hütten (5-13 qm) für 2-4 Pers. – HS 2750.– bis 4950.– / NS 1650.– bis 4455.– pro Woche
Hütten (18-20 qm) für 4-6 Pers. – HS 5915.– bis 7310.– / NS 3750.– bis 6760.– pro Woche
Hütten (34 qm) für 8 Pers. – HS 9775.– / NS 5500.– bis 8220.– pro Woche
Bungalows (27-36 qm) für 5-7 Pers. – HS 7890.– bis 8575.– / NS 4975.– bis 7390.– pro Woche
Bungalows (42 qm) für 6 Pers. – HS 8990.– / NS 5500.– bis 7945.– pro Woche
Ausstattung: 1, 2, 4, 5, 6, 7,8, 9, 10, 11, 12, 13, 14, 15, 16, 17, 18, 19, 21, 22 (je nach Unterkunft)
Sonstiges: Bettwäsche mitbringen oder mieten (125.–), zzgl. Endreinigung
10 60 60 52 52 28 88 WC 20 20
20 TV W
D GB VISA Maestro AE MasterCard

Färjestaden-Eriksöre (S-38693) Öland

Eriksöre Camping **0423a**

Ma'mgatan 35 / GPS: N 56°36'59.53'' E 16°27'4.09''
Tel. 04 85/3 94 50 – Fax 04 85/3 65 07 – E-Mail: info@eriksore.com

1 m, 100000m² – Geöffnet: 14.4. – 1.10.

➜ Über die Öland-Brücke, dann ca. 7 km nach Süden. Beschildert

Hauptsaison: 29.6.–2.8. – RES möglich – (Preise 2009)
23 Hütten und Mobilheime: Hütten (15 qm) für 4 Pers. – HS 4980.– / NS 2520.– bis 3900.– pro Woche
Hütten (17 qm) für 4 Pers. – HS 5940.– / NS 2940.– bis 4500.– pro Woche
Hütten (25 qm) für 4+1 Pers. – HS 7200.– / NS 3300.– bis 5400.– pro Woche
Hütten (50 qm) für 8 Pers. – HS 10990.– / NS 4740.– bis 8400.– pro Woche
Hütte (68 qm) für 10 Pers. – HS 8920.– / NS 4140.– bis 6240.– pro Woche
Mobilheime (32-45 qm) für 6 Pers. – HS 7990.– bis 8590.– / NS 3720.– bis 6420.– pro Woche
Ausstattung: 1, 3, 4, 5, 6, 7, 8, 9, 10, 11, 12, 15, 19, 21, 22 (je nach Unterkunft)
Sonstiges: zzgl. Reservierungsgebühr und Reiserücktrittsversicherung

25 25 16 16 16 31 WC 2 2 2
5 km 4 km 6 km 6 km 4 km
D GB VISA Maestro AE Master Card

S

Färjestaden-Möllstorp (S-38695) Öland

Möllstorps Camping **0423b**

Turistvägen / GPS: N 56°39'48.88'' E 16°28'31.76''
Tel. 04 85/3 93 88 – Fax 04 85/3 02 40
E-Mail: info@mollstorps-camping.se

F D 0.5 km

3 m, 150000m² – Geöffnet: 11.4. – 30.9.

➜ Über die Öland-Brücke, dann Richtung Süden, bei der 1. Abfahrt abzweigen. Beschildert

Hauptsaison: 14.6.–9.8. – RES notwendig – (Preise 2009)
Insgesamt 23 Hütten: Hütten (23 qm) für 4 Pers. – HS 4630.– / NS 3790.– pro Woche
Hütten (28 qm) für 4 Pers. – HS 4630.– / NS 3790.– pro Woche
Hütten (36 qm) für 5 Pers. – HS 5690.– / NS 4590.– pro Woche
Hütten (38 qm) für 5 Pers. – HS 6690.– / NS 5960.– pro Woche
Ausstattung: 1, 5, 6, 7, 8, 9, 11, 12, 15, 19, 21, 22
Sonstiges: ausschließlich Nichtraucherhäuser, Preise zzgl. Reiserücktrittsversicherung, zzgl. Endreinigung (oder selbst durchführen)

20 20 14 14 8 20 WC 2
D GB VISA Master Card

Färjestaden-Saxnäs (S-38695) Öland

Krono Camping Saxnäs 0423c

GPS: N 56°41'12.43'' E 16°28'59.04''
Tel. 04 85/3 57 00 – Fax 04 85/3 56 64 – E-Mail: info@kcsaxnas.se

F E

1 m, 120000m² – Geöffnet: 10.4. – 27.9.

→ Über die Öland-Brücke, dann Küstenstraße Richtung Norden. Nach ca. 2 km beschilderter Abzweig Richtung Saxnäs

Hauptsaison: 18.6.–9.8. – RES notwendig – (Preise 2009)
Hütten und Mobilheime: 6 Hütten (16 qm) für 4 Pers. – HS 950.– / NS 450.– bis 740.– pro Nacht
16 Hütten (20 qm) für 4 Pers. – HS 1050.– / NS 550.– bis 850.– pro Nacht
2 Hütten Typ 3 (24 qm) für 5 Pers. – HS 1150.– / NS 700.– bis 950.– pro Nacht
4 Hütten Typ 4 (27 qm) für 5 Pers. – HS 1150.– bis 1300.– / NS 700.– bis 1025.– pro Nacht
6 Mobilheime (21-32 qm) für 4-6 Pers. – HS 1100.– bis 1300.– / NS 600.– bis 1025.– pro Nacht
Ausstattung: 1, 2, 4, 5, 6, 7, 8, 9, 10, 11, 12, 15, 18, 19, 21, 22, 24
Sonstiges: Hütten (27 qm) teilweise behindertengerecht, Kaution erforderlich, Endreinigung durch den Mieter oder Abzug von der Kaution

3 44 44 55 55 21 52 WC 4 4 2 TV

A 3 km 0.2 km

3 km 2 km D GB VISA Maestro AE Master Card

Gotland 05

Fårösund (S-62035) Gotland

Strandskogens Camping Sudersand Fårö 0517

GPS: N 57°57'21.48'' E 19°14'57.96''
Tel. 04 98/22 36 72 – Fax 04 98/22 38 40
E-Mail: reception@strandskogen.org

F H 0.3 km

5 m, 20000m² – Geöffnet: 12.5. – 10.9.

→ Von Visby Straße 148 bis Fårösund, weiter Richtung Nordwesten, ca. 16 km. Beschildert

Hauptsaison: 26.6.–9.8. – (Preise 2009)
Insgesamt 12 Hütten: Hütten für 4 Pers. – HS / NS 130.– bis 220.– pro Nacht
Ausstattung: 6 (je nach Unterkunft)
Sonstiges: Bettwäsche mitbringen, Anreisetag Montag
7 7 7 5 5 3 7 2 2
2km 0.5km 0.1km 0.2km
GB

Slite-Åminne (S-62430) Gotland

Åminne Camping **0520**

GPS: N 57°36'44.4'' E 18°45'40.6''
Tel. 04 98/3 40 11 – Fax 04 98/3 43 23 – E-Mail: info@aminnefritid.se
F
1 m, 20000m² – Geöffnet: 1.5. – 6.9.
➜ Von Visby Straße 147 bis Slite, weiter Straße 146 Richtung Süden, ca. 7 km bis Åminne
Hauptsaison: 18.6.–4.7. – RES notwendig – (Preise 2009)
Hütten und Ferienhäuser: 10 Hütten (12 qm) für 4-5 Pers. – HS 495.– / NS 350.– pro Nacht
6 Hütten (18 qm) für 4 Pers. – HS 750.– / NS 500.– pro Nacht
25 Hütten (38-52 qm) für 5 Pers. – HS 880.– / 960.– / NS 590.– / 660.– pro Nacht
14 Hütten (50 qm) für 5 Pers. – HS 7500.– / NS 3500.–bis 5100.– pro Woche
3 Ferienhäuser (92 qm) für 8 Pers. – HS 9750.– / NS 4850.– bis 6800.– pro Woche
3 Ferienhäuser (125 qm) für 8 Pers. – HS 9950.– / NS 5150.– bis 7000.– pro Woche
Ausstattung: 1, 4, 5, 6, 7, 8, 9, 10, 11, 12, 13, 15, 16, 18, 21, 22, 24
Sonstiges: Bettwäsche mitbringen oder mieten (130.–), Kindermöbel (50.–/100.– pro Woche), zus. Pers. 80.– pro Nacht, zzgl. Endreinigung (800.– bis 1000.–)
13 13 9 9 4 10 2 TV
0.3km GB

Ljugarn (S-62016) Gotland

Ljugarns Camping **0525**

Strandvägen 51 / GPS: N 57°20'20'' E 18°43'3''
Tel. 04 98/49 31 17 – Fax 04 98/49 31 17 – E-Mail: info@semesterby.se
F 1.0km
1 m, 50000m² – Geöffnet: 1.5. – 30.9.

S

→ Von Visby Straße 143, später Straße 144 bis Ljugarn. Dort Richtung Meer, ca. 2 km. Beschildert
Hauptsaison: 29.6.–9.8. – (Preise 2009)
Insgesamt 24 Hütten: Hütten (38-44 qm) für 4-6 Pers. – HS 1200.– bis 1400.– / NS 800.– pro Nacht
Hütten (23 qm) für 4 Pers. – HS 900.– / NS 800.– pro Nacht
Hütten (35 qm) für 4 Pers. – HS 1100.– bis 1200.– / NS 800.– pro Nacht
Ausstattung: 1, 3, 4, 5, 6, 7, 8, 10, 12, 16
Sonstiges: zzgl. Buchungsgebühr (50.–), zzgl. Reiserücktrittsversicherung (295.–), zzgl. Endreinigung (850.–)
6 6 10 10 5 12 WC 2 2 3 TV W
0.5 km 0.3 km 0.5 km 0.3 km 0.1 km 0.6 km
0.4 km 1 km 0.1 km 0.3 km 2 km
D GB NL VISA AE MasterCard

Seenplatte
Le Plateau des Lacs
Lakes
06

Vänersborg (S-46221) Västra Götaland

Ursands Camping 0613

GPS: N 58°24'56.85'' E 12°19'19.1''
Tel. 05 21/1 86 66 – Fax 05 21/6 86 67
E-Mail: ursandscamping@telia.com
F H 0.1 km
46 m, 45000m² – Geöffnet: 28.4. – 11.9.
→ Von Göteborg Straße 45 über Vänersborg Richtung Mellerud, beschilderter Abzweig. Ca. 5 km nördlich Vänersborg
Hauptsaison: 15.6.–16.8. – (Preise 2009)
Insgesamt 25 Hütten: Hütten (20-35 qm, mit Du/WC) für 4-6 Pers. – HS 4200.– bis 6600.– / NS 2300.– bis 3900.– pro Woche
Hütten (9-14 qm, ohne Du/WC) für 2-4 Pers. – HS 2500.– bis 3300.– / NS 1800.– bis 1900.– pro Woche
Übernachtungshütten (9 qm, ohne Du/WC) – HS 340.– / NS 290.– pro Nacht
Ausstattung: 1, 2, 4, 5, 6, 7, 8, 9, 12, 18, 19, 21, 22 (je nach Unterkunft)
Sonstiges: Für die Übernachtungshütten gilt eine Gebühr für die Nutzung der Sanitäranlagen (125.–), zzgl. Buchungsgebühr (50.–), Bettwäsche und Handtücher mitbringen oder mieten (75.–), zzgl. Endreinigung (400.– oder selbst durchführen)
25 20 8 8 12 16 WC 2 4
4 km
D GB VISA Maestro MasterCard

Mellerud (S-46421) Västra Götaland

Mellerud SweCamp Vita Sandar 0615

GPS: N 58°41'20.76'' E 12°31'1.44''
Tel. 05 30/1 22 60 – Fax 05 30/1 29 34
E-Mail: mail@vitasandarscamping.se

F E 4.0 km

52 m, 140 000m² – Geöffnet: 1.1. – 31.12.

→ Straße 45 Richtung Mellerud. Aus südlicher Richtung: Dalslandsgatan nach rechts abbiegen, der Ausschilderung folgen. Aus nördlicher Richtung: Der Straße nach Sunnanå hamn (Hafen) folgen. Ca. 4 km östlich des Ortes

Hauptsaison: 5.6.–9.8. – (Preise 2009)
Hütten: 26 Hütten (11.5+6 qm Terrasse) für 4 Pers. – HS 3600.– / NS 3100.– pro Woche
4 Hütten (11.5+6 qm Terrasse) für 2 Pers. – HS 2200.– bis 3100.– / NS 1700.– bis 2700.– pro Woche
Mietwohnwagen (33 qm) für 6 Pers. – HS 8600.– / NS 6600.– pro Woche
Ausstattung: 1, 4, 5, 6, 7, 8, 9, 19 (je nach Unterkunft)
Sonstiges: Bettwäsche und Handtücher mitbringen, zzgl. Endreinigung (auf Bestellung, 300.– bis 600.–)

25 25 13 13 2 23 WC 2 2 8
W 5 km 5 km
2 km D GB VISA MasterCard

Dals Långed (S-66010) Västra Götaland

Laxsjöns Camping & Friluftsgård 0617

GPS: N 58°57'10.35'' E 12°15'12.44''
Tel. 05 31/3 00 10 – Fax 05 31/3 05 55 – E-Mail: office@laxsjon.se

F E 0.3 km

75 m, 320 000m² – Geöffnet: 1.1. – 31.12.

→ Straße 45 von Vänersborg bis Åmål. Dort Straße 164 Richtung Billingfors, abzweigen nach Dals Långed. Noch ca. 3 km. Ca. 3 km von Dals Långed

RES notwendig – (Preise 2009)
Hütten: Hütten für 4 Pers. – HS 2630.– bis 3295.– / NS 2040.– bis 2550.– pro Woche
Hütten für 4+2 Pers. – HS 3680.– bis 4730.– / NS 2880.– bis 3780.– pro Woche
Hütten (mit Du/WC) für 8 Pers. – HS 5465.– / NS 3840.– pro Woche
Ausstattung: 1, 4, 5, 6, 7, 9 (je nach Unterkunft)
Sonstiges: Hütten teilweise ohne Wasseranschluss

S

20 20 18 18 7 17 WC 3 6
S
GB VISA Maestro AE MasterCard

Säffle (S-66194) Värmland

Duse Udde Camping **0621**

GPS: N 59°4'58.19'' E 12°53'6.44''
Tel. 05 33/4 20 00 – Fax 05 33/4 20 02 – E-Mail: duseudde@krokstad.se

F E

50 m, 100 000m² – Geöffnet: 28.4. – 17.9.

➜ Von Vänersborg Straße 45 nach Norden bis Säffle. Ca. 6 km südlich des Ortes, beim Leuchtturm Duse

Hauptsaison: 19.6.–15.8. – (Preise 2009)
Insgesamt 52 Hütten: Hütten für 4 Pers. – HS 440.– bis 730.– / NS 380.– bis 490.– pro Nacht
Hütten für 4+2 Pers. – HS 990.– / NS 690.– bis 720.– pro Nacht
Ausstattung: 1, 4, 5, 6, 7, 8, 9, 15 (je nach Unterkunft)

22 22 16 16 10 36 WC 2 2 8
TV W 1 km
6 km 6 km 6 km 6 km 6 km 6 km
D GB VISA Maestro MasterCard

Karlstad (S-65346) Värmland

First Camp Karlstad Skutberget **0625a**

GPS: N 59°22'28.29'' E 13°23'16.35''
Tel. 0 54/53 51 20 – Fax 0 54/53 51 21 – E-Mail: karlstad@firstcamp.se

F E

47 m, 150 000m² – Geöffnet: 1.1. – 31.12.

➜ E 18 Richtung Karlstad. Ca. 7 km westlich des Stadtzentrums

Hauptsaison: 20.6.–13.8. – (Preise 2008)
Insgesamt 50 Hütten und Ferienhäuser: Hütten (12 qm, ohne Du/WC) für 4 Pers. – HS 590.– / NS 490.– pro Nacht
Selbstversorger-Ferienhaus (20+9 qm Veranda, mit Du/WC) für 4-5 Pers. – HS 990.– / NS 790.– pro Nacht
Ausstattung: 1, 4, 5, 6, 7, 8, 9, 10, 11, 12, 15, 19, 21, 22, 24 (je nach Unterkunft)
Sonstiges: Bettwäsche mitbringen oder mieten (100.–)

2 28 28 18 18 14 25 WC 4 4 4
8 km
6 km 6 km D GB VISA MasterCard

**Die Angebote rund um Service und Unterhaltung unterscheiden sich in den skandinavischen Ländern teilweise stark.
Daher gilt: Je genauer Sie sich vor Buchung Ihrer Urlaubsreise informieren, desto angenehmer und schöner werden Sie Ihren Urlaub genießen können.**

Karlstad (S-65346) Värmland

Karlstad SweCamp Bomstad-Baden **0625b**

GPS: N 59°21'39.44'' E 13°21'43.7''
Tel. 0 54/53 50 68 – Fax 0 54/53 53 75
E-Mail: info@bomstad-baden.se

F E D 0.1 km

50 m, 90000m² – Geöffnet: 1.1. – 31.12.

➜ E 18 Richtung Karlstad. Ca. 9 km westlich des Stadtzentrums

Hauptsaison: 18.6.–9.8. – RES empfohlen – (Preise 2009)
Hütten und Bungalows: Hütten (10 qm) für 2-4 Pers. – HS 440.– bis 540.– / NS 290.– bis 390.– pro Nacht
Hütten (14 qm) für 4 Pers. – HS 640.– / NS 440.– bis 490.– pro Nacht
Hütten (24 qm) für 2-4 Pers. – HS 890.– / NS 590.– bis 690.– pro Nacht
Bungalows (40 qm) für 6 Pers. – HS 1290.– / NS 790.– bis 990.– pro Nacht
Ausstattung: 1, 4, 5, 6, 7, 9, 10, 12, 13, 15, 16, 19, 21, 22, 24 (je nach Unterkunft)
Sonstiges: Bettwäsche mitbringen oder mieten (75.– pro Person), zzgl. Endreinigung (259.– bis 450.– oder selbst durchführen)

4 28 20 16 16 4 16 WC 2 2 4
2 km 9 km 6 km 6 km
8 km D GB VISA MasterCard

Årjäng (S-67291) Värmland

Årjäng Camping & Cabins Sommarvik **0627**

GPS: N 59°22'4.81'' E 12°8'26.51''
Tel. 05 73/1 20 60 – Fax 05 73/1 20 48
E-Mail: sommarvik@sommarvik.se

F E D

125 m, 160000m² – Geöffnet: 1.1. – 31.12.

➜ E 18 Karlstad – Årjäng. Beschilderter Abzweig. Ca. 3 km südlich des Ortes

S

Hauptsaison: 3.7.–9.8. – RES notwendig – (Preise 2009)
Hütten und Mobilheime: Hütten (10 qm, ohne Du/WC) für 4 Pers. – HS 450.– / NS 390.– pro Nacht
10 Hütten (15.5+7.5 qm Terrasse) für 2+1 Pers. – HS 690.– / NS 525.– pro Nacht
17 Hütten (25-31 qm) für 3+2 Pers. – HS 790.– / NS 625.– pro Nacht
15 Hütten (26-30 qm) für 4+1 Pers. – HS 790.– / NS 590.– pro Nacht
1 Hütte (56 qm) für 6+4 Pers. – HS 1390.– / NS 990.– pro Nacht
1 Hütte für 20 Pers. – HS 3000.– / NS ab 2400.– pro Nacht
5 Mobilheime (32 qm) für 6+2 Pers. – HS 1190.– / NS 890.– pro Nacht
Ausstattung: 1, 4, 5, 6, 7, 8, 9, 10, 11, 12, 13, 14, 15, 18, 19, 21, 22
Sonstiges: Bettwäsche / Handtücher mitbringen oder mieten (100.– / 20.– pro Set)

4 34 34 23 23 9 30 WC 4 3 8
W A 3 km
1 km 2 km 1 km 5 km 4 km
D GB F NL VISA Maestro AE Master Card

Kil (S-66591) Värmland

Frykenbadens Camping 0629

GPS: N 59°32'40.61'' E 13°20'30.48''
Tel. 05 54/4 09 40 – Fax 05 54/4 10 10 – E-Mail: info@frykenbaden.se

F

60 m, 40000m² – Geöffnet: 1.1. – 31.12.
→ Von Karlstad Straße 61 bis Kil. Dann noch ca. 6 km nach Norden. An der Ostseite des Sees Nedre Frykensjön
Hauptsaison: 17.6.–9.8. – (Preise 2009)
Hütten und Mobilheime: Hütten (ohne Du/WC) – HS 550.– / NS 450.– pro Nacht
Hütten (mit Du/WC) – HS 750.– / NS 600.– pro Nacht
Mobilheim – HS 900.– / NS 700.– pro Nacht
Ausstattung: 1, 4, 5, 6 (je nach Unterkunft)
Sonstiges: zzgl. Stromgebühren (50.– pro Nacht)
30 30 14 14 8 22 WC 2
D VISA Master Card

Arvika (S-67191) Värmland

Arvika SweCamp Ingestrand 0631

GPS: N 59°37'25.05'' E 12°36'27.97''
Tel. 05 70/1 48 40 – Fax 05 70/1 23 38 – E-Mail: ingestrand@arvika.se

F E

50 m, 90000m² – Geöffnet: 1.1. – 31.12.

→ Straße 61 bis Arvika. Dort Straße 175 nach Süden. Ca. 5 km südlich Arvika
Hauptsaison: 1.6.–31.8. – RES empfohlen – (Preise 2009)
Hütten: 21 Hütten (9 qm) für 4 Pers. – HS 300.– / NS 200.– pro Nacht
15 Hütten (12-20 qm) für 4-5 Pers. – HS 400.– bis 500.– / NS 300.– bis 400.– pro Nacht
1 Hütte (20 qm) für 4 Pers. – HS 700.– / NS 575.– pro Nacht
1 Hütte (23 qm) für 4 Pers. – HS 750.– / NS 625.– pro Nacht
1 Hütte (36 qm) für 5 Pers. – HS 850.– / NS 725.– pro Nacht
7 Hütten (57 qm) für 6 Pers. – HS 950.– / NS 775.– pro Nacht
1 »Seehütte« (25 qm) für 4 Pers. – HS 450.– / NS 300.– pro Nacht
Ausstattung: 1, 3, 4, 5, 6, 7, 9, 10, 11, 12, 15, 16, 18 (je nach Unterkunft)
Sonstiges: Bettwäsche mitbringen oder mieten, zzgl. Endreinigung (250.–)

16 8 16 16 2 15 WC 4 2 0.3 km 5 km 5 km 5 km 4 km 5 km 9 km 5 km 0.2 km D GB VISA Maestro Master Card

Torsby (S-68533) Värmland

Torsby Camping Bredviken 0632

Rattsjöberg 5 / GPS: N 60°5'31.29'' E 13°1'48.3''
Tel. 05 60/7 10 95 – Fax 05 60/3 01 97
E-Mail: info@torsbycamping.se

F D 0.6 km
80 m, 80 000 m² – Geöffnet: 1.5. – 15.9.
→ Straße 45 Richtung Torsby. Ca. 5 km südlich des Ortes, beschildert
RES notwendig – (Preise 2009)
Hütten: Hütten in verschiedenen Varianten für 2 bis 8 Pers. – HS / NS 470.– bis 1090.– pro Nacht
Ausstattung: 4, 5, 6, 7, 8, 9, 10, 11, 12, 13, 15, 19, 21, 22 (je nach Unterkunft)
Sonstiges: Bettwäsche mitbringen, zzgl. Endreinigung

WC 7 km
D VISA Master Card

Vägsjöfors (S-68594) Värmland

Abbas Stugby & Camping 0633

Nötön 1 / GPS: N 60°18'30.65'' E 13°2'24.8''
Tel. 05 60/3 10 38, 3 03 60 – Fax 05 60/3 03 61
E-Mail: info@abbasstugby.se

F
200 m, 20 000 m² – Geöffnet: 1.1. – 31.12.

➜ Straße 45 Richtung Vägsjöfors. Ca. 2 km nördlich des Ortes. Beschildert
RES notwendig – (Preise 2009)
Hütten und Bungalows: 8 Hütten (12 qm, ohne Du/WC) für 4 Pers. – HS / NS 300.– bis 650.– pro Nacht
2 Hütten (45 qm) für 4-6 Pers. – HS / NS 750.– pro Nacht
7 Hütten (60 qm) für 5-6 Pers. – HS / NS 760.– pro Nacht
Bungalow (95 qm) für 6 Pers. – HS / NS 1150.– pro Nacht
Ausstattung: 1, 4, 5, 6, 7, 9, 10, 11, 15, 16, 19, 21, 22
Sonstiges: Bettwäsche mitbringen oder mieten (80.–), Stromabrechnung nach Verbrauch, zzgl. Endreinigung (ab 200.– oder selbst durchführen), Anzahlung erforderlich
12 12 13 13 9 WC 2 2 3 A
9 km S
D GB F NL VISA Maestro MasterCard

Sysslebäck (S-68060) Värmland

Sysslebäcks Fiskecamping **0634**

Badhusvägen 2 / GPS: N 60°42'38.24'' E 12°53'7.1''
Tel. 05 64/1 05 14 – Fax 05 64/1 01 96 – E-Mail: info@syssleback.se
F E H 0.2 km
152 m, 42 000m² – Geöffnet: 1.1. – 31.12.
➜ Von Karlstad Straße 62 nach Norden bis Sysslebäck. Ca. 2 km südlich des Ortes zwischen Straße 62 und dem Klarälven
Hauptsaison: 18.6.–15.8. – (Preise 2009)
Hütten und Ferienhäuser: 17 Hütten (mit WC) für 4 Pers. – HS 545.– bis 600.– / NS 450.– bis 500.– pro Nacht
1 Selbstversorger-Ferienhaus (mit Du/WC) für 4+3 Pers. – HS 645.– / NS 590.– pro Nacht
1 Selbstversorger-Ferienhaus (mit Du/WC) für 6+1 Pers. – HS 850.–/ NS 650.– pro Nacht
Ausstattung: 1, 3, 4, 5, 6, 7, 8, 9, 10, 11, 12, 15, 19, 24 (je nach Unterkunft)
Sonstiges: Im Winter Mindestaufenthalt 2 Nächte (sonst 150.– Zuschlag)
9 9 9 9 5 11 WC 2 4 3
2.5 km 3 km 8 km 8 km 8 km
8 km 1 km 3 km D GB VISA MasterCard

Kristinehamn (S-68143) Värmland

Kvarndammens Camping **0635**

Bartilsbrovägen / GPS: N 59°18'51.33'' E 14°8'52.17''
Tel. 05 50/8 81 95 – Fax 05 50/1 23 93
E-Mail: kvarndammenscamping@kristinehamn.se

F E H 0.1 km

100 m, 30000m² – Geöffnet: 1.3. – 30.11.

➜ E 18 Örebro – Karlskoga – Kristinehamn, ca. 2 km östlich des Stadtzentrums

Hauptsaison: 11.6.–26.8. – (Preise 2009)
Hütten: 16 Hütten (12-16 qm) für 2-4 Pers. – HS 480.– bis 540.– / NS 360.– bis 420.– pro Nacht
Ausstattung: 6, 7, 8, 9, 18, 21, 22
Sonstiges: Bettwäsche bzw. Schlafsäcke mitbringen oder mieten, zzgl. Endreinigung (150.– oder selbst durchführen), 2 behindertengerechte Hütten (16 qm)

20 6 8 6 10 10 WC
3 km 3 km

Mariestad (S-54245) Västra Götaland

Ekuddens Camping **0641**

GPS: N 58°42'55.39'' E 13°47'42.56''
Tel. 05 01/1 06 37 – Fax 05 01/1 86 01

F E

100 m, 150000m² – Geöffnet: 1.5. – 15.9.

➜ E 20 Göteborg – Örebro bis Mariestad. Ca. 2 km nordwestlich des Stadtzentrums. Beschildert

Hauptsaison: 15.6.–15.8. – (Preise 2008)
Insgesamt 27 Hütten und Bungalows (alle ohne Du/WC): Hütten für 2 Pers. – HS / NS 1900.– pro Woche
Hütten für 4 Pers. – HS / NS 2900.– pro Woche
Bungalows für 4-6 Pers. – HS / NS 3500.– pro Woche
Ausstattung: 1, 6, 6, 7, 8, 9, 10, 11, 12, 18 (je nach Unterkunft)
Sonstiges: Bettwäsche mitbringen

18 6 16 16 5 22 WC
0.5 km 0.5 km

S

Hällekis (S-53394) Västra Götaland

Camping Kinnekulle **0644**

GPS: N 58°37'24.1'' E 13°22'50.3''
Tel. 05 10/54 41 02 – Fax 05 10/54 41 02
E-Mail: info@kinnekullecamping.com

F E D
H 3.0 km

5 m, 90000m² – Geöffnet: 21.4. – 10.9.

➜ E 20 Göteborg – Mariestad. Nördlich Götene abzweigen auf Straße 44 Richtung Lidköping. Nach ca. 10 km bei Köllby abzweigen Richtung Hällekis. Ca. 4 km vom Ort, beim alten Hafen

Hauptsaison: 15.6.–23.8. – RES notwendig – (Preise 2009)
Hütten: 15 Hütten (10-15 qm) für 2-4 Pers. – HS / NS 300.– bis 450.– pro Nacht
Ausstattung: 1, 2, 7, 8, 9, 12, 13, 14, 16, 18, 21
Sonstiges: Bettwäsche mitbringen oder mieten, zzgl. Endreinigung

12 3 25 10 19 19 9 22 WC 2 2 7
W 3 km 0.5 km
4 km 5 km 3 km D GB VISA Maestro MasterCard

Lidköping (S-53154) Västra Götaland

SweCamp Krono Camping Lidköping 0647

Läckögatan / GPS: N 58°30'50.42'' E 13°8'26.05''
Tel. 05 10/2 68 04 – Fax 05 10/2 11 35
E-Mail: info@kronocamping.com

F E H 0.1 km

2 m, 100 000 m² – Geöffnet: 1.1. – 31.12.

➜ E 20 Göteborg – Mariestad. Nördlich Götene abzweigen auf Straße 44 bis Lidköping. Am Vänern, ca. 1 km nördlich der Stadt

Hauptsaison: 14.6.–9.8. – (Preise 2009)
Hütten: Hütten (9 qm) für 2 Pers. – HS 3100.– / NS 2400.– bis 2700.– pro Woche
Hütten (18 qm) für 4 Pers. – HS 5200.– / NS 2790.– bis 3800.– pro Woche
Hütten (25 qm) für 4 Pers. – HS 7500.– / NS 4500.– bis 5100.– pro Woche
Hütten (25 qm) für 4+1 Pers. – HS 6500.– / NS 4150.– bis 4950.– pro Woche
Sonstiges: Kissen, Decken und Bettwäsche mitbringen

4 14 14 18 18 2 11 WC 4 2 2
TV 0.2 km 0.3 km 2 km
D GB F VISA MasterCard

Falköping (S-52132) Skaraborg

Mössebergs Camping 0650

Lidgatan 4 / GPS: N 58°10'35.5'' E 13°31'39.74''
Tel. 05 15/1 73 49 – Fax 05 15/1 00 43
E-Mail: mossebergscamping@telia.com

E H 0.1 km

327 m, 33 000 m² – Geöffnet: 1.1. – 31.12.

➜ E 20 Göteborg – Mariestad. Bei Skara abzweigen auf Straße 184 nach Süden bis Falköping. Ca. 1 km westlich der Stadt

Hauptsaison: 22.6.–10.8. – (Preise 2009)

Ferienhäuser: 14 Ferienhäuser – HS 600.– / NS 500.– pro Nacht

Ausstattung: 1, 4, 5, 6, 7, 8, 9, 11, 12, 15, 16, 21, 22, 24

Sonstiges: Nichtraucher- und Allergikerhäuser auf Anfrage, zzgl. Strom (40.– pro Nacht)

11 11 9 9 5 10 WC 3 4

1 km 0.3 km 3.5 km 3.5 km 7.5 km 3 km 2 km

2.5 km 2.5 km 3.5 km

D GB VISA Maestro AE MasterCard

Jönköping (S-55454) Jönköping

Jönköping SweCamp Villa Björkhagen 0656

Friggagatan 31 / GPS: N 57°47'13.53'' E 14°13'4.65''

Tel. 0 36/12 28 63 – Fax 0 36/12 66 87

E-Mail: villabjorkhagen@swipnet.se

F E H 0.6 km

30 m, 20000 m² – Geöffnet: 1.1. – 31.12.

➜ E 4 Richtung Jönköping, Ausfahrt Elmia. Ca. 3 km östlich des Stadtzentrums. Beschildert

Hauptsaison: 1.6.–15.9. – RES empfohlen – (Preise 2009)

Hütten: 22 Hütten (16-20 qm) für 4-6 Pers. – HS / NS 695.– bis 795.– pro Nacht

Ausstattung: 1, 2, 4, 5, 6, 7, 8, 9, 12, 15, 16, 19, 21, 22

Sonstiges: Bettwäsche mitbringen oder mieten, zzgl. Strom und Endreinigung

6 27 27 20 20 WC TV

1 km 0.5 km 0.5 km 0.5 km 1 km

S 1 km 1 km 1 km 1 km 3 km 1 km 1 km

1 km 1 km 1 km 5 km 3 km 1.5 km 2 km 3 km

D GB VISA Maestro AE MasterCard

S

Gränna (S-56391) Jönköping

Getingaryds Familjecamping 0657

GPS: N 58°5'44.29'' E 14°32'7.72''

Tel. 03 90/2 10 15, 2 11 13 – E-Mail: getingaryd.camping@tele2.se

F E H 0.1 km

90 m, 10000 m² – Geöffnet: 1.5. – 30.9.

➜ E 4 Jönköping – Norrköping, Abfahrt bei Motel Vida Vättern, Richtung Gränna. Ca. 9 km nördlich Gränna

Hauptsaison: 12.6.–23.8. – RES empfohlen – (Preise 2009)
Hütten: 14 Hütten (12-22 qm) für 4-5 Pers. – HS 380.– / NS 350.– pro Nacht
Ausstattung: 1, 2, 9, 12, 16, 21
Sonstiges: Bettwäsche mitbringen

14 14 6 6 4 7 WC 3
9 km 5 km 9 km 9 km D GB F

Vadstena (S-59294) Östergötland

Vätterviksbadets Camping **0659**

GPS: N 58°27'52.35'' E 14°56'0.46''
Tel. 01 43/1 27 30 – Fax 01 43/1 41 48
E-Mail: kajsa.trugg@vadstena.se

F E D 0.1 km
88 m, 140000 m² – Geöffnet: 1.5. – 31.8.

➜ E 4 Jönköping – Norrköping bis Ödeshög. Dort Straße 50 Richtung Motala bis Vadstena. Ca. 3 km nördlich des Ortes

RES empfohlen – (Preise 2009)
Hütten: 13 Hütten (8 qm) für 2 Pers. – HS / NS 350.– pro Nacht
15 Hütten (24 qm) für 4 Pers. – HS / NS 600.– bis 900.– pro Nacht
Ausstattung: 1, 2, 4, 5, 6, 7, 8, 9, 12, 15, 16, 19, 21, 22 (je nach Unterkunft)
Sonstiges: Bettwäsche mitbringen

54 50 39 39 16 55 WC 3
3 km 3 km 6 km
D GB VISA Maestro Master Card

Linköping (S-58437) Östergötland

Glyttinge Camping **0661**

Berggårdsvägen 6 / GPS: N 58°25'16.94'' E 15°33'40.88''
Tel. 0 13/17 49 28 – Fax 0 13/17 59 23
E-Mail: glyttinge@nordiccamping.se

F E 0.4 km
18 m, 66000 m² – Geöffnet: 1.1. – 31.12.

➜ E 4 Jönköping – Norrköping, Ausfahrt Linköping-Zentrum. Ca. 4 km nördlich des Ortes

RES empfohlen – (Preise 2009)
Insgesamt 15 Hütten: Hütten (10 qm) für 4 Pers. – HS / NS 495.– pro Nacht
Hütten (14 qm) für 4 Pers. – HS / NS 595.– pro Nacht
Hütten (20 qm) für 5-6 Pers. – HS / NS 795.– pro Nacht
Ausstattung: 1, 6, 9, 12 (je nach Unterkunft)

39 39 12 12 9 19 8 4
2 km 2 km 5 km 5 km 5 km 5 km 5 km
5 km 3 km (D) (GB)

Örebro (S-70230) Örebro

Camping Gustavsvik 0664

Sommarrovägen / GPS: N 59°15'15.95'' E 15°11'28.16''
Tel. 0 19/19 69 50 – Fax 0 19/19 69 61
E-Mail: camping@gustavsvik.se

F E 0.1 km

30 m, 120000m² – Geöffnet: 15.4. – 5.11.

➜ E 18 Eskilstuna – Kristinehamn. Oder E 20 von Göteborg bis Örebro. Dort Richtung Hallsberg, ca. 1 km südlich Örebro-Zentrum

Hauptsaison: 25.6.–9.8. – RES notwendig – (Preise 2009)
Insgesamt 20 Hütten und Ferienhäuser: Hütten (15 qm, ohne Du/WC) für 4+1 Pers. – HS 985.– / NS 650.– bis 880.– pro Nacht
Selbstversorger-Ferienhäuser (20 qm, mit Du/WC, Internetanschluss und Safe) für 4+1 Pers. – HS 1195.– / NS 850.– bis 1090.– pro Nacht
Selbstversorger-Ferienhäuser (30 qm) – HS 1425.– / NS 1030.– bis 1220.– pro Nacht
Ferienhäuser (35 qm) für 4 Pers. – HS 1495.– / NS 1080.– bis 1290.– pro Nacht
Ausstattung: 1, 4, 5, 6, 7, 8, 9, 10, 11, 12, 15, 18, 19, 21, 22
Sonstiges: Im Juli nur wochenweise Vermietung ab Samstag/Sonntag, Bettwäsche mitbringen. Eintritt ins Frei- und Hallenbad incl., für Erlebnisbad und Wellnessbereich ermäßigt

17 53 53 34 34 17 53 5 5
17 0.3 km
0.3 km 0.5 km 1.5 km 0.5 km 0.5 km
(D) (GB) (F)

S

Hällefors (S-71293) Örebro

Sörälgens Camping 0670

Sör. Älgen 200 / GPS: N 59°47'26'' E 14°34'20.4''
Tel. 05 91/1 51 50 – E-Mail: soralgenscamping@telia.com

F E D 1.0 km

250 m, 75000m² – Geöffnet: 1.5. – 30.9.

➜ Straße 50 Örebro – Borlänge, hinter Kopparberg abzweigen auf Straße 63 Richtung Hällefors. Ca. 2 km vom Ort. Beschildert

Hauptsaison: 13.6.–24.8. – RES empfohlen – (Preise 2009)
Hütten: 10 Hütten (9-16 qm) für 2-4 Pers. – HS / NS 290.– bis 490.– pro Nacht (je nach Belegung)
Ausstattung: 11, 12, 19
Sonstiges: Bettwäsche mitbringen, Kaution erforderlich

16 16 10 10 4 16 3 2 4

3 km 2.5 km

3 km (D) (GB) (F) (NL)

Hallstahammar (S-73427) Västmanland

Skantzö Bad & Camping 0680

GPS: N 59°36'36.78'' E 16°13'38.48''
Tel. 02 20/2 43 05 – Fax 02 20/2 41 87
E-Mail: turism@hallstahammar.se

F E 0.1 km

50 m, 40000 m² – Geöffnet: 30.4. – 27.9.

→ E 18 Örebro – Stockholm. Vor Västerås abbiegen auf Straße 252 nach Hallstahammar. Ca. 1 km westlich des Ortes

Hauptsaison: 5.6.–16.8. – (Preise 2009)
Hütten und Ferienhäuser: 12 Hütten (12 qm, ohne Du/WC) für 4 Pers. – HS 500.– / NS 400.– pro Nacht
10 Selbstversorger-Ferienhäuser (31 qm, mit Du/WC) für 6 Pers. – HS 750.– / NS 600.– pro Nacht
Ausstattung: 1, 4, 5, 6, 7, 8, 9, 12, 19, 21, 22, 24 (je nach Unterkunft)
Sonstiges: Bettwäsche mitbringen oder mieten, zzgl. Endreinigung

12 12 16 16 7 16

0.5 km 0.3 km 0.3 km 7 km 1 km

(D) (GB)

07 Stockholm

Stockholm-Bromma (S-16850) Stockholm

Ängby Camping 0710

Blackebergsvägen 24 / GPS: N 59°20'15.69 E 17°54'3.3''
Tel. 08/37 04 20 – Fax 08/37 82 26
E-Mail: reservation@angbycamping.se

F 0.5 km

15 m, 50000 m² – Geöffnet: 1.1. – 31.12.

➜ E 4/E 20 bis Stockholm, Ausfahrt Ängby/Bromma, Straße 275, ca. 7 km, beschildert. Ca. 10 km westlich Stockholm-Zentrum
Hauptsaison: 1.5.–31.8. – RES notwendig – (Preise 2009)
Hütten: 20 Hütten (10 qm) für 1-4 Pers. – HS 400.– bis 600.– / NS 350.– bis 425.– pro Nacht
20 Hütten (15 qm) für 2-5 Pers. – HS 550.– bis 850.– / NS 400.– bis 550.– pro Nacht
Ausstattung: 1, 2, 7, 9, 12, 16, 18, 20, 21, 22
Sonstiges: Bettwäsche mitbringen oder mieten, Anzahlung erforderlich
24 12 16 16 WC TV
2 km 2 km 0.2 km 2 km 0.2 km 0.2 km 5 km
2 km 0.2 km 0.2 km 0.4 km 3 km
D GB VISA Maestro Master Card

Huddinge (S-14122) Stockholm

Flottsbro Stugor & Camping **0715**

Häggstavägen / GPS: N 59°13'49.14'' E 17°53'14.81''
Tel. 08/53 53 27 00 – Fax 08/4 49 95 81 – E-Mail: info@flottsbro.se
F E H 0.3 km
2 m, 20000 m² – Geöffnet: 1.1. – 31.12.
➜ Von Stockholm E 4/E 20 nach Süden, Ausfahrt bei Vårby/Huddinge. Straße 259. Beschildert »Flottsbro«. Ca. 15 km südwestlich des Stadtzentrums Stockholm und 5 km westlich Huddinge
Hauptsaison: 24.6.–28.8. – (Preise 2008)
Hütten: 13 Hütten (ohne Du/WC) für 2 Pers. – HS 315.– bis 525.– / NS 230.– bis 415.– pro Nacht
5 Hütten (ohne Du/WC) für 4 Pers. – HS 755.– / NS 550.– pro Nacht
7 Hütten (16-20 qm, mit Du/WC) für 4 Pers. – HS 875.– bis 990.– / NS 625.– bis 690.– pro Nacht
8 Hütten (mit Du/WC) für 5 Pers. – HS 1045.– / NS 730.– pro Nacht
8 Hütten für 6 Pers. – HS 1195.– / NS 895.– pro Nacht
Ausstattung: 1, 4, 5, 6, 7, 8, 9, 11, 12, 15, 18, 19, 21, 22, 24 (je nach Unterkunft)
Sonstiges: Bettwäsche mitbringen
22 18 8 8 3 10 WC 2 TV
5 km 5 km
D GB VISA Maestro Master Card

Skärholmen (S-12731) Stockholm

Bredäng Camping Stockholm **0719**

Stora Sällskapets väg 51 / GPS: N 59°17'44.38'' E 17°55'22.25''
Tel. 08/97 70 71 – Fax 08/7 08 72 62
E-Mail: bredangcamping@telia.com

S

0.5 km

2 m, 120000m² – Geöffnet: 12.1. – 12.10.

➜ E 4, Ausfahrt Bredäng. Beschildert. Ca. 10 km südwestlich Stockholm

Hauptsaison: 29.6.–16.8. – RES notwendig – (Preise 2009)

Hütten: 10 Hütten (26 qm) für 2-4 Pers. – HS 1450.– / NS 920.– bis 1100.– pro Nacht

Ausstattung: 1, 4, 5, 6, 7, 8, 9, 11, 12, 15, 19, 21, 22

Sonstiges: Bettwäsche mitbringen oder mieten (80.–)

42 42 30 30 31 39 WC 3 4 13 W

0.4 km 0.4 km 0.4 km 1 km 1 km

D GB VISA Maestro AE MasterCard

Katrineholm (S-64192) Södermanland

Djulöbadets Camping 0726

GPS: N 58°58'10.47'' E 16°12'36.11''

Tel. 01 50/5 72 42 – Fax 01 50/5 72 42

E-Mail: djulocamping@hotmail.com

F E 0.1 km

1 m, 35000m² – Geöffnet: 1.5. – 31.8.

➜ E 4 Jönköping – Stockholm, bei Norrköping Straße 55 nach Norden bis Katrineholm. Ca. 2 km südöstlich Katrineholm

Hauptsaison: 1.5.–31.8. – RES empfohlen – (Preise 2009)

Hütten: 14 Hütten für 4-6 Pers. – HS / NS 375.– pro Nacht

Ausstattung: 1, 6, 7, 8, 9, 12, 16, 19

Sonstiges: Bettwäsche mitbringen oder mieten, zzgl. Endreinigung, Vorrauszahlung erforderlich

25 25 11 11 8 WC 0.1 km

0.1 km 0.1 km 0.1 km 1 km 1 km 0.1 km 1 km

S 1 km 0.1 km 0.1 km 6 km 1 km 0.1 km 0.1 km

1 km 1 km 2 km D GB F

Nynäshamn (S-14943) Stockholm

Nicksta Camping 0730

Nickstabadsvägen 17 / GPS: N 58°54'40.54'' E 17°56'28.8''

Tel. 08/52 01 27 80 – Fax 08/52 01 53 17

E-Mail: info@nickstacamping.se

F

10 m, 10000m² – Geöffnet: 15.1. – 15.12.

➜ Von Stockholm Straße 73 Richtung Süden bis Nynäshamn. Ca. 700 m vom Zentrum

Hauptsaison: 20.6.–17.8. – RES empfohlen – (Preise 2009)
Hütten und Bungalows: Hütten für 2-4 Pers. – HS / NS 360.– bis 495.– pro Nacht
Hütten für 4+2 Pers. – HS 695.– bis 995.– / NS 595.– pro Nacht
Bungalows für 6 Pers. – HS 995.– bis 1195.– / NS 795.– pro Nacht
Ausstattung: 2, 4, 5, 6, 8, 9, 10, 12, 15, 16, 18, 21, 22 (je nach Unterkunft)
Sonstiges: Bettwäsche und Handtücher mitbringen oder mieten (75.–), zzgl. Endreinigung (200.– bis 500.–)

7 20 20 12 12 6 14 WC 3 0.5 km 0.5 km 0.1 km 0.1 km 0.5 km 0.5 km 0.5 km
GB VISA Maestro AE Master Card

Kolmården (S-61834) Östergötland

First Camp Kolmården **0735**

Norra Bråviken / GPS: N 58°39'34.09'' E 16°24'1.29''
Tel. 0 11/39 82 50 – Fax 0 11/39 70 81
E-Mail: kolmarden@firstcamp.se

F H 0.1 km
5 m, 180 000 m² – Geöffnet: 1.1. – 31.12.
➜ E 4 Jönköping – Stockholm, Ausfahrt Kolmården, Richtung Tierpark bis zum Bråviken, weiter links am Ufer entlang. Ca. 400 m vom Ortszentrum
Hauptsaison: 18.6.–9.8. – RES notwendig – (Preise 2009)
Hütten: Hütten (teilweise mit WC) für 4 Pers. – HS 695.– bis 1195.– / NS 395.– bis 795.– pro Nacht
Hütten (30 qm, mit Du/WC) für 6 Pers. – HS 1495.– / NS 895.– bis 1295.– pro Nacht
Ausstattung: 1, 2, 4, 5, 6, 7, 8, 9, 10, 11, 12, 15, 24 (je nach Unterkunft)

80 20 11 33 WC 3 3 3
D GB VISA Master Card

Uppsala (S-75333) Uppsala

Fyrishov Camping **0750**

Idrottsgatan 2 / GPS: N 59°52'13.51'' E 17°37'33.4''
Tel. 0 18/7 27 49 60 – Fax 0 18/24 43 33 – E-Mail: info@fyrishov.se

F H 0.4 km
30 m, 40 000 m² – Geöffnet: 1.1. – 31.12.
➜ Von Stockholm E 4 bis Uppsala. Im nördlichen Stadtgebiet, ca. 2 km vom Zentrum

S

Hauptsaison: 1.6.–31.8. – (Preise 2009)
Insgesamt 48 Hütten: Hütten (12-20 qm) für 4-5 Pers. – HS 895.– bis 995.– / NS 695.– bis 795.– pro Nacht
Ausstattung: 5, 6, 7, 8, 9, 12 (je nach Unterkunft)
Sonstiges: Preise incl. Frühstück, Bettwäsche (50.–) und Handtücher (20.–) mieten, Zustellbett verfügbar, 5 Hütten behindertengerecht, Spezialpreise incl. Poolnutzung

0.4 km

0.2 km D VISA AE MasterCard

Nordküste
La Côte du nord
North Coast
08

Borlänge (S-78468) Kopparberg

Mellsta Camping 0813

Barrskogsgatan 25 / GPS: N 60°30'49.98'' E 15°23'9.44''
Tel. 02 43/23 82 55 – Fax 02 43/6 33 77
E-Mail: kgoif.mellsta@telia.com

F E D H 0.5 km

155 m, 90 000 m² – Geöffnet: 1.1. – 31.12.
➜ Von Stockholm Straße 70 Richtung Mora bis Borlänge. Ca. 4 km nördlich des Ortes
Hauptsaison: 1.6.–31.8. – (Preise 2009)
Hütten: 11 Hütten (teilweise mit Du/WC) für 4-6 Pers. – HS 500.– bis 800.– / NS 400.– bis 700.– pro Nacht
Ausstattung: 1, 5, 6, 7, 8, 9, 11, 12, 15, 18, 19

23 23 10 10 2 15 WC 2 2 5

D GB VISA MasterCard

Furuvik (S-81491) Gävleborg

Furuviks Camping 0820

GPS: N 60°38'53.44'' E 17°20'24.49''
Tel. 0 26/17 73 00 – Fax 0 26/9 81 21 – E-Mail: info@furuvik.se

F H 0.3 km

4 m, 30 000 m² – Geöffnet: 20.5. – 25.8.
➜ Von Stockholm E 4 bis Gävle, Straße 76 bis Furuvik. Ca. 4 km östlich des Ortes

Hauptsaison: 29.6.–2.8. – RES notwendig – (Preise 2009)
Hütten: 20 Hütten (15 qm) für 4 Pers. – HS 500.– / NS 400.– pro Nacht
Ausstattung: 1, 8, 9, 12, 16, 19, 21, 22
Sonstiges: Bettwäsche mitbringen oder mieten, Kaution erforderlich

5 km

D

Sundsvall (S-85237) Västernorrland

Fläsians Camping & Stugor **0830**

Grästensvägen 9 / GPS: N 62°21'30.6'' E 17°22'12.6''
Tel. 0 60/55 44 75 – Fax 0 60/56 96 01
E-Mail: bernt.ostling@gmail.com

F E 0.3 km

5 m, 80 000 m² – Geöffnet: 15.5. – 31.8.

➜ Von Stockholm E 4 Richtung Norden Richtung Sundsvall. Ca. 5 km südlich Sundsvall zum Meer hin abzweigen

Hauptsaison: 15.6.–15.8. – RES empfohlen – (Preise 2009)
Hütten: 5 Hütten (10 qm) für 2-4 Pers. – HS / NS 300.– bis 375.– pro Nacht
9 Hütten (16-22 qm) für 5-6 Pers. – HS / NS 550.– bis 650.– pro Nacht
Ausstattung: 12, 18, 21, 22, 24
Sonstiges: Bettwäsche mitbringen

12 12 10 10 0.5 km
0.5 km D GB

S

09 Bottnische Küste
La Côte du Golfe de Botnie
Coast of the Botnic Gulf

Domsjö (S-89292) Västernorrland

Gullviks Havsbad Camping **0917**

GPS: N 63°12'58.23'' E 18°49'30.44''
Tel. 06 60/7 45 82 – Fax 06 60/7 47 48
E-Mail: info@gullvikshavsbad.se

F E

4 m, 70 000 m² – Geöffnet: 15.5. – 5.10.

➜ E 4 Sundsvall – Umeå bis Örnsköldsvik, beschildert. Ca. 8 km östlich Domsjö, Richtung Gullvik

Hauptsaison: 12.6.–10.8. – RES notwendig – (Preise 2009)
Hütten: 10 Hütten (20 qm) für 2-3 Pers. – HS 400.– bis 500.– / NS 300.– bis 400.– pro Nacht
20 Hütten (26 qm) für 4 Pers. – HS 500.– bis 700.– / NS 400.– bis 600.– pro Nacht
10 Hütten (35 qm) für 4+2 Pers. – HS 800.– / NS 600.– bis 700.– pro Nacht
Ausstattung: 1, 4, 5, 6, 9, 11, 12, 15, 16, 21, 22
Sonstiges: Bettwäsche mitbringen oder mieten, zzgl. Endreinigung
12 18 16 13 13 8 14 WC 2 2 4
TV W A 0.3 km 0.3 km 0.3 km
0.3 km D GB VISA AE Master Card

Skellefteå (S-93170) Västerbotten

SweCamp Skellefteå Camping 0927

Mossgatan / GPS: N 64°45'39.44'' E 20°58'24.55''
Tel. 09 10/73 55 00 – Fax 09 10/70 18 90
E-Mail: skellefteacamping@skelleftea.se
F E H 2.0 km
39 m, 45000 m² – Geöffnet: 1.1. – 31.12.
→ E 4 Umeå – Piteå. Ca. 1,5 km nördlich Skellefteå
Hauptsaison: 6.7.–26.7. – (Preise 2009)
Insgesamt 72 Hütten und Ferienhäuser: Hütten (ohne Du/WC) für 2-8 Pers. – HS 390.– bis 790.– / NS 280.– bis 670.– pro Nacht (je nach Belegung)
Selbstversorger-Ferienhäuser (meist mit Du/WC) für 2-4 Pers. – HS 650.– bis 1590.– / NS 550.– bis 1450.– pro Nacht (je nach Belegung)
Selbstversorger-Ferienhaus (mit Du/WC) für 8 Pers. – HS 1590.– / NS 1590.– bis 1750.– pro Nacht
Ausstattung: 1, 4, 5, 6, 7, 8, 9, 10, 11, 12, 15, 16, 18, 19, 21, 22
Sonstiges: Bettwäsche und Handtücher mitbringen oder mieten (75.– pro Person), zzgl. Endreinigung (oder selbst durchführen)
20 20 20 20 10 45 WC 5 5 4
W 0.1 km 5 km 1 km
2 km 5 km 5 km 2 km 7 km 2 km 1 km
0.7 km D GB F VISA Maestro AE Master Card

Byske (S-93047) Västerbotten

Camping Byske Havsbad 0930

Bäckgatan 40 / GPS: N 64°56'50.33'' E 21°14'2.5''
Tel. 09 12/6 12 90 – Fax 09 12/6 14 86
E-Mail: camping.byske@skelleftea.se

F E

1 m, 150000m² – Geöffnet: 15.5. – 3.9.

➜ E 4 Umeå – Piteå bis Byske. Beschilderter Abzweig. Ca. 1,5 km östlich des Ortes

Hauptsaison: 15.6.–9.8. – (Preise 2009)
Insgesamt 72 Ferienhäuser in unterschiedlicher Größe und Ausstattung:
Ferienhäuser für 2-6 Pers. – HS 450.– bis 1400.– / NS 300.– bis 1200.– pro Nacht (je nach Größe, Ausstattung und Belegung)
Strandvillen für 6-8 Pers. – HS 1600.– bis 1900.– / NS 1300.– bis 1600.– pro Nacht
Ausstattung: 1, 4, 5, 6, 7, 8, 9, 10, 11, 12, 15, 18, 19, 21, 22 (je nach Unterkunft)

15 25 25 25 25 40 WC

D

Luleå (S-97594) Norrbotten

First Camp Luleå 0940

Arcusvägen 110 / GPS: N 65°35'42.43'' E 22°4'25.35''
Tel. 09 20/6 03 00 – Fax 09 20/6 03 15 – E-Mail: lulea@firstcamp.se

E H 0.1 km

1 m, 150000m² – Geöffnet: 1.1. – 31.12.

➜ E 4 Umeå – Skellefteå – Piteå – Luleå. Abfahrt von der E 4 ca. 500 m nach der Brücke über den Luleåalven

Hauptsaison: 3.7.–31.8. – (Preise 2009)
Insgesamt 70 Hütten: Hütten (19 qm) für 4 Pers. – HS 550.– bis 920.– / NS 550.– pro Nacht
Hütten (26 qm) für 4 Pers. – HS 850.– bis 1100.– / NS 650.– bis 850.– pro Nacht
Hütten (32 qm) für 4 Pers. – HS 950.– bis 1400.– / NS 750.– bis 1150.– pro Nacht
Ausstattung: 1, 4, 5, 6, 7, 8, 9, 12, 15, 16, 24
Sonstiges: Bettwäsche mieten (80.– pro Garnitur), zzgl. Buchungsgebühr (80.–), zzgl. Endreinigung

3 30 30 28 28 33 WC 8 8

0.3 km 0.1 km 5 km 7 km

0.2 km 8 km 8 km 8 km 9 km GB VISA MasterCard

S

Haparanda-Kukkola (S-95391) Norrbotten

Kukkolaforsens Camping 0950

Kukkolaforsen 184 / GPS: N 65°57'43.15'' E 24°2'14.5''
Tel. 09 22/3 10 00 – Fax 09 22/3 10 30 – E-Mail: info@kukkolaforsen.se

30 m, 40 000m² – Geöffnet: 1.3. – 20.12.

→ E 4 Umeå – Haparanda, weiter E 8/Straße 99 bis Kukkola. Ca. 15 km nördlich Haparanda

RES empfohlen – (Preise 2009)
Hütten: 8 Hütten für 3 Pers. – HS / NS 650.– pro Nacht
14 Hütten für 5 Pers. – HS / NS 990.– bis 1090.– pro Nacht
Ausstattung: 4, 5, 6, 7, 8, 9, 11, 12, 15, 16, 24
Sonstiges: Bettwäsche mieten (125.–), zzgl. Endreinigung (450.–)

D GB VISA Maestro AE MasterCard

10 Mittelschweden / La Suède Centrale / Central Sweden

Leksand (S-79327) Dalarna

SweCamp Leksands Camping & Stugby 1011a

Siljansvägen 61 / GPS: N 60°45'0.72'' E 14°58'22.38''
Tel. 02 47/1 38 00, 8 03 00 – Fax 02 47/1 47 90
E-Mail: info@leksandstrand.se

F E

175 m, 50 000m² – Geöffnet: 1.1. – 31.12.

→ Straße 70 Enköping – Mora bis Leksand. Dort noch ca. 2 km weiter nach Norden Richtung Tällberg, dann zum See abbiegen

Hauptsaison: 13.6.–16.8. – RES notwendig – (Preise 2009)
Hütten und Ferienhäuser: 14 Hütten für 4 Pers. – HS 415.– / NS 280.– pro Nacht
25 Hütten für 2-6 Pers. – HS / NS 2575.– bis 3800.– pro Woche
20 Hütten für 4 Pers. – HS 3900.– / NS 2150.– bis 2800.– pro Woche
37 Ferienhäuser für 5 Pers. – HS 6650.–/ NS 3200.– bis 3500.– pro Woche
15 Ferienhäuser (54 qm) für 8 Pers. – HS 7300.– bis 8500.– / NS 4900.– pro Woche
20 Ferienhäuser (86 qm) für 10 Pers. – HS 8900.– bis 9950.– / NS 6400.– pro W.
Ausstattung: 1, 2, 4, 5, 6, 7, 8, 9, 10, 11, 12, 15, 16, 18, 21, 22 (je nach Unterkunft)
Sonstiges: in der HS nur wochenweise Vermietung ab Samstag, Bettwäsche mieten (120.– pro Person), zzgl. Endreinigung (400.– bis 1000.–), Buchungsgebühr (75.–)

40 34 24 24 12 32 4 4 7
2km 1.5km 4km 2km
D GB

Leksand (S-79392) Dalarna

VästanviksBadets Camping Leksand 1011b

Siljansnäsvägen 130 / GPS: N 60°43'51.5'' E 14°57'12.5''
Tel. 02 47/3 42 01 – Fax 02 47/1 31 33
E-Mail: info@vastanviksbadetscamping.se

F E 0.1 km

100 m, 40 000 m² – Geöffnet: 1.4. – 4.10.

→ Straße 70 Enköping – Mora bis Leksand. Bei Abfahrt Leksand-Süd abzweigen Richtung Siljansnäs. Am westlichen Ufer des Sees, ca. 4 km westlich Leksand

Hauptsaison: 13.6.–16.8. – RES notwendig – (Preise 2009)
Hütten: 12 Hütten (6-33 qm) für 2-6 Pers. – HS 220.– bis 875.– /
NS 170.– bis 620.– pro Nacht (je nach Größe, Ausstattung und Belegung)
Ausstattung: 1, 2, 3, 4, 5, 6, 7, 8, 9, 10, 11, 12, 18, 19, 21, 22
Sonstiges: Bettwäsche mitbringen

2 14 14 8 8 4 12 5
5 km 5 km 4 km 0.5 km
5 km 4.5 km 4.5 km 2 km
D GB NL

S

Rättvik (S-79532) Kopparberg

Siljansbadets Camping 1013

Strandvägen 1 / GPS: N 60°53'19.63'' E 15°6'30.44''
Tel. 02 48/5 16 91 – Fax 02 48/5 16 89
E-Mail: camp@siljansbadet.com

F E 0.3 km

180 m, 80 000 m² – Geöffnet: 24.4. – 5.10.

→ Straße 70 Enköping – Borlänge – Mora bis Rättvik. Ca. 500 m nordwestlich des Ortszentrums

! Länderspezifische Reiseinformationen, auch zu den Mietunterkünften, haben wir für Sie auf den Einleitungsseiten der Länderkapitel zusammengestellt.

Hauptsaison: 5.6.–8.8. – (Preise 2009)
Hütten und Bungalows: 13 Hütten (9 qm) für 4 Pers. – HS 505.– / NS 385.– bis 450.– pro Nacht
13 Hütten (11 qm) für 4 Pers. – HS 525.– / NS 420.– bis 490.–
8 Hütten (15 qm, mit WC) für 4 Pers. – HS 800.– / NS 550.– bis 775.– pro Nacht
12 Hütten (18 qm, mit Du/WC) für 4 Pers. – HS 910.– / NS 640.– bis 880.– pro Nacht
2 Hütten (18 qm, mit WC) für 5 Pers. – HS 800.– / NS 550.– bis 775.– pro Nacht
14 Bungalows (32 qm) für 6 Pers. – HS 1270.– / NS 870.– bis 1090.– pro Nacht
Ausstattung: 1, 4, 5, 6, 7, 8, 9, 12, 15, 16, 19, 21, 22 (je nach Unterkunft)
Sonstiges: Bettwäsche mitbringen

45 45 30 30 18 35 WC 2 2 3
1 km 1 km 2 km 1 km 2 km
1 km 1 km D GB VISA Maestro AE Master Card

Mora (S-79225) Dalarna

Mora Parkens Camping **1015**

Parkvägen 1 / GPS: N 61°0'31.37'' E 14°31'56.31''
Tel. 02 50/2 76 00 – Fax 02 50/2 76 01 – E-Mail: info@moraparken.se

F E
H 0.6 km

163 m, 180 000m² – Geöffnet: 1.1. – 31.12.

➜ Straße 70 Enköping – Borlänge – Mora. In Mora bei der Kirche noch ca. 400 m Richtung Norden. Beschildert

Hauptsaison: 19.2.–1.3. und 15.6.–8.8. – (Preise 2009)
Hütten und Ferienhäuser: Hütten für 2-8 Pers. – HS 330.– bis 1640.– / NS 270.– bis 640.– pro Nacht
Ferienhäuser für 4+2 Pers. – HS 1260.– bis 2310.– / NS 885.– pro Nacht
Ausstattung: 1, 4, 5, 6, 7, 8, 10, 12, 15
Sonstiges: Preise in den Hütten je nach Belegung. Bettwäsche, Handtücher, Küchenzubehör und Geschirr mitbringen, zzgl. Endreinigung (200.–)

30 30 13 13 24 30 WC 3 3 24
5 km 3 km S 3 km 3 km
D GB VISA AE Master Card

Johannisholm (S-79292) Dalarna

Johannisholm Camping **1016**

GPS: N 60°49'35.05'' E 14°7'34.51''

Tel. 02 50/6 00 00 – Fax 02 50/6 00 00
E-Mail: info@johannisholm.com

F E 0.1 km

170 m, 50 000m² – Geöffnet: 1.1. – 31.12.

➜ Straße 70 Enköping – Borlänge – Mora. In Mora Straße 45 bis Johannisholm. An der Kreuzung der Straßen 45/26

Hauptsaison: 13.6.–29.8. – RES empfohlen – (Preise 2009)
Hütten und Ferienhäuser: 6 Hütten (15 qm) für 4 Pers. – HS 4750.– / NS 3695.– pro Woche
1 Ferienhaus (52 qm) für 6 Pers. – HS 5200.– / NS 4075.– pro Woche
Ferienhäuser (110 qm) für 6-8 Pers. – HS 5690.– bis 6150.– / NS 4170.– bis 4750.– pro Woche
Ausstattung: 7, 8, 9, 10, 12, 16
Sonstiges: Bettwäsche und Handtücher mitbringen oder mieten, zzgl. Endreinigung

18 18 14 14 5 14 WC 2 W A
0.5 km
D GB NL

Älvdalen (S-79631) Dalarna

Älvdalens Camping **1017** S

Ribbholmsvägen 26 / GPS: N 61°13'40.77'' E 14°1'46.8''
Tel. 02 51/1 23 44 – Fax 02 51/1 23 44
E-Mail: kontakt@alvdalenscamping.se

F 0.5 km

200 m, 50 000m² – Geöffnet: 1.1. – 31.12.

➜ Straße 70 Enköping – Borlänge – Mora – Drevsjö (N) bis Älvdalen. Beschildert. Ca. 500 m vom Ortszentrum

Hauptsaison: 5.6.–23.8. – (Preise 2009)
Hütten: Zelthütten für 2 Pers. – HS / NS 230.– pro Nacht
Hütten (16 qm) für 4 Pers. – HS / NS 405.– pro Nacht
Hütten (36 qm, mit WC) für 4-6 Pers. – HS / NS 520.– pro Nacht
Hütten (30 qm, mit Du/WC) für 4-6 Pers. – HS / NS 560.– pro Nacht
Hütten (32 qm, mit Du/WC) – HS / NS 615.– pro Nacht
Hütten (60 qm, mit Du/WC) – HS / NS 660.– pro Nacht
Ausstattung: 1, 4, 5, 6, 7, 8, 9, 12 (je nach Unterkunft)

12 12 12 12 WC
W A 3 km
D GB VISA Maestro AE Master Card

! Infos zur Camping Card Scandinavia finden Sie auf Seite 7.

Järvsö (S-82040) Gävleborg

Järvsö Camping **1020**

Turistvägen 76 / GPS: N 61°43'12.3'' E 16°10'9.7''
Tel. 06 51/4 03 39 – Fax 06 51/4 03 99 – E-Mail: info@jarvsocamping.se

F 0.2 km

100 m, 28000m² – Geöffnet: 1.6. – 23.8. 12.00 – 13.00

➜ Von Stockholm E 4 Richtung Norden. Abzweigen auf Straße 83 bis Järvsö. Am nördlichen Ortsrand

Hauptsaison: 13.6.–23.8. – RES empfohlen – (Preise 2009)
Hütten: (15 qm) für 2 Pers. – HS / NS 410.– bis 798.– pro Nacht
Hütten (15-20 qm) für 4 Pers. – HS / NS 465.– bis 1241.– pro Nacht
5 Hütten (20 qm) für 6 Pers. – HS / NS 520.– bis 1684.– pro Nacht
Ausstattung: 1, 8, 9, 12, 16, 21, 22, 24
Sonstiges: Bettwäsche selbst mitbringen oder mieten (60.–), Halbpension buchbar, zzgl. Endreinigung

10 2 10 10 9 9 6 10 WC 3
0.2 km 0.2 km 0.2 km 1 km 5 km 5 km 1 km
1 km 1 km 1 km 1 km 1 km 1 km 1 km
1 km 1 km 1 km D GB F VISA Maestro MasterCard

Särna (S-79090) Dalarna

Särna Camping **1022**

Särnavägen 6 / GPS: N 61°41'32.29'' E 13°8'50''
Tel. 02 53/1 08 51 – Fax 02 53/3 20 55
E-Mail: camping@sarnacamping.se

F

400 m, 40000m² – Geöffnet: 1.1. – 31.12.

➜ Straße 70 Enköping – Borlänge – Mora – Drevsjö (N) bis Särna. Ca. 1 km vom Ortszentrum

Hauptsaison: 16.6.–9.8. – RES notwendig – (Preise auf Anfrage)
Hütten: 9 Hütten für 2 Pers.
3 Hütten für 4 Pers.
Ausstattung: 1, 6, 7, 8, 9, 11, 12, 19, 24
Sonstiges: Bettwäsche mitbringen

16 16 11 11 5 12 WC 2 2 2
0.2 km 0.5 km 0.7 km 5 km
0.1 km 5 km D GB VISA Maestro MasterCard

Hede (S-84093) Jämtland

Hede Camping **1025**

Broder Tors väg 3 / GPS: N 62°25'13.44'' E 13°31'18.84''

Tel. 06 84/4 10 20 – Fax 06 84/1 09 70
E-Mail: hedecamping@yahoo.se

F

400 m, 90 000m² – Geöffnet: 1.1. – 31.12.

➜ Straße 84 Sveg – Hedeviken – norwegische Grenze bis Hede. Am östlichen Ortsrand

RES empfohlen – (Preise 2009)
Hütten: 15 Hütten (20 qm) für 4 Pers. – HS / NS 295.– pro Nacht
Ausstattung: 1, 8, 9, 12, 16, 24
Sonstiges: Bettwäsche mieten, zzgl. Endreinigung

WC 0.5 km 1 km
0.3 km D VISA MasterCard

Östersund (S-83182) Jämtland

Östersunds Stugby & Camping 1030

Krondikesvägen 95c / GPS: N 63°9'36.89'' E 14°40'14.62''
Tel. 0 63/14 46 15 – Fax 0 63/14 43 23
E-Mail: ostersundscamping@ostersund.se

H 0.1 km

260 m, 100 000m² – Geöffnet: 1.1. – 31.12.

➜ Von Sundsvall E 14 bis Östersund. Ca. 3 km südöstlich des Stadtzentrums, bei Odensala

Hauptsaison: 11.5.–16.8. – (Preise 2009)
Hütten und Bungalows: Hütten (14 qm) für 4 Pers. – HS 495.– bis 515.– / NS 440.– pro Nacht
Hütten (25 qm) für 4-6 Pers. – HS 660.– / NS 560.– pro Nacht
Hütten (31 qm) für 4-6 Pers. – HS 770.– / NS 635.– pro Nacht
Bungalows für 4-6 Pers. – HS 635.– bis 990.– / NS 595.– bis 800.– pro Nacht
Ausstattung: 4, 5, 6, 7, 8, 15 (je nach Unterkunft)

3 WC TV 0.1 km
0.1 km 5 km 1 km D GB VISA Maestro MasterCard

Lappland
La Laponie
Lapland
11

Hoting (S-83080) Jämtland

Hotings Camping 1105

Västra Hoting 400 / GPS: N 64°6'21.03'' E 16°10'40.76''

S

Tel. 06 71/1 02 48 – Fax 06 71/1 02 48
E-Mail: hotingscamping@telia.com

Ⓗ 0.1 km

280 m, 25 000 m² – Geöffnet: 1.1. – 31.12.

→ Straße 45, ca. 2 km südwestlich Hoting

Hauptsaison: 1.6.–31.8. – (Preise 2008)
Hütten: 5 Hütten für 2 Pers. – HS 275.– / NS 250.– pro Nacht
18 Hütten für 4-6 Pers. – HS 375.– bis 545.– / NS 325.– bis 440.– pro Nacht
2 Hütten (behindertengerecht) für 6 Pers. – HS 650.– / NS 595.– pro Nacht
Ausstattung: 6, 8, 9, 11, 12, 14, 16, 21, 22, 24
Sonstiges: Bettwäsche mitbringen oder mieten

0.2 km 1.5 km Ⓓ

Gäddede (S-83090) Jämtland

Gäddede Camping **1107**

Sagavägen 9 / GPS: N 64°30'16.46'' E 14°8'58.22''
Tel. 06 72/1 00 35 – Fax 06 72/1 05 11
E-Mail: info@gaddedecamping.com

Ⓗ 0.4 km

300 m, 30 000 m² – Geöffnet: 1.1. – 31.12.

→ Von Strömsund Straße 342 Richtung Norwegen bis Gäddede. Nach der Brücke Richtung Ortszentrum, nach der Tankstelle wieder rechts

Hauptsaison: 10.2.–4.5. und 1.6.–6.9. – (Preise 2009)
Hütten: Hütten für 4 Pers. – HS 550.– bis 650.– / NS 500.– bis 600.– pro Nacht
Sommerhütten für 4 Pers. – 350.– pro Nacht (nur während der HS)
Campinghütten für 2-4 Pers. 250.– (nur während der HS)
Ausstattung: 1, 4, 5, 6, 7, 8, 9, 15, 16 (je nach Unterkunft)
Sonstiges: Bettwäsche und Handtücher mitbringen oder mieten (100.–), zzgl. Endreinigung (300.–)

WC TV 0.5 km 0.1 km
Ⓓ VISA Maestro MasterCard

Tärnaby (S-92064) Västerbotten

Tärnaby Camping **1110**

Ljungvägen 3 / GPS: N 65°43'12.51'' E 15°19'59.46''
Tel. 09 54/1 00 09 – E-Mail: info@tarnabycamping.com

Ⓗ 0.4 km

453 m, 50 000 m² – Geöffnet: 1.1. – 31.12.

➜ E 12 Storuman – Mo i Rana (N) bis Tärnaby. Ca. 3 km vor dem Ort, bei der Brücke über den Umeälven abzweigen. Ca. 2 km vom Ortszentrum
RES empfohlen – (Preise 2009)
Hütten: 15 Hütten (25 qm) für 3-4 Pers. – HS / NS 400.– pro Nacht
2 Hütten (70 qm) für 6 Pers. – HS / NS 500.– bis 700.– pro Nacht
Ausstattung: 10, 11, 12, 15
Sonstiges: Bettwäsche mitbringen oder mieten

8 8 8 8 2 9 WC

2 km 2 km 3 km 0.2 km 0.2 km 3 km 1 km

2 km 5 km D GB VISA Maestro MasterCard

Storuman (S-92300) Västerbotten

Storumans Camping 1113

Lokgränd 5 / GPS: N 65°5'57.96'' E 17°6'58.77''
Tel. 09 51/1 06 96 – Fax 09 50/1 80 95
E-Mail: storumanscamping@storuman.se

F 0.4 km

350 m, 35000m² – Geöffnet: 1.6. – 15.9.
➜ Von Umeå E 12 bis Storuman. Im Ort beschildert, ca. 250 m vom Zentrum
Hauptsaison: 23.6.–12.8. – RES empfohlen – (Preise 2009)
Hütten: Hütten – HS / NS 260.– bis 550.– pro Nacht

WC 0.2 km

S

Arvidsjaur (S-93334) Norrbotten

Camp Gielas 1115

Järnvagsgatan 111 / GPS: N 65°34'53.86'' E 19°11'24''
Tel. 09 60/5 56 00 – Fax 09 60/1 06 15 – E-Mail: gielas@arvidsjaur.se

F E

1.0 km

375 m, 100000m² – Geöffnet: 1.1. – 31.12.
➜ E 4 bis Skellefteå. Dort Straße 95 bis Arvidsjaur. Ca. 1 km vom Ortszentrum
Hauptsaison: 1.1.–30.4., 1.6.–31.8. und 1.12.–31.12. – RES empfohlen – (Preise 2009)
Hütten: Hütten für 4-6 Pers. – HS 725.– bis 780.– / NS 670.– bis 740.– pro Nacht
Ausstattung: 4, 5, 6, 7, 8, 9, 11, 12, 13, 14, 15, 16
Sonstiges: Bettwäsche mitbringen oder mieten (80.–), zzgl. Endreinigung (300.–)

25 25 20 20 3 20 2 2 4
0.5 km 1 km 1 km 1 km 1 km
1 km 0.5 km 0.5 km 1 km 2 km
2 km D GB

Arjeplog (S-93090) Norrbotten

Kraja Camping **1118**

GPS: N 66°2'55.2'' E 17°51'49.67''
Tel. 09 61/3 15 00 – Fax 09 61/3 15 99 – E-Mail: arjeplog@kraja.se
F
400 m, 55 000 m² – Geöffnet: 1.1. – 31.12.
→ E 4 bis Skellefteå. Dort Straße 95, über Arvidsjaur nach Arjeplog. Ca. 1 km westlich des Ortes. Beschildert
RES empfohlen – (Preise auf Anfrage)
Insgesamt 72 Hütten: 18 Hütten (23 qm) für 3 Pers.
30 Hütten (19 qm, ein Schlafzimmer) für 4 Pers.
21 Hütten (24 qm, zwei Schlafzimmer) für 4 Pers.
3 Hütten (42 qm, zwei Schlafzimmer) für 6 Pers.
Ausstattung: 1, 4, 5, 10, 6, 7, 15 (je nach Unterkunft)
10 10 6 6 6 7 3 5 2
1 km 1.5 km 1 km
D GB

Jokkmokk (S-96222) Norrbotten

Jokkmokk Camping Center **1121**

GPS: N 66°35'40.54'' E 19°53'36.99''
Tel. 09 71/1 23 70 – Fax 09 71/1 24 76
E-Mail: campingcenter@jokkmokk.com
F E 0.1 km
240 m, 75 000 m² – Geöffnet: 20.5. – 31.8.
→ E 4 bis Luleå. Dort Straße 97 Richtung Jokkmokk. Ca. 3 km vom Ort
RES empfohlen – (Preise auf Anfrage)
Insgesamt 58 Hütten unterschiedlicher Größe: Hütten für 2-6 Pers. sowie besonders hochwertig ausgestattete VIP Cottages für 6-10 Pers.
Ausstattung: 1, 4, 5, 6, 7, 8, 9, 10, 11, 12, 15, 18, 19, 21, 22, 24 (je nach Unterkunft)
50 50 20 20 8 51 2 2
3 km 3 km 3 km 2 km
7 km D GB F

Finnland

Betrachtet man Finnland auf der Landkarte, fällt vor allem eines auf: Wasser. Das Land wird nicht nur vom Bottnischen Meerbusen im Westen und von der Ostsee im Süden umschlossen, sondern auch im Landesinneren ist Wasser ein sehr präsentes Element: Rund 188 000 Seen und unzählige Flüsse bedecken ca. 10 % des Staatsgebietes. Ein besonderes Geflecht von Land und Wasser liegt im Süden des Landes, wo sich die Finnische Seenplatte über 100 000 km^2 Fläche erstreckt.
So ist es kein Wunder, dass sich der Finnen liebste Freizeitaktivitäten im und rund ums Wasser abspielen: Im Sommer sind Wildwasserfahrten, Bootstouren, Kanu- und Kajaktouren angesagt. Im Winter dreht sich alles um Gefrorenes: Eislochangeln,Schneeschuhwandern, Ski- und Schlittschuhlaufen zählen dann zu den beliebtesten Beschäftigungen. Doch das Land hat weit mehr als eine außergewöhnliche Landschaft zu bieten; es blickt auf eine bewegte Geschichte zurück, und so kommen auch historisch Interessierte hier auf ihre Kosten: Lange Zeit war Finnland eine Provinz der schwedischen Großmacht. Im Jahre 1809 wurde das Großherzogtum Finnland an Russland abgetreten. Nach der finnischen Revolution 1917 wurde es zum Königreich und kurze Zeit später zur Republik.
Finnland grenzt im Norden an Norwegen. Schweden liegt im Westen des Landes, im Osten befindet sich Russland und im Süden liegt jenseits der Ostsee Estland. Einflüsse aus den Nachbarländern, vor allem

aus Schweden, haben ihre Spuren hinterlassen. So ist neben Finnisch auch Schwedisch offizielle, auf der autonomen Insel Åland sogar die einzige Amtssprache. Im Norden des Landes dagegen sprechen etwa 1700 Einwohner Lapplands Samisch, eine in der Verwaltung zugelassene Minderheitensprache.

Seit 1997 besteht die Republik Finnland, die sich bis dato aus 12 Provinzen zusammengesetzt hatte, nunmehr aus sechs Provinzen: Åland, Lappland, Oulu, Ostfinnland, Südfinnland und Westfinnland.

Wie bereits erwähnt, hat Åland eine gesonderte Stellung unter den finnischen Provinzen: Zwischen Finnland und Schweden, mitten in der Ostsee gelegen, orientierten sich die Åländer schon immer eher an Schweden als an Finnland.

Die etwa 6500 Inseln, von denen nur 65 bewohnt sind, bilden einen autonomen und entmilitarisierten Teil Finnlands. Die etwa 26500 Einwohner haben zwar die finnische Staatsbürgerschaft, ihre Muttersprache ist jedoch Schwedisch. Rund 90 % der Bevölkerung leben auf der Hauptinsel Fasta Åland, auf der sich auch die Hauptstadt Mariehamn befindet. Hier lässt sich hervorragend Segeln, Angeln und Golf spielen.

Im Schiff-Fahrt-Museum der Åland-Inseln und dem Jagd- und Fischerei-Museum wird Wissenswertes vermittelt. Wer das Abenteuer sucht, kann mit viel Glück im Winter unter bestimmten Bedingungen, über die man sich unbedingt vorher kundig machen sollte, die zugefrorene Ostsee von Åland zum Festland hin überqueren.

Ganz im Norden des Landes liegt die am dünnsten besiedelte Provinz Finnlands, Lappland. Die ursprüngliche Bevölkerung Lapplands, die Samen, sind ein Nomadenvolk, das sich Rentiere hielt, von und mit denen es lebte. Auch heute noch kann man bei einer Schlittenfahrt Rentiere hautnah erleben. Im Sami-Museum in Inari erfährt der Besucher viel Spannendes über das Leben, die Bräuche, die Kultur und die Geschichte der Ureinwohner Lapplands. Das Arktikum, das Wissenschaftszentrum und Museum in Rovaniemi, befasst sich mit der arktischen Natur, Kultur und Geschichte.

In Lapplands unberührter Natur verführen Schnee- und Eislandschaften an kurzen Wintertagen zu Schneeschuhwanderungen, Skilanglauf, Hunde- und Motorschlitten-Safaris und zum Eisangeln. Auch das nach aufheizenden Saunagängen gerne praktizierte Eislochschwimmen hat in Lappland Tradition.

Im Finnischen Seengebiet in Zentralfinnland, welches sich von der Region Tampere und Jyväskylä im Westen bis hin zur größten Seen-

platte Europas, der Saimaa, im Osten erstreckt, kann man Natur pur erleben. Tampere ist die Stadt der Seen und Parks, hier gibt es sogar eine Stromschnelle. In Punkaharju, ganz im Osten des Landes, lohnt ein Besuch im Finnischen Forstmuseum, in dem die Bedeutung des Waldes für die finnische Lebensart von allen Seiten beleuchtet wird. An der Küste südlich der Seenplatte liegt die größte Stadt Südfinnlands, die gleichzeitig auch Hauptstadt Finnlands ist: Helsinki ist umgeben von Meer und unberührter Natur. Rund ein Viertel der Fläche der Stadt besteht aus Parks, die Gelegenheiten zum Joggen, Radfahren und für Spaziergänge bieten. Das umfangreiche kulturelle Programm, musikalische Events sowie erstklassige Sportveranstaltungen, wie die Leichtathletik-Weltmeisterschaften 2005 oder die olympischen Spiele 1952, geben der finnischen Metropole Weltstadt-Flair. Helsinkis Empire-Viertel ist weltweit einzigartig. Das Herz des Viertels bildet der Senatsplatz mit seinem leuchtend weißen Dom. Nicht minder sehenswert ist die Festungsinsel Suomenlinna im Südosten. Die älteste Stadt Finnlands ist Turku. Sie ist ein guter Ausgangspunkt für eine Tour ins einzigartige Schärenmeer, das südwestlich der Stadt beginnt. Regelmäßig verkehrende Fähren und Wassertaxen verbinden die zahlreichen kleinen Inseln miteinander.
An der rund 700 km langen Westküste Finnlands reihen sich Holzhaus-Städtchen und kilometerlange Sandstrände aneinander.
Die Altstadt Raumas wurde von der UNESCO zum Weltkulturerbe erklärt. Beeindruckend ist die von Franziskanermönchen im 15. Jahrhundert erbaute Heilig-Kreuz-Kirche in der Nähe des Stadtkernes. Ein Stück nördlich von Rauma hat sich das Städtchen Pori wegen seiner bunten Märkte, der Häuser am Südstrand, der grünen Parks und nicht zuletzt wegen des Pori Jazz Festivals ein Image aufgebaut. Vaasa verdankt seinen Namen der schwedischen Wasa-Dynastie. Der Einfluss des Nachbarlandes ist hier auch heute noch deutlich zu spüren: An der Universität werden die Studiengänge mehrsprachig angeboten, und auch Theaterstücke werden in Finnisch und in Schwedisch aufgeführt. Kokkola ist die nördlichste finnische Stadt. Auch hier wird Schwedisch gesprochen und das weitläufigste historische Holzhausviertel Finnlands kann bestaunt werden.

Finnland bietet seinen Gästen vor allem im zentralen Seengebiet eine große Anzahl an Feriendörfern und Ferienhäusern.
Die wegen der angenehmen Temperaturen beste Reisezeit herrscht zwischen Mai und September. Die Natur in Finnland ist sauberer und

unbelasteter als in vielen anderen europäischen Staaten. 80% Prozent der finnischen Seen werden hinsichtlich ihrer Qualität als gut oder ausgezeichnet bewertet. Eine Besonderheit in Finnland ist das Jedermanns-Recht, das jeden Bewohner und Gast des Landes dazu verpflichtet, der Natur sowie den Besitztümern an Land und Gewässern keinerlei Störung oder Schaden zuzufügen. Im Gegenzug gibt die Bestimmung jedem das Recht, sich in der Natur frei zu bewegen, Beeren und Pilze zu sammeln, Blumen zu pflücken und in Seen und Flüssen zu baden. Auch das Angeln mit Würmern und das Eislochangeln gehören zu diesen Rechten und sind auch ohne staatliche Fischereiabgabe erlaubt. Das Jagdrecht ist an den Grundbesitz gebunden und somit für Ausländer nur erlaubt, wenn sie Gast eines einheimischen Jagdvereines sind. 70 % des finnischen Staatsgebiets sind mit Wald bedeckt. Die 35 Nationalparks, die zum Schutz der ursprünglichen finnischen Natur gegründet wurden, sind bei Wanderern und Wassersportlern gleichermaßen sehr beliebt. Solange Parkordnungen eingehalten und Sperrgebiete beachtet werden, sind einzigartigen Erfahrungen und unvergesslichen Abenteuern in der freien Natur keine Grenzen gesetzt.

Ein ganz besonderes Erlebnis ist die Mittsommernacht, die am längsten Tag des Jahres, vom 24. in den 25. Juni hinein überall im Land gefeiert wird. Mit Johannisfeuern und Tänzen begehen die Finnen diesen wichtigen Festtag.

Die Vappu-Nacht am 30. April ist ein Studenten- und Frühlingsfest: In den Universitätsstädten wird an diesem Tag in den Mai hinein gefeiert.

Die finnische Küche ist deftig und schmackhaft. Eine Vielzahl der Gerichte ist durch die skandinavische und russische Küche geprägt. Den Schwerpunkt bilden Fischgerichte aus Lachs, Regenbogenforelle, Hecht und Barsch. Traditionelle Fleischgerichte werden aus Rentieren und Wild zubereitet. In Tampere sollte man die regionale Wurstspezialität »mustamakkara« versuchen. Dabei handelt es sich um eine gegrillte Blutwurst, die meist mit Preiselbeeren serviert wird. Auch den finnischen Wein sollte man probieren. Dieser wird, da aufgrund der klimatischen Verhältnisse in Finnland Trauben nicht angebaut werden können, aus heimischen Beeren gekeltert.

Kotikalja, das hausgemachte Bier aus Wasser, Malz, Zucker und Hefe enthält kaum Alkohol. Gehaltvolleres Starkbier ist in staatlichen Alko-Läden erhältlich. In eisigen Winternächten wärmt man sich mit einem Koskenkorva, dem so genannten Finlandia Vodka.

Finnland auf einen Blick

Fläche: 338 000 km²

Einwohnerzahl: 5,3 Millionen

Landessprache: Finnisch/Schwedisch

Währung: 1 Euro (€) = 100 Cent

Campingplätze: ca. 330

Grenzübertritt Personen:
Pass/Personalausweis.

Grenzübertritt Haustiere:
EU-Haustierausweis mit Impfung und Identitätskennzeichnung.

Grenzübertritt Kraftfahrzeuge:
Führerschein. Zulassungsbescheinigung Teil 1. Internationale Grüne Versicherungskarte empfohlen.

Treibstoff:
Bleifrei Super 95 Oktan,
Bleifrei Super Plus 98 Oktan. Diesel.

Geschwindigkeitsbegrenzungen:
Pkw Straße: 80 - 100 km/h
Pkw Autobahn: 120 km/h
Pkw mit Caravan Straße und Autobahn: 80 km/h
Motorcaravan Straße und Autobahn: 80 - 100 km/h

Besondere Verkehrsbestimmungen:
Promillegrenze: 0,5 ‰.
Warnwestenpflicht.
Fahren mit Abblendlicht ist obligatorisch.

Polizei/Notruf: 112

Telefon-Vorwahl aus dem Ausland:
00358 + Ortsvorwahl ohne 0
+ Teilnehmer-Nummer

Mobiltelefon:
Telefonieren während der Fahrt nur mit Freisprechanlage.

Wichtig für den Camper:
Winterreifenpflicht von Dezember bis Februar, auch für Caravans.
Die Gasversorgung ist problematisch: Ausländische Gasflaschen können nicht befüllt werden.
Einheimische Flaschen können bei den Niederlassungen der Firma AGA geliehen und mittels ebenfalls dort erhältlichem Adapter angeschlossen werden. Ansonsten ist die Mitnahme mehrerer gefüllter Flaschen empfehlenswert.
Einmaliges Übernachten außerhalb von Campingplätzen ist auf Straßen, Parkplätzen oder Raststätten erlaubt.

Rauchverbot in Restaurants, Bars und allen öffentlichen Räumen.

Automobil-Clubs:
ATCF Autoliitto,
Hämeentie 105, FIN-00551 Helsinki.

Touristik:
Tourist Information,
Eteläesplanadi 4, Po Box 249,
SF 00131 Helsinki.

Finnische Zentrale für Tourismus,
Lessingstr. 5,
D-60325 Frankfurt/M.
http://www.visitfinland.de

Finnland
0
100 km
Tanabru
Kirkenes
Zapoljarnyj
Nikel
Alta
Karasjok
Inari
43
E 75
60
Karesuando
30
06
Kiruna
Sodankylä
16
E 8
15
20
Leipojärvi
Rovaniemi
14
Jokkmokk
10
Kuusamo
08
E 75
Tornio
Boden
E 4
Kemi
E 75
12
08
Luleå
14
Pudasjärvi
Arvidsjaur
Bottenviken
23
Piteå
Oulu
05
Suomussalmi
Kostomuksa
24
Perämeri
Raahe
Skellefteå
Oulu-
järvi
55
Kajaani
Kuhmo
Lycksele
51
Finnland
Änäset
50
76
Jakobstad
Pietarsaari
Kokkola
60
Iisalmi
70
Lieksa
Umeå
E 75
Siilinjärvi
Kontiolahti
Ilomantsi
48
55
75
Outokumpu
Örnsköldsvik
Kuopio
58
E 63
Joensuu
Vaasa
45
48
03
70
Liperi
02
Saarijärvi
62
Leppävirta
Alavus
Varkaus
04
Kurikka
Kitee
39
Pieksämäki
Savonlinna
Jyväskylä
46
Kauhajoki
38
36
Sortavala
Korpilahti
50
Kristinestad
37
Parkano
Jämsä
32
Mikkeli
Lahdenpoh'ja
38
Ruokolahti
15
Tampere
32
31
Imatra
Priozšersk
Nokia
Svetogorsk
Bottenhavet
16
Vammala
11
Valkeakoski
Heinola
Lappeenranta
12
21
Pori
Lempäälä
20
Jaala
Kuusankoski
Selkämeri
E 12
Lahti
17
60
Vyborg
Rauma
Hämeenlinna
Nastola
Kouvola
Ylämaa
10
E 75
E 18
Loimaa
02
Orimattila
01
Mäntsälä
Hamina
Uusikaupunki
Forssa
01
Nurmijärvi
Järvenpää
50
Kotka
Naantali
40
Porvoo
Borgå
Lomonosov
13
Salo
Vihti
E 18
Sosnovyj
Åland
Turku
11
E 18
Vantaa
32
30
Helsinki
Paralnen
Espoo
Karis
26
Ekenäs
Mariehamn
Hangö
22
Narva
Kingisepp

Mietunterkünfte in Finnland

Die finnischen Campingplätze gehören in der Regel der Finnish Camping Site Association an und liegen sehr oft in der Nähe eines Gewässers, am Meeresstrand, oder am Ufer eines der unzähligen Seen. In den über 200 Feriendörfern Finnlands werden dem Urlauber mehr als 10000 Ferienhäuser und Hütten zur Miete angeboten.

Die Palette reicht von der rustikalen Wildmarkhütte bis zum Luxushaus mit allem Komfort. Neben einer Kochgelegenheit und einem Kühlschrank gehören im Regelfall auch Heizung, Waschgelegenheit und Toilette zur Ausstattung. Nicht selten ist auch Ess- und Kochgeschirr vorhanden, und Bettwäsche kann häufig vor Ort gemietet werden, jedoch sollte man sich vor der Reise danach erkundigen.

Da in Finnland im Schnitt jeder Dritte eine Sauna besitzt, findet sich üblicherweise auch dieses Stück landestypischer Lebensweise in oder in der Nähe der Mietunterkünfte.

Viele der Ferienhäuser werden ganzjährig vermietet, und in der Hochsaison im Sommer beträgt die Mindestmietzeit für gewöhnlich eine Woche.

Auf den meisten Campingplätzen erhält der Urlauber mit der Camping Card Scandinavia, die im Internet unter www.camping.fi bestellt werden kann, diverse Vergünstigungen und Vorteile, wie beispielsweise einen schnellen Check-in. Die Karte hat in Verbindung mit einer Gültigkeitsmarke, die auf jedem Campingplatz erworben werden kann, eine Laufzeit von einem Jahr (siehe auch S. 7). Für Familien lohnt sich auch die Family Camping Card, die attraktive Rabatte bietet.

Auf den Åland-Inseln, die als autonome Provinz zu Finnland gehören, deren Amtssprache aber Schwedisch ist, vermieten ausschließlich private Eigentümer Hütten auf denen von ihnen geführten Campingplätzen. Der Komfort der Anlagen ist dort mitunter weit niedriger angesetzt, als in Mitteleuropa üblich.

Preise und Gebühren

Die Preise sind, falls nicht anders angegeben, in Landeswährung genannt. Alle Preise sind zusätzlich durch das Jahr ihrer Gültigkeit gekennzeichnet. Bei Anlagen ohne genauere Angaben sind die Preise direkt beim Campingplatz zu erfragen. Zu beachten ist, dass die Hauptsaisonpreise häufig auch für die Feiertage bzw. verlängerte Wochenenden gelten (Ostern, Pfingsten, Himmelfahrt, Mittsommer).

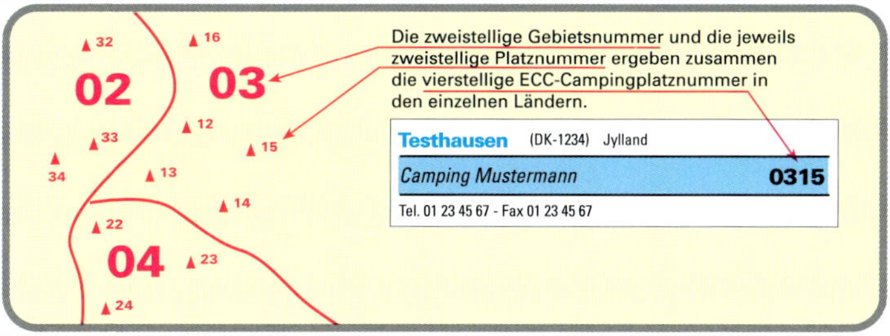

Südküste
La Côte méridionale
South Coast
01

Turku (FIN-20100) Etelä-Suomi

Camping Ruissalo **0111**

Saaronniemi / GPS: N 60°25'34.15'' E 22°6'1.09''
Tel. 02/2 62 51 00 – Fax 02/2 62 51 01

F E D FKK

H 0.1 km

5 m, 170000m² – Geöffnet: 1.6. – 31.8.

→ Ca. 9 km südwestlich von Turku. Beschildert

Hauptsaison: 1.6.–31.8. – (Preise auf Anfrage)
Hütten: 75 Hütten für 2-6 Pers.
Ausstattung: 4, 5, 6, 7, 8, 9, 11, 12 (je nach Unterkunft)
30 30 17 15 9 28 WC 2 10
1 km D GB

FIN

Naantali (FIN-21100) Etelä-Suomi

Top-Camping Naantali Kuparivuori **0113**

Leirintäalueentie 1 / GPS: N 60°27'49.21'' E 22°1'47.16''
Tel. 02/4 35 08 55 – Fax 02/4 35 00 52
E-Mail: camping@naantalinmatkailu.fi

F E H 0.2 km

20 m, 84000m² – Geöffnet: 15.4. – 15.9.

→ Von Turku ca. 16 km Richtung Naantali (Straße E 18). Ca. 500 m südlich des Ortes. Beschildert

! Viele finnische Campingplätze sind nur von Juni bis August geöffnet!

RES empfohlen – (Preise 2009)
Hütten und Bungalows: 18 Hütten für 2-4 Pers. – HS 40.– bis 75.– pro Nacht / NS auf Anfrage
9 Bungalows für 4 Pers. – HS 100.– bis 110.– pro Nacht / NS auf Anfrage
4 Bungalows (mit Sauna) für 6 Pers. – HS 140.– pro Nacht / NS auf Anfrage
Ausstattung: 1, 2, 4, 5, 6, 7, 11, 12, 16, 18 (je nach Unterkunft)
Sonstiges: Bettwäsche mieten für 9.–
25 25 11 11 6 14 WC 6
6 km 1 km 6 km 1 km
D GB F VISA Maestro Master Card

Hanko/Hangö (FIN-10960) Etelä-Suomi

Camping Hanko Silversand 0122

GPS: N 59°51'9.9'' E 23°0'1.53''
Tel. 0 19/2 48 55 00 – Fax 0 19/2 48 76 25 – E-Mail: info@silversand.fi
F E H 4.0 km
10 m, 100 000 m² – Geöffnet: 30.5. – 31.8.
➜ Straße 25 von Ekenäs nach Hanko / Hangö. Ca. 4 km nordöstlich des Ortes
Hauptsaison: 16.6.–17.8. – RES empfohlen – (Preise 2009)
Hütten: Hütten für 1-6 Pers. – HS 78.– bis 88.– / NS 68.– bis 78.– pro Nacht
Ausstattung: 1, 2, 5, 6, 10, 12, 16, 18, 24 (je nach Unterkunft)
Sonstiges: Bettwäsche mitbringen oder mieten, Endreinigung incl.
27 27 18 18 6 16 WC 4
1.5 km 4 km 4 km S 4 km 4 km 4 km 3 km
3 km 3 km 3 km GB VISA AE Master Card

Tammisaari-Ekenäs (FIN-10600) Etelä-Suomi

Ormnäs Camping 0126

Ormnäsintie 1 / GPS: N 59°57'59.08'' E 23°27'0.29''
Tel. 0 19/2 41 44 34 – Fax 0 19/2 41 39 17
E-Mail: info@ek-camping.com
F E H 1.3 km
10 m, 38 000 m² – Geöffnet: 1.5. – 20.9.
➜ Straße 25 Lohja / Lojo Richtung Hanko / Hangö bis Tammisaari-Ekenäs. Ca. 1,5 km vom Stadtzentrum

! Infos zur Camping Card Scandinavia finden Sie auf Seite 7.

Hauptsaison: 16.6.–17.8. – RES empfohlen – (Preise 2009)
Hütten und Bungalows: 4 Hütten (5 qm) für 2 Pers. – HS 31.– bis 36.– / NS 29.– bis 34.– pro Nacht
12 Hütten (7.5 qm) für 4 Pers. – HS 49.– bis 55.– / NS 47.– bis 53.– pro Nacht
4 Bungalows (37.5 qm) für 4+2 Pers. – HS 108.– bis 114.– / NS 105.– bis 112.– pro Nacht
Ausstattung: 1, 2, 4, 5, 6, 8, 9, 11, 12, 15, 16, 17, 18, 24 (je nach Unterkunft)
Sonstiges: Bettwäsche mitbringen oder mieten, Endreinigung incl.
9 9 9 9 12 9 WC
1 km 1 km 1 km 4 km
D GB VISA Maestro Master Card

Espoo (FIN-02740) Etelä-Suomi

Espoo Camping Oittaa **0130**

Kunnarlantie 31 / GPS: N 60°14'19.44'' E 24°39'35.24''
Tel. 09/8 63 25 85, 61 38 32 10 – Fax 09/71 37 13
E-Mail: oittaa@fontana.fi
F E H 0.1 km
1 m, 60000m² – Geöffnet: 18.5. – 30.8.
➜ Autobahn 1/E 18 Turku – Helsinki, Abfahrt Ring III / Espoo. Ca. 5 km nördlich Espoo. Beschildert
Hauptsaison: 21.6.–16.8. – RES empfohlen – (Preise 2009)
Hütten: 15 Hütten (10 qm) für 2-4 Pers. – HS 56.– bis 68.– / NS 52.– bis 58.– pro Nacht
Ausstattung: 2, 12, 16, 18, 21, 22, 24 (je nach Unterkunft)
Sonstiges: Bettwäsche mitbringen oder mieten, Endreinigung incl.
24 24 10 10 8 19 WC 8 5 km
5 km 0.2 km 5 km 0.2 km 0.2 km 0.2 km
2 km D GB VISA AE Master Card

FIN

Helsinki (FIN-00980) Etelä-Suomi

Camping Rastila **0132**

Karavaanikatu 4 / GPS: N 60°12'24'' E 25°7'16''
Tel. 09/3 21 65 51 – Fax 09/3 44 15 78 – E-Mail: rastilacamping@hel.fi
F E H 0.2 km
4 m, 90000m² – Geöffnet: 1.1. – 31.12.
➜ In Helsinki Richtung Porvoo, ca. 12 km östlich des Stadtzentrums (Straße 170)

Hauptsaison: 1.5.–30.9. – RES notwendig – (Preise 2009)
Hütten und Bungalows: 19 Hütten (8-12 qm) für 2-4 Pers. – HS 225.– bis 325.– / NS 195.– bis 250.– pro Woche
7 Bungalows (33 qm) für 4-6 Pers. – HS 665.– / NS 605.– pro Woche
3 Bungalows für 6-8 Pers. – HS 915.– bis 1015.– / NS 875.– bis 975.– pro Woche
Ausstattung: 2, 4, 5, 6, 7, 8, 9, 10, 11, 12, 15, 16, 18
(je nach Unterkunft)
Sonstiges: Bettwäsche und Endreinigung incl.
30 30 30 30 36 30 2 2 18
0.2 km 3 km 2 km
D GB

Porvoo (FIN-06100) Etelä-Suomi

Porvoo Camping Kokonniemi 0140

Uddaksentie 17 / GPS: N 60°22'45.62'' E 25°40'1.18''
Tel. 0 19/58 19 67, 09/61 38 32 10 – Fax 09/71 37 13
E-Mail: kokonniemi@fontana.fi
F E 2.0 km
5 m, 90 000m² – Geöffnet: 29.5. – 30.8.
➜ Von Helsinki E 18 Richtung Kotka bis Porvoo. Ca. 2 km westlich der Stadt. Beschildert
Hauptsaison: 21.6.–16.8. – RES notwendig – (Preise 2009)
Hütten: 10 Hütten (11 qm) für 4 Pers. – HS 68.– / NS 58.– pro Nacht
Ausstattung: 1, 12, 16, 19
Sonstiges: Endreinigung incl.
8 8 4 4 4 7 4
1.5 km 0.7 km 1.5 km 2 km 0.7 km 0.7 km
1.5 km 0.7 km 1 km 3 km 2 km 2 km 2 km
1.5 km 1.5 km 3 km GB AE

Kotka (FIN-48310) Etelä-Suomi

Santalahti Holiday Resort 0150

Santaladentie 150 / GPS: N 60°26'22.76'' E 26°51'43.65''
Tel. 05/2 60 50 55 – Fax 05/2 26 81 11 – E-Mail: info@santalahti.fi
F 0.2 km
1 m, 40 000m² – Geöffnet: 24.4. – 4.10.
➜ Von Helsinki E 18 bis Kotka, weiter zur Insel Mussalo. Ca. 5 km von Kotka-Zentrum, an der Südküste der Insel

Hauptsaison: 24.4.–4.10. – RES notwendig – (Preise 2009)
Hütten und Bungalows: 11 Hütten (16 qm) für 2-5 Pers. – HS / NS 46.– bis 72.– pro Nacht
9 Bungalows (20 qm) für 4 Pers. – HS 78.– bis 90.– / NS 59.– bis 83.– pro Nacht
15 Bungalows (32 qm mit Sauna) für 5 Pers. – HS / NS 94.– bis 104.– pro Nacht
2 Bungalows (110+28 qm mit Sauna) für 10 Pers. – HS / NS 189.– bis 198.– pro Nacht
Ausstattung: 1, 2, 3, 4, 5, 6, 7, 8, 9, 10, 11, 12, 15, 16, 18, 19, 21, 22 (je nach Unterkunft)
Sonstiges: Hütten (16 qm) nur während der HS verfügbar, vom 26.12.–9.1. Vermietung nur wochenweise, Bettwäsche / Handtücher je nach Unterkunft mitbringen oder mieten (13.– / 3.–)

10 10 10 10 WC 0.2 km 0.1 km 6 km 6 km 0.4 km 0.1 km 0.1 km 0.1 km GB VISA Maestro MasterCard

Kouvola (FIN-45200) Etelä-Suomi

Top-Camping Tykkimäki **0160**

Rantatie 20 / GPS: N 60°53'15.8'' E 26°46'27.77''
Tel. 05/32 11 226 – Fax 05/32 11 203 – E-Mail: camping@tykkimaki.fi

F H 5.0 km

FIN

65 m, 39600 m² – Geöffnet: 5.5. – 30.8.
➜ Straße 6 Helsinki – Kouvola. Ca. 4 km östlich Kouvola, an der Kreuzung der Straßen 6 und 15. Beschildert
Hauptsaison: 21.6.–16.8. – RES empfohlen – (Preise 2009)
Hütten: 14 Hütten für 2-4 Pers. – HS 61.– / NS 51.– pro Nacht
21 Hütten für 6 Pers. – HS 180.– / NS 125.– pro Nacht
Ausstattung: 1, 4, 5, 6, 7, 8, 9, 10, 11, 12, 16, 18, 19, 21, 22 (je nach Unterkunft)
Sonstiges: Bettwäsche je nach Unterkunft mitbringen oder incl.

52 52 27 27 17 41 WC 2 16 4 km 4 km D GB VISA MasterCard

02 Westküste / La Côte occidentale / West Coast

Rauma (FIN-26100) Länsi-Suomi

Camping Poroholma **0210**

Poroholmantie / GPS: N 61°8'3.42'' E 21°28'29.5''

Tel. 02/83 88 25 00 – Fax 02/83 88 24 00

F E 0.6 km

7 m, 40 000m² – Geöffnet: 16.5. – 21.9.

➜ Straße 8 von Turku bis Rauma. Ca. 2 km vom Stadtzentrum

Hauptsaison: 16.5.–21.9. – RES empfohlen – (Preise auf Anfrage)
Hütten: 12 Hütten (10 qm) für 4 Pers.
Ausstattung: 2, 4, 7, 8, 12, 16
Sonstiges: Bettwäsche mitbringen oder mieten, Endreinigung incl.

3 15 15 8 8 6 10 WC 4
0.4 km 0.5 km 0.5 km 0.5 km 2 km
0.5 km 5 km 1 km 0.5 km 2.8 km
2 km 3 km GB F VISA Maestro AE Master Card

Pori-Yyteri (FIN-28840) Länsi-Suomi

Yyteri Camping 0216

Yyterinsantojentie / GPS: N 61°34'12.29'' E 21°31'0.62''
Tel. 02/6 34 57 00 – Fax 02/6 34 57 47 – E-Mail: yyteri.camping@pori.fi

F 0.1 km

2 m, 120 000m² – Geöffnet: 1.1. – 31.12.

➜ Straße 8 Turku – Rauma – Vaasa bis Pori. Dort Straße Richtung Mäntyluoto bis Yyteri. Ca. 18 km westlich Pori

Hauptsaison: 1.6.–31.8. – RES empfohlen – (Preise 2009)
Hütten und Bungalows: 45 Hütten (16 qm) für 2-4 Pers. – HS 50.– / NS 40.– bis 55.– pro Nacht
30 Bungalows (teilweise mit Sauna, alle mit WC) für 2-6 Pers. – HS 65.– bis 105.– / NS 70.– bis 100.– pro Nacht
Ausstattung: 1, 3, 6, 7, 8, 9, 11, 12, 15, 16, 18, 21, 22 (je nach Unterkunft)
Sonstiges: Preise gelten nicht während des Mittsommers (18.6.–21.6.09) und der Pori Jazz-Woche (12.7.–19.7.09). Bettwäsche mitbringen oder mieten (5.– im Sommer, im Winter incl.), Badetücher mitbringen oder mieten (2.–)

30 30 15 15 WC
0.2 km 0.3 km 0.2 km 0.2 km S 0.2 km 3 km
0.2 km D GB VISA Maestro AE Master Card

Vaasa (FIN-65170) Länsi-Suomi

Top-Camping Vaasa 0245

Niemeläntie / GPS: N 63°6'1.99'' E 21°34'38.92''
Tel. 0 20/7 96 12 55 – Fax 0 20/7 96 12 54
E-Mail: vaasa@topcamping.fi

F E

1.0 km

2 m, 100 000m² – Geöffnet: 23.5. – 16.8.

➜ Straße 8 bis Vaasa. Ca. 1,5 km südwestlich der Stadt

Hauptsaison: 23.5.–16.8. – RES empfohlen – (Preise 2009)
Hütten: 31 Hütten (10 qm) für 4 Pers. – HS 65.– pro Nacht / NS auf Anfrage
Ausstattung: 2, 7, 9, 10, 11, 12, 16, 18, 24
Sonstiges: Bettwäsche mitbringen oder mieten, zzgl. Endreinigung

4 28 28 14 14 8 24 WC 2

0.2 km 2 km 2 km 2 km 0.5 km 0.5 km 0.5 km 0.5 km 3.5 km 0.5 km 4 km D GB VISA Maestro AE Master Card

Evijärvi (FIN-62500) Länsi-Suomi

Sillankorvan Leirintäalue 0248

Kirkkotie 295 / GPS: N 63°23'7.91'' E 23°27'48.29''
Tel. 0 40/5 03 22 06, 06/7 65 11 38 – E-Mail: info@stargarden.fi

F

50 m, – Geöffnet: 1.5. – 30.9.

➜ Von Vaasa Straße 16 bis Lapua, weiter Straße 63 bis Evijärvi

Hauptsaison: 20.6.–3.8. – RES empfohlen – (Preise 2008)
Hütten: 4 Hütten (7 qm) für 2 Pers. – HS / NS 30.– pro Nacht
4 Hütten (15 qm) für 2-4 Pers. – HS / NS 50.– bis 100.– pro Nacht
1 Hütte (20 qm mit Sauna) für 2-4 Pers. – HS / NS 90.– bis 140.– pro Nacht
Ausstattung: 2, 4, 5, 6, 7, 8, 9, 11, 12, 15, 16, 18 (je nach Unterkunft)
Sonstiges: Bettwäsche mitbringen oder mieten (7.–), zzgl. Endreinigung

WC 3 km

FIN

Kokkola-Karleby (FIN-67100) Länsi-Suomi

Camping Suntinsuu 0250

Vanhansatamanlahti / GPS: N 63°51'15.68'' E 23°6'16.35''
Tel. 06/8 31 40 06 – Fax 06/8 31 03 06

F E

6 m, 20 000m² – Geöffnet: 1.5. – 30.9.

➜ Straße 8 von Vaasa nach Norden bis Kokkola-Karleby. Ca. 2,5 km nordwestlich des Ortes, beschildert

Hauptsaison: Juni bis August – RES empfohlen – (Preise auf Anfrage)
Hütten: 2 Hütten für 2 Pers.
6 Hütten für 1-4 Pers.
1 Hütte für 2 Pers.
10 Hütten 1-4 Pers.
1 Hütte für 4-5 Pers.
Ausstattung: 4, 5, 6, 7, 11, 12, 15 (je nach Unterkunft)
5 5 8 8 5 WC 2 0.5 km
1.5 km 1.2 km 1 km 2 km 0.1 km
1 km 1 km 5 km D GB

Westliche Seenplatte
Le Plateau des Lacs de l'Ouest
Western Lakes District
03

Riihimäki (FIN-11130) Itä-Suomi

Lempivaara Holiday Center 0302

Karhintie 196 / GPS: N 60°45'11.04'' E 24°50'25.62''
Tel. 0 19/71 92 00 – E-Mail: info@lempivaara.com

F D

10 m, 100000 m² – Geöffnet: 1.1. – 31.12.
→ E 12 Helsinki – Hämeelinna, Ausfahrt Riihimäki. Ca. 4 km nordöstlich des Ortes
RES empfohlen – (Preise 2009)
Hütten und Bungalows: 5 Hütten (5 qm) für 2 Pers. – HS 40.– pro Nacht / NS auf Anfrage
11 Hütten (12 qm) für 4 Pers. – HS 60.– pro Nacht / NS auf Anfrage
4 Hütten (20 qm) für 6 Pers. – HS 80.– pro Nacht / NS auf Anfrage
Hütte (35 qm mit Sauna) für 4 Pers. – HS 120.– pro Nacht / NS auf Anfrage
2 Bungalows (68 qm) für 8 Pers. – HS 170.– pro Nacht / NS auf Anfrage
1 Bungalow (130 qm) für 15 Pers. – HS 280.– pro Nacht / NS auf Anfrage
Ausstattung: 1, 2, 3, 4, 5, 6, 7, 9, 10, 11, 12, 13, 14, 15, 16, 18, 21, 22, 24 (je nach Unterkunft)
Sonstiges: Bettwäsche mitbringen oder mieten, zzgl. Endreinigung (20.–)
25 25 15 15 10 12 WC
W 3 km 5 km 4 km
4 km D GB F VISA AE MasterCard

Tampere-Härmälä (FIN-33900) Itä-Suomi

Top-Camping Härmälä 0311

Leirintätatu 8 / GPS: N 61°28'18.62'' E 23°44'20.21''

Tel. 0 20/7 19 97 77, 09/61 38 32 10 – Fax 09/71 37 13
E-Mail: harmala@fontana.fi

F E 0.2 km

10 m, 80 000 m² – Geöffnet: 15.5. – 30.8.

➜ Ca. 4 km südlich Tampere (Richtung Lempäälä)

RES empfohlen – (Preise 2009)
Hütten: 111 Hütten (5-19 qm) für 3-5 Pers. – HS 34.– bis 62.– /
NS Preise auf Anfrage
Ausstattung: 1, 11, 12, 16, 18, 24 (je nach Unterkunft)
Sonstiges: Bettwäsche mieten, Endreinigung incl.

30 17 18 18 2 24 WC 18
5 km 5 km 5 km 5 km 6 km
6 km GB VISA AE Master Card

Nokia (FIN-37120) Itä-Suomi

Nokia Camping Viinikanniemi 0312

Viinikanniemenkatu / GPS: N 61°26'53.66'' E 23°29'40.49''
Tel. 03/3 41 33 84 – Fax 03/3 42 23 85
E-Mail: info@viinikanniemi.com

F

10 m, 10 000 m² – Geöffnet: 1.1. – 31.12.

➜ Von Tampere Straße 12 bis Nokia (ca. 18 km südwestlich Tampere). Links der Straße, ca. 4 km vom Ort

RES notwendig – (Preise 2009)
Hütten und Bungalows: 6 Hütten (10 qm) für 3 Pers. – HS / NS 46.– pro Nacht
3 Hütten (20 qm) für 4 Pers. – HS / NS 59.– pro Nacht
2 Hütten (27 qm) für 6 Pers. – HS / NS 64.– pro Nacht
5 Bungalows (30 qm) für 5 Pers. – HS / NS 89.– bis 109.– pro Nacht
Ausstattung: 1, 4, 5, 6, 7, 8, 9, 10, 11, 12, 15, 16, 18, 21, 22 (je nach Unterkunft)
Sonstiges: Bettwäsche mitbringen oder mieten, Endreinigung incl.

11 11 11 5 11 WC
0.3 km 0.3 km 0.3 km 0.3 km
7 km 4 km 2 km D GB VISA Maestro Master Card

Teisko-Kämmenniemi (FIN-34240) Länsi-Suomi

Taulaniemi Camping 0315

Taulaniementie 357 / GPS: N 61°39'17.99'' E 23°46'30.12''
Tel. 03/3 78 57 53 – E-Mail: taulaniemi@yritys.soon.fi

F

63 m, 20 000 m² – Geöffnet: 23.5. – 7.9.

➜ Von Tampere Straße 338 nach Norden Richtung Teisko / Terälahti. Westlich Teisko, am See
RES empfohlen – (Preise 2009)
Hütten und Bungalows: Hütten (10-15 qm) für 2-3 Pers. – HS / NS 45.– bis 50.– pro Nacht
Hütten (15-25 qm) für 4-6 Pers. – HS / NS 72.– bis 89.– pro Nacht
Hütten (36-37 qm) für 4-6 Pers. – HS / NS 89.– bis 135.– pro Nacht
1 Bungalow (53 qm) für 6 Pers. – HS / NS 125.– bis 145.– pro Nacht
Ausstattung: 1, 9, 11, 12, 16, 19 (je nach Unterkunft)
Sonstiges: Bettwäsche mitbringen oder mieten
8 8 4 4 2 9 WC 2 8 km
D GB

Lahti-Mukkula (FIN-15240) Itä-Suomi

Camping Mukkula **0320**

Ritaniemenkatu 10 / GPS: N 61°0'57.94'' E 25°38'52.52''
Tel. 03/7 53 53 80 – Fax 03/7 53 53 81
E-Mail: tiedustelut@mukkulacamping.fi
F E D 0.4 km
90 m, 65 000 m² – Geöffnet: 1.6. – 31.8.
➜ Straße 4/E 75 Helsinki – Lahti, Ausfahrt Lahti. Im Ort Straße 24 Richtung Jämsä, ca. 3,5 km nördlich Lahti
Hauptsaison: 1.6.–31.8. – RES empfohlen – (Preise 2009)
Hütten und Bungalows: 4 Hütten (16 qm) für 4 Pers. – HS 70.– / NS 50.– pro Nacht
4 Hütten (21 qm) für 4 Pers. – HS 75.– / NS 70.– pro Nacht
3 Hütten (21-23.5 qm) für 2-4 Pers. – HS / NS 100.– bis 120.– pro Nacht
4 Bungalows (67 qm) für 5 Pers. – HS 200.– / NS 150.– pro Nacht
Ausstattung: 1, 2, 4, 5, 6, 8, 9, 10, 11, 12, 15, 16, 18, 21, 22, 24 (je nach Unterkunft)
Sonstiges: Bettwäsche mitbringen oder mieten, zzgl. Endreinigung (50.– bis 100.–)
25 25 21 21 5 5 WC 5
1 km 1 km 3.5 km 4 km 2 km S
0.3 km 6 km 6 km 0.4 km 0.2 km
6 km 3.5 km D GB VISA AE Master Card

Hartola (FIN-19600) Itä-Suomi

Gasthaus-Camping Koskenniemi **0331**

Koskenniementie 66 / GPS: N 61°33'46.14'' E 25°59'54.18''
Tel. 03/7 16 11 35 – Fax 03/7 16 10 86
E-Mail: email@koskenniemi.com

E 3.0 km

80 m, 50 000 m² – Geöffnet: 1.1. – 31.12.

➜ Straße 4/E 75 Heinola – Jyväskylä. Südlich des Ortes abbiegen, beschildert. Ca. 3 km vom Ort

RES empfohlen – (Preise 2008)
Bungalows: 7 Bungalows (42 qm mit Sauna) für 4 Pers. – HS / NS 75.– bis 95.– pro Nacht
Ausstattung: 4, 5, 6, 7, 8, 9, 10, 11, 15, 16, 18, 21, 22 (je nach Unterkunft)
Sonstiges: Bettwäsche und Handtücher mitbringen oder mieten

7 7 9 9 4 7 WC 2 W
1 km 3 km 3 km 1 km 3 km 3 km
GB VISA Maestro Master Card

Sysmä (FIN-19700) Itä-Suomi

Sysmä Camping 0332

Huitilantie 3 / GPS: N 61°29'49.62'' E 25°41'46.21''
Tel. 03/7 17 13 86 – E-Mail: timo.puheloinen@campingsysma.fi

F 0.4 km

80 m, 30 000 m² – Geöffnet: 30.4. – 7.9.

➜ Von Lahti Straße 24 bis Asikkala. Straße 314 nach Sysmä. Ca. 500 m vom Ortszentrum

RES empfohlen – (Preise auf Anfrage)
Hütten: 5 Hütten (8 qm) für 3 Pers.
9 Hütten (13 qm) für 4 Pers. – HS 252.– pro Woche / NS auf Anfrage
6 Hütten (14 qm) für 5+1 Pers.
Ausstattung: 1, 2, 7, 10, 11, 12, 13, 16, 18, 19, 21, 22, 24 (je nach Unterkunft)
Sonstiges: Bettwäsche mitbringen oder mieten

11 11 5 5 4 11 WC 0.3 km
0.4 km 0.4 km 0.2 km D GB

FIN

Ruovesi (FIN-34600) Länsi-Suomi ➳ ANN. 228

Haapasaaren Lomakylä 0337

Haapasaarentie 5 / GPS: N 61°59'38.4'' E 24°4'8.4''
Tel. 0 44/0 80 02 90 – Fax 03/4 86 14 44
E-Mail: lomakyla@haapasaari.fi

F E 0.5 km

50 m, 80 000 m² – Geöffnet: 1.1. – 31.12.

➜ Straße 9/E 63 Tampere – Jämsä. Bei Orivesi abzweigen auf Straße 66 nach Norden bis Ruovesi. Ca. 1,5 km nordöstlich des Ortes, auf der Insel Haapasaari

RES notwendig – (Preise 2008)
Hütten und Bungalows: 7 Hütten (20 qm) für 4 Pers. – HS / NS 295.– bis 340.– pro Woche
12 Hütten (12 qm) für 3 Pers. – HS / NS 280.– pro Woche
12 Hütten (10 qm) für 2 Pers. – HS / NS 210.– bis 250.– pro Woche
4 Bungalows (43 qm) für 4 Pers. – HS / NS 750.– pro Woche
2 Bungalows (52 qm) für 6 Pers. – HS / NS 870.– pro Woche
4 Bungalows (120 qm) für 8 Pers. – HS / NS 1250.– pro Woche
Ausstattung: 2, 3, 4, 5, 6, 7, 8, 9, 11, 15, 16, 18, 21, 22, 24 (je nach Unterkunft)
Sonstiges: Bettwäsche und Endreinigung incl.

14 14 18 18 2 24 WC 2
1 km 1.5 km 2 km
1.5 km 6 km D GB F VISA Maestro AE MasterCard

Virrat (FIN-34800) Länsi-Suomi

Lakarin leirintä Camping **0338**

Lakarintie 405 / GPS: N 62°12'33.1'' E 23°50'6.12''
Tel. 03/4 75 86 39 – Fax 03/4 75 86 67
E-Mail: lakari@virtainmatkailu.fi

F H 7.0 km

80 m, 180 000 m² – Geöffnet: 1.5. – 30.9.

➜ Von Tampere Straße 65 Richtung Norden bis Virrat. Dort Straße 66 Richtung Ruovesi, ca. 7 km

RES empfohlen – (Preise 2009)
Hütten und Bungalows: 4 Hütten für 2-4 Pers. – HS 45.– / NS 39.– pro Nacht
6 Hütten für 2-5 Pers. – HS / NS 58.– pro Nacht
5 Bungalows für 6 Pers. – HS / NS 95.– bis 120.– pro Nacht
Ausstattung: 2, 3, 4, 5, 6, 7, 8, 9, 11, 15, 16, 18, 20, 21, 22, 24 (je nach Unterkunft)
Sonstiges: Bettwäsche und Endreinigung incl.

12 8 6 6 4 11 6
1 km 7 km 6 km
D GB VISA Maestro AE MasterCard

Keeruu (FIN-42700) Itä-Suomi

Camping Nyyssänniemi 0339

Nyyssänniementie 10 / GPS: N 62°14'37.85'' E 24°42'37.75''
Tel. 0 40/7 00 23 08 – E-Mail: leena.ikalainen@nic.fi

F E 0.8 km

115 m, 50 000 m² – Geöffnet: 20.5. – 11.9.

→ Straße 9/E 63 Tampere – Jämsä. Bei Orivesi abzweigen auf Straße 66, dann auf Straße 58 Richtung Keuruu. Ca. 3 km südlich Keuruu, am See Keurusselkä

RES empfohlen – (Preise 2008)
Hütten: 22 Hütten für 4 Pers. – HS / NS 45.– bis 50.– pro Nacht
Ausstattung: 6, 7 (je nach Unterkunft)

5 5 14 14 12
2 km 2 km 2 km 8 km 3 km
2 km 2 km 5 km D GB VISA MasterCard

FIN

Saarijärvi-Kolkanlahti (FIN-43250) Itä-Suomi

Ahvenlampi Camping 0348

Ahvenlammantie 62 / GPS: N 62°45'0.73'' E 25°9'43.11''
Tel. 04 00/50 57 68 – E-Mail: ahvenlampi@luukku.com

F 1.7 km

80 m, 140 000 m² – Geöffnet: 29.5. – 24.8.

→ Von Jyväskylä Straße 4/E 75, dann Straße 13 Richtung Kokkola. Ca. 8 km hinter Saarijärvi abzweigen nach Kolkanlahti

Hauptsaison: 29.5.–24.8. – RES empfohlen – (Preise 2009)
Hütten und Bungalows: Hütten (14 qm) für 2-3 Pers. – HS 220.– pro Woche / NS auf Anfrage
Bungalows (30 qm) für 4 Pers. – HS 415.– pro Woche / NS auf Anfrage
Bungalows (30 qm) für 4-5 Pers. – HS 480.– bis 560.– pro Woche / NS auf Anfrage
Bungalows (35 qm) für 4-6 Pers. – HS 630.– pro Woche / NS auf Anfrage
Ausstattung: 2, 4, 5, 6, 8, 9, 10, 12, 15, 16, 18, 22 (je nach Unterkunft)
Sonstiges: Bettwäsche und Handtücher mitbringen oder mieten (6.–), zzgl. Endreinigung

20 20 12 12 10 12 2 2 3
8 km 2 km GB

Viitasaari (FIN-44500) Itä-Suomi

Hännilänsalmi Camping 0355

Naurismaantie 80 / GPS: N 63°2'11.37'' E 25°48'43.26''
Tel. 0 14/57 25 50 – E-Mail: info@hannilansalmi.fi

F ☆ H 0.3 km

80 m, 55 000m² – Geöffnet: 1.6. – 31.8.

→ Von Jyväskylä Straße 4/E 75 Richtung Norden / Viitasaari. Ca. 5 km südlich des Ortes zum See hin abbiegen, beschildert

RES empfohlen – (Preise 2009)

Hütten: 3 Hütten (9 qm) für 2 Pers. – HS / NS 35.– pro Nacht
14 Hütten (9 qm) für 4 Pers. – HS / NS 45.– pro Nacht
3 Hütten (18 qm) für 6 Pers. – HS / NS 58.– pro Nacht
Ausstattung: 1, 9, 12, 16 (je nach Unterkunft)
Sonstiges: Bettwäsche mieten, Endreinigung incl.

10 10 6 6 WC

0.1 km 0.1 km 0.1 km 0.1 km VISA Maestro MasterCard

Iisalmi (FIN-74120) Itä-Suomi

Camping Koljonvirta 0360

Ylemmäisentie 6 / GPS: N 63°35'43.15'' E 27°9'32.85''
Tel. 0 17/82 52 52 – E-Mail: koljonvirta@koljonvirta.fi

F E H 0.3 km

85 m, 16 500m² – Geöffnet: 20.5. – 30.9.

→ Straße 5/E 63 Kuopio – Iisalmi. Ca. 5 km nördlich des Ortes, an der Straße 27

Hauptsaison: 20.5.–30.9. – RES empfohlen – (Preise 2009)

Hütten und Bungalows: 20 Hütten für 2-4 Pers. – HS / NS 30.– bis 59.– pro Nacht
2 Bungalows (mit Sauna) für 6 Pers. – HS / NS 80.– pro Nacht
Ausstattung: 1, 4, 5 (je nach Unterkunft)

20 20 8 8 2 12 WC 2 2.5 km

5 km

Östliche Seenplatte
Le Plateau des Lacs de l'Est
Eastern Lakes District
04

Luumäki-Uro (FIN-54510) Itä-Suomi

Taavetti Holiday Centre & Camping 0417

Rantsilanmäki 49 / GPS: N 60°56'1.86'' E 27°38'3.62''

Tel. 05/6 15 25 00, 09/61 38 32 10 – Fax 09/71 37 13
E-Mail: sales@fontana.fi

F E ☆ 0.5 km

90 m, 34 000 m² – Geöffnet: 2.6. – 9.8.

→ Straße 6 Helsinki – Lappeenranta. Ca. 3 km östlich Luumäki links abbiegen, noch ca. 1 km. Ca. 5 km von Taavetti

Hauptsaison: 2.6.–9.8. – (Preise 2009)
Hütten: 20 Hütten (10 qm) für 4 Pers. – HS 52.– / NS 46.– pro Nacht
Ausstattung: 1, 2, 4, 5, 6, 7, 8, 9, 11, 12, 15, 16, 18, 24 (je nach Unterkunft)
Sonstiges: Bettwäsche mitbringen oder mieten, Endreinigung incl.

20 20 8 8 2 12 WC 4

GB VISA AE MasterCard

Lappeenranta (FIN-53810) Itä-Suomi

Huhtiniemi Camping 0421

Kuusimäenkatu 18 / GPS: N 61°3'11.52'' E 28°9'14.24''
Tel. 05/4 53 18 88 – Fax 05/4 51 55 58 – E-Mail: info@huhtiniemi.com

F E ☆ 0.3 km

100 m, 112 500 m² – Geöffnet: 18.5. – 15.9.

→ Von Helsinki Straße 6 bis Lappeenranta. Ca. 2 km westlich der Stadt

RES empfohlen – (Preise 2008)
Hütten: 52 Hütten für 2-4 Pers. – HS 35.– bis 45.– / NS auf Anfrage
Ausstattung: 7, 8, 12, 16 (je nach Unterkunft)
Sonstiges: Bettwäsche mitbringen oder mieten

33 33 20 20 12 33 WC 7
0.3 km 0.3 km 3 km 2 km 2 km 2 km
2 km 2.5 km 3.5 km D GB VISA MasterCard

FIN

Mikkeli (FIN-50180) Itä-Suomi

Top-Camping Visulahti 0432

Visulahdenkatu 1 / GPS: N 61°42'15.88'' E 27°20'36.96''
Tel. 0 15/1 82 81 – Fax 0 15/17 62 09 – E-Mail: visulahti@pp.inet.fi

F

90 m, 360 000 m² – Geöffnet: 1.6. – 31.8.

→ Straße 13 Richtung Mikkeli. In Mikkeli Straße 6 Richtung Varkaus / Kuopio, ca. 5 km nordöstlich des Ortes

! Eine frühzeitige Reservierung, vor allem für Aufenthalte in der Hauptsaison, ist empfehlenswert!

Hauptsaison: 1.6.–31.8. – RES empfohlen – (Preise 2009)
Hütten: Hütten (10 qm) für 4 Pers. – HS / NS 65.– pro Nacht
Hütten (32 qm) für 2 Pers. – HS 100.– / NS 65.– pro Nacht
Hütten (40 qm) für 2-4 Pers. – HS 120.– bis 135.– / NS 85.– bis 100.– pro Nacht
Hütten (77 qm) für 6 Pers. – HS 160.– / NS 120.– pro Nacht
Ausstattung: 4, 6, 7, 8, 12, 15, 16 (je nach Unterkunft)
Sonstiges: Hütten teilweise mit Sauna, Bettwäsche je nach Unterkunft mieten oder incl.

12 12 8 8 18 WC 2 8 2.2 km
0.1 km 5 km

Juva (FIN-51900) Itä-Suomi

Juva Camping 0436

Hotellitie 68 / GPS: N 61°53'50.05'' E 27°49'1.5''
Tel. 0 15/45 19 30 – Fax 0 15/45 60 01
E-Mail: camping@juvacamping.com

F

90 m, 60 000m² – Geöffnet: 1.6. – 20.8.

➜ Von Mikkeli Straße 5 Richtung Juva. An der Kreuzung der Straßen 5 und 14, ca. 2 km von Juva

RES notwendig – (Preise 2008)
Hütten und Bungalows: 10 Hütten für 2-4 Pers. – HS 180.– bis 240.– pro Woche / NS auf Anfrage
6 Bungalows (teilweise mit Sauna) für 4-8 Pers. – HS 348.– bis 540.– pro Woche / NS auf Anfrage
Ausstattung: 1, 4, 5, 6, 7, 8, 9 (je nach Unterkunft)
Sonstiges: Bettwäsche und Handtücher mitbringen oder mieten (5.–), zzgl. Endreinigung (30.–)

3 WC 2.5 km
0.3 km 2.5 km 4 km

Puumala (FIN-52200) Itä-Suomi

Camping Koskenselkä 0438

Koskenseläntie 98 / GPS: N 61°32'21.88'' E 28°9'35.35''
Tel. 0 15/4 68 11 19 – Fax 0 15/4 68 18 09
E-Mail: info@koskenselka.fi

F E

H 0.8 km

50 m, 60 000m² – Geöffnet: 15.5. – 31.8.

➜ Straße 6 Helsinki – Imatra – Joensuu. Ca. 2 km hinter Imatra abzweigen auf Straße 62 nach Puumala. Nördlich des Ortes, ca. 2,5 km von der Brücke Puumalansalmi

Hauptsaison: 15.5.–31.8. – RES empfohlen – (Preise 2008)
Hütten und Bungalows: 2 Hütten für 4-6 Pers. – HS / NS 70.– pro Nacht
11 Hütten für 4 Pers. – HS / NS 50.– pro Nacht
7 Hütten für 2 Pers. – HS / NS 40.– pro Nacht
5 Bungalows (mit Du/WC) für 4 Pers. – HS / NS 110.– pro Nacht
Ausstattung: 2, 3, 4, 6, 9, 11, 12, 15, 16, 18, 24
Sonstiges: Bettwäsche mieten (6.–), Endreinigung incl.

12 12 8 8 6 12 WC 4 W
2.5 km 3 km 2.5 km 1 km
D GB F VISA Maestro AE Master Card

Savonlinna (FIN-57600) Itä-Suomi

Vuohimäki Camping **0446**

Vuohimäentie 60 / GPS: N 61°51'44.42'' E 28°48'18.41''
Tel. 0 15/53 73 53, 09/61 38 32 10 – Fax 09/71 37 13
E-Mail: vuohimaki@fontana.fi

F E H 0.1 km

90 m, 300 000 m² – Geöffnet: 29.5. – 30.8.

➜ Straße 6 Helsinki – Joensuu. Ca. 30 km hinter Imatra abzweigen auf Straße 14 Richtung Mikkeli. Ca. 7 km westlich Savonlinna

Hauptsaison: 21.6.–16.8. – RES notwendig – (Preise 2009)
Hütten: 14 Hütten (15-30 qm) für 4-6 Pers. – HS 68.– bis 84.– / NS 51.– bis 69.– pro Nacht
Ausstattung: 4, 5, 6, 7, 10, 11, 12, 18 (je nach Unterkunft)
Sonstiges: Preise gelten nicht während des Mittsommers (22. 6. 09 – 25. 6. 09)

17 17 15 15 5 14 WC
0.2 km GB VISA AE Master Card

FIN

Punkaharju (FIN-58450) Itä-Suomi

Camping Punkaharjun Lomakeskus **0450**

Tuunaansaarentie 4 / GPS: N 61°47'52.55'' E 29°17'36.22''
Tel. 0 20/7 52 98 00, 0 15/73 96 11 – Fax 0 15/44 17 84
E-Mail: punkaharjun@fontana.fi

F H 0.4 km

80 m, 100 000 m² – Geöffnet: 1.1. – 31.12.

➜ Straße 6 Helsinki – Joensuu. Ca. 30 km hinter Imatra abzweigen auf Straße 14 Richtung Savonlinna. Ca. 9 km nordwestlich Punkaharju

Hauptsaison: 22.6.–17.8. – RES empfohlen – (Preise 2008)
Hütten: 25 Hütten (9 qm) für 2 Pers. – HS 49.– / NS 37.– pro Nacht
25 Hütten (15 qm) für 4 Pers. – HS 70.– / NS 57.– pro Nacht
Ausstattung: 1, 2, 4, 5, 7, 9, 12, 15, 16, 18, 21, 22 (je nach Unterkunft)
Sonstiges: Bettwäsche mitbringen oder mieten, Endreinigung incl.

35 35 26 26 20 39 2 2 10
0.2 km 2 km 8 km
5 km 5 km D GB

Joensuu (FIN-80110) Itä-Suomi

Linnunlahti Camping **0458**

Linnunlahdentie 1 / GPS: N 62°35'51.33'' E 29°44'21.66''
Tel. 0 13/12 62 72 – Fax 0 13/22 33 37
E-Mail: info@linnunlahticamping.fi

F E 0.5 km

78 m, 6000 m² – Geöffnet: 6.6. – 17.8.

➜ Von Helsinki Straße 6 bis Joensuu. Ca. 1 km südwestlich des Ortes, zu erreichen über die Lansikatu-Straße

Hauptsaison: 6.6.–17.8. – RES empfohlen – (Preise 2008)
Hütten: 15 Hütten (16 qm) für 4 Pers. – HS / NS 210.– pro Woche
12 Hütten (16 qm) für 4-6 Pers. – HS / NS 252.– pro Woche
Ausstattung: 7, 8, 12, 16, 18, 19 (je nach Unterkunft)
Sonstiges: Bettwäsche mitbringen oder mieten

34 34 11 11 14 18 14
0.3 km 0.3 km 0.5 km 2 km 0.5 km 1 km 2 km
0.3 km 0.3 km 0.3 km 1 km 5 km D GB

Karvio-Heinävesi (FIN-79810) Itä-Suomi

Karvio Camping **0462**

Takunlahdentie 2 / GPS: N 62°30'46.26'' E 28°38'11.98''
Tel. 0 17/56 36 03 – Fax 0 17/56 36 03
E-Mail: loma.karvio@luukku.com

0.5 km

80 m, 60000 m² – Geöffnet: 1.5. – 15.9.

➜ Von Varkaus Straße 23 Richtung Joensuu, ca. 50 km bis Karvio

Hauptsaison: 1.5.–15.9. – RES empfohlen – (Preise auf Anfrage)
Hütten und Bungalows: 4 Hütten für 2 Pers.
5 Hütten für 4 Pers.
1 Hütte für 8 Pers.
3 Bungalows für 4 Pers.
1 Bungalow (mit Sauna) für 4 Pers.
4 Bungalows (mit Sauna) für 6 Pers.
Ausstattung: 1, 3, 4, 5, 6, 7, 8, 9, 11, 12, 15, 16, 18, 19, 21, 22 (je nach Unterkunft)

2 8 8 10 10 6 12 2 2 8
0.5 km
D GB

Kuopio (FIN-70700) Itä-Suomi

Top-Camping Rauhalahti Holiday Centre **0470**

Kiviniementie / GPS: N 62°51'51.04'' E 27°38'22.52''
Tel. 0 17/47 30 00 – Fax 0 17/47 30 99
E-Mail: rauhalahti.camping@kuopio.fi
F E H 0.1 km
82 m, 250 000 m² – Geöffnet: 13.2. – 8.3., 22.5. – 9.8., 18.12. – 15.1.

➜ Straße 5 von Mikkeli bis Kuopio. Ca. 5 km südlich des Ortes abzweigen, dann noch 1 km

Hauptsaison: 13.2.–8.3., 22.5.–9.8. und 18.12.2009-15.1.2010 – RES empfohlen – (Preise 2009)
Hütten und Bungalows: 35 Hütten (6 qm) für 2 Pers. – HS / NS 30.– pro Nacht
29 Hütten (16-21 qm) für 4 Pers. – HS / NS 57.– pro Nacht
9 Hütten (35 qm) für 4+2 Pers. – HS / NS 110.– pro Nacht
6 Bungalows (68 qm) für 4+2 Pers. – HS 169.– / NS 157.– pro Nacht
4 Bungalows (89 qm) für 6+2 Pers. – HS 235.– / NS 188.– pro Nacht
Ausstattung: 1, 2, 3, 4, 5, 6, 7, 8, 9, 11, 12, 13, 15, 16, 18, 20, 24 (je nach Unterkunft)
Sonstiges: Bettwäsche incl. oder mitbringen, Endreinigung incl., zzgl. Kosten für Strom und Heizung
45 45 20 20 18 39 WC 3 2 18
0.5 km 0.5 km
0.5 km D GB VISA AE Master Card

FIN

Vartiala (FIN-71150) Itä-Suomi

Atrain Camping **0475**

Pelonniementie 50 / GPS: N 62°56'15.08'' E 28°0'57.68''
Tel. 0 17/72 30 38 – E-Mail: info@campingatrain.com
F D H 0.6 km
80 m, 35 000 m² – Geöffnet: 1.6. – 17.8.

➜ Von Kuopio Straße 17 Richtung Joensuu, nach ca. 20 km abzweigen. Beschildert. Ca. 8 km von Riistavesi

Hauptsaison: 1.6.–17.8. – RES empfohlen – (Preise auf Anfrage)
Hütten und Bungalows: 5 Hütten (9 qm) für 2 Pers.
11 Hütten (12 qm) für 2-4 Pers.
1 Bungalow (25 qm) für 4 Pers.
1 Bungalow (48.5 qm) für 6 Pers.
Ausstattung: 1, 2, 3, 4, 5, 6, 7, 8, 9, 10, 15, 16, 18, 19, 21, 22 (je nach Unterkunft)
Sonstiges: Bettwäsche mitbringen oder mieten, Endreinigung incl.
6 12 12 8 8 4 14 WC 4
8 km D GB VISA Master Card

Hossa (FIN-89920) Itä-Suomi

Erä-Hossa Camping 0508a

Hossantie 278B / GPS: N 65°26'33.3'' E 29°33'3.4''
Tel. 08/73 23 10 – E-Mail: era.hossa@luukku.com

F Ⓗ0.3 km

20m, 20000m² – Geöffnet: 1.1. – 31.12.

➜ Straße 5/E 63 Suomussalmi – Kuusamu. Ca. 20 km nördlich Suomussalmi abzweigen nach Hossa, noch ca. 8 km

Hauptsaison: 1.1.–31.12. – RES notwendig – (Preise 2009)
Hütten, Bungalows und Ferienhäuser: 2 Hütten (6 qm) für 3 Pers. – HS / NS 30.– pro Nacht
4 Hütten (24 qm) für 2-4 Pers. – HS / NS 48.– bis 55.– pro Nacht
1 Hütte (51 qm) für 2-6 Pers. – HS / NS 55.– bis 75.– pro Nacht
1 Bungalow (40 qm) für 2-6 Pers. – HS / NS 55.– bis 75.– pro Nacht
1 Bungalow (48 qm) für 2-6 Pers. – HS / NS 55.– bis 75.– pro Nacht
1 Ferienhaus (69 qm) für 6 Pers. – HS / NS 70.– pro Nacht (incl. 2 Pers.)
Ausstattung: 2, 5, 6, 8, 10, 11, 12, 15, 16, 24 (je nach Unterkunft)
Sonstiges: Preise im Ferienhaus ab 3. Pers. zzgl. Übernachtungsgebühr – Erw. 19.– / Kind (4-12 Jahre) 10.– pro Nacht, Bettwäsche mitbringen oder auf Anfrage mieten

20 20 4 4 WC
0.3 km 4 km D GB VISA Maestro MasterCard

Pudasjärvi (FIN-93100) Länsi-Suomi

Jyrkkäkoski Camping 0512

Jyrkkäkoskentie / GPS: N 65°23'49.23'' E 26°59'33.9''
Tel. 08/82 25 50 – Fax 08/82 25 50

F Ⓗ1.0 km

60m, 60000m² – Geöffnet: 15.5. – 15.9.

➜ Von Oulu Straße 20 bis Pudasjärvi, weiter Straße 78 Richtung Rovaniemi, nach ca. 5 km abbiegen, beschildert

Hauptsaison: 20.6.–30.8. – RES notwendig – (Preise 2009)
Hütten: 16 Hütten (16 qm) für 2-4 Pers. – HS / NS 40.– pro Nacht
Ausstattung: 1, 7, 11, 12, 16, 19, 24
Sonstiges: Bettwäsche mitbringen oder mieten

WC 3 km 5 km

Olhava (FIN-91140) Länsi-Suomi

Seljänperä Camping 0514

Leiritie 50 / GPS: N 65°25'56.39'' E 25°21'56.26''
Tel. 08/8 17 52 57 – Fax 08/8 17 52 57

F E 1.0 km

5 m, 65 000 m² – Geöffnet: 15.5. – 15.9.

➜ Straße 4/E 75 Oulu – Kemi. Ca. 4 km südlich Olhava

Hauptsaison: 15.5.–15.9. – RES notwendig – (Preise auf Anfrage)
Hütten: 3 Hütten (36 qm) für 6 Pers.
5 Hütten (20 qm) für 3 Pers.
5 Hütten (16 qm) für 2 Pers.
Ausstattung: 1, 4, 5, 6, 8, 9, 10, 11, 12, 15, 16, 18, 20, 21, 22, 23, 24 (je nach Unterkunft)
Sonstiges: Bettwäsche mitbringen oder mieten, Endreinigung incl.

15 13 6 6 5 6 WC 3 km

D GB F

Oulu (FIN-90500) Oulu

Camping Nallikari 0523

FIN

Leiritie 10, Hietasaari / GPS: N 65°1'53.06'' E 25°25'0.15''
Tel. 08/55 86 13 50 – Fax 08/55 86 17 13
E-Mail: nallikari.camping@ouka.fi

F E
0.3 km

2 m, 12 000 m² – Geöffnet: 1.1. – 31.12.

➜ Straße 4/E 75 bis Oulu. Beim Strandbad Nallikari, ca. 3 km vom Ortszentrum. Beschildert

Hauptsaison: 13.6.–16.8. – RES notwendig – (Preise 2009)
Hütten und Bungalows: 45 Hütten (13 qm) für 1-4 Pers. – HS / NS 195.– pro Woche
5 Hütten (13 qm) für 2 Pers. – HS / NS 220.– pro Woche
22 Bungalows (22 qm) für 5 Pers. – HS 570.– / NS 425.– pro Woche
6 Bungalows (31 qm) für 7 Pers. – HS 810.– / NS 500.– pro Woche
Ausstattung: 2, 4, 5, 6, 8, 9, 11, 15, 16, 18, 21, 22 (je nach Unterkunft)
Sonstiges: Bettwäsche und Handtücher mitbringen oder mieten (je 2.50)

20 20 26 26 5 16 WC 4 4 18
W 0.5 km 0.5 km 1 km
1 km 0.5 km 0.5 km 0.5 km 0.5 km
0.5 km 1 km D GB VISA Maestro MasterCard

Marjaniemi/Hailuoto (FIN-90480) Oulu

Ranta-Sumppu Camping **0524**

Sumpuntie 103 / GPS: N 65°2'2.69'' E 24°34'15.08''
Tel. 08/8 10 06 90 – Fax 08/8 10 07 90
E-Mail: rantasumppu@luotokeskus.fi

F

5 m, 60 000m² – Geöffnet: 1.4. – 30.9.

➜ Von Oulunsalo zur Insel Hailuoto übersetzen. An der Südwestküste der Insel, ca. 25 km von der Fährstation

Hauptsaison: 1.6.–31.8. – RES empfohlen – (Preise 2009)
Hütten: Hütten für 1-4 Pers. – HS / NS 65.– pro Nacht
Hütten für 1-6 Pers. – HS / NS 85.– pro Nacht
Ausstattung: 2, 5, 6, 8, 9, 10, 11, 16, 19, 22 (je nach Unterkunft)
Sonstiges: Bettwäsche mieten (6.–)

WC

Kalajoki (FIN-85100) Länsi-Suomi

Top-Camping Hiekkasärkät **0551**

Rivelinpolku / GPS: N 64°13'55.24'' E 23°48'13.37''
Tel. 08/4 69 52 00 – Fax 08/4 69 52 20
E-Mail: myynti@camping-hiekkasarkat.fi

F E H 0.6 km

1 m, 120 000m² – Geöffnet: 20.5. – 6.9.

➜ Straße 8 Richtung Kalajoki. Ca. 8 km südlich des Ortes, beschildert

Hauptsaison: 20.5.–6.9. – RES notwendig – (Preise 2009)
Hütten und Bungalows: 9 Hütten (9 qm) für 2 Pers. – HS / NS 45.– pro Nacht
10 Hütten (12 qm) für 2 Pers. – HS / NS 55.– pro Nacht
22 Hütten (13.5 qm) für 4 Pers. – HS / NS 60.– pro Nacht
28 Hütten (20 qm) für 4 Pers. – HS / NS 65.– pro Nacht
14 Hütten (12 qm) für 4 Pers. – HS / NS 70.– pro Nacht
2 Bungalows (30 qm) für 5+1 Pers. – HS / NS 85.– bis 125.– pro Nacht
Ausstattung: 4, 5, 6, 7, 8, 9, 10, 11, 12, 16, 18 (je nach Unterkunft)
Sonstiges: Bungalows teilweise mit Sauna, Preise gelten nicht vom 17.6.09 bis 21.6.09, Bettwäsche und Handtücher mitbringen oder mieten (7.– und 3.–)

100 100 50 50 30 80 WC 2 2 2
0.5 km 0.5 km 0.5 km
1 km 0.5 km 0.5 km 1 km 0.2 km
1 km 1 km D GB VISA AE

Manamansalo (FIN-88340) Itä-Suomi

Manamansalo Camping **0555**

Teeriniementie 156 / GPS: N 64° 23'23'' E 27°1'34''
Tel. 08/87 41 38 – Fax 08/87 41 98
E-Mail: manamansalo@kainuunmatkailu.fi

F

1 m, 120000m² – Geöffnet: 15.5. – 20.9.

→ Straße 22 Oulu – Kajaani. Hinter Liminpuro rechts abbiegen nach Kaivanto. Dort Brücke zur Insel Manamansalo. Auf der Insel immer rechts abbiegen bis zum Platz

Hauptsaison: 15.5.–20.9. – RES empfohlen – (Preise 2009)
Hütten: 1 Hütte (46 qm mit Sauna) für 5-6 Pers. – HS / NS 99.– pro Nacht
6 Hütten (25 qm) für 6 Pers. – HS / NS 79.– pro Nacht
5 Hütten (18 qm) für 2-4 Pers. – HS / NS 79.– pro Nacht
6 Hütten (16 qm) für 4 Pers. – HS / NS 57.– pro Nacht
Ausstattung: 4, 5, 6, 7, 9, 15, 16, 18, 19 (je nach Unterkunft)
Sonstiges: Bettwäsche mitbringen

25 25 15 15 WC 5 km
1 km D GB VISA MasterCard

FIN

Rautavaara (FIN-73900) Itä-Suomi

Metsäkartano Camping **0570**

Metsäkartanontie 700 / GPS: N 63°35'9.36'' E 28°33'29.15''
Tel. 0 40/8 39 63 50 – Fax 0 17/78 00 26
E-Mail: info@metsakartano.com

F

200 m, 20000m² – Geöffnet: 1.5. – 30.9.

→ Von Kuopio Straße 5/E 63 bis Siilinjärvi, weiter Straße 75 Richtung Nurmes. Abzweigen nach Rautavaara (Straße 580). Ca. 16 km vom Ort, Richtung Nurmes

Hauptsaison: 1.5.–30.9. – RES notwendig – (Preise 2009)
Bungalows: 1 Bungalow (164 qm) für bis zu 22 Pers. – HS / NS 270.– pro Nacht
1 Bungalow (170 qm) für bis zu 26 Pers. – HS / NS 215.– pro Nacht
Ausstattung: 1, 4, 5, 6, 7, 8, 9, 11, 12, 13, 14, 15, 16, 18, 24 (je nach Unterkunft)
Sonstiges: zusätzliche Übernachtungsgebühr – HS / NS auf Anfrage, Bettwäsche mieten (8.–), Endreinigung incl.

12 12 6 6 WC A
0.4 km 0.2 km 0.4 km 0.2 km
GB VISA MasterCard

Pankakoski (FIN-81750) Itä-Suomi

Ruunaan Hiking Centre Camping **0576**

Neitikoski / GPS: N 63°23'23.09'' E 30°27'19.55''
Tel. 0 40/5 79 56 84 – E-Mail: neitikoski@ruunaa.fi

F ☆ Ⓗ0.2km

160m, 90000m² – Geöffnet: 15.5. – 30.9.

➜ Straße 6 Joensuu – Kajaani, hinter Lehmo abzweigen auf Straße 73 bis Lieksa, weiter Straße 522 bis Pankakoski, dort Richtung »Ruunaa«

Hauptsaison: 15.5.–30.9. – RES empfohlen – (Preise 2009)
Hütten und Bungalows: Hütten für 2 Pers. – HS / NS 40.– pro Nacht
Hütten für 4 Pers. – HS / NS 50.– bis 85.– pro Nacht
Bungalows (mit Sauna) für 6-8 Pers. – HS / NS 90.– bis 95.– pro Nacht
Ausstattung: 1, 2, 4, 5, 6, 7, 9, 12, 15, 16, 17, 18, 24
(je nach Unterkunft)
Sonstiges: Bettwäsche mitbringen oder mieten (7.–), Endreinigung incl.

4 11 15 15 15 15 12 15 WC

D GB VISA Maestro AE Master Card

Lappland
La Laponie
Lapland
06

Ranua (FIN-97700) Lappi

Ranuanjärvi Camping **0608**

Leirintäalueentie 5 / GPS: N 65°55'12.81'' E 26°34'29.61''
Tel. 0 40/5 43 60 11 – Fax 0 16/3 55 92 00
E-Mail: ranuanjarven.leirinta@ranua.fi

F ☆ Ⓗ0.6km

180m, 40000m² – Geöffnet: 1.6. – 31.8.

➜ Straße 78 Pudasjärvi – Rovaniemi. Vor Ranua abzweigen auf Straße 941, beschildert. Ca. 4 km vom Ort

Hauptsaison: 1.6.–31.8. – (Preise auf Anfrage)
Hütten: 5 Hütten (6.6 qm) für 2 Pers.
16 Hütten (17.8 qm) für 4 Pers.
Ausstattung: 1, 6, 8, 11, 12, 16, 18, 22, 24 (je nach Unterkunft)
Sonstiges: Bettwäsche und Endreinigung incl.

WC 3km

D VISA Master Card

Kuusamo (FIN-93600) Lappi

Rantatropiikki Camping **0610**

Kylpyläntie / GPS: N 66°0'0.32'' E 29°9'22.66''
Tel. 08/8 59 60 00 – Fax 08/8 52 19 09
E-Mail: myynti.kuusamo@holidayclubhotels.fi

F E 0.4 km

90 m, 100 000m² – Geöffnet: 1.1. – 31.12.

→ Straße 5/E 63, ca. 5 km nördlich Kuusamo beschilderter Abzweig

RES notwendig – (Preise 2008)
Hütten: 1 Hütte (23 qm) für 2 Pers. – HS / NS 90.– pro Nacht
15 Hütten (39 qm) für 3-6 Pers. – HS / NS 130.– bis 160.– pro Nacht
1 Hütte (60 qm) für 7-8 Pers. – HS / NS 210.– pro Nacht
Ausstattung: 1, 4, 5, 6, 7, 8, 9, 11, 12, 15, 16, 24 (je nach Unterkunft)
Sonstiges: Bettwäsche und Endreinigung incl., kostenloser Eintritt in das Schwimmbad

22 22 6 6 20 WC 2 0.5 km

D GB VISA AE Master Card

FIN

Rovaniemi-Saarenkylä (FIN-96900) Lappi

Napapiirin Saarituvat Camping **0614a**

Kuusamontie 96 / GPS: N 66°31'2.36'' E 25°50'45.88''
Tel. 0 16/3 56 00 45 – Fax 0 16/3 56 00 45
E-Mail: reception@saarituvat.fi

F 0.2 km

100 m, 35 000m² – Geöffnet: 1.1. – 31.12.

→ In Rovaniemi Straße 4/E 75, nach ca. 1 km Straße 81 Richtung Kuusamo, noch ca. 4 km. Ca. 6 km nordöstlich Rovaniemi

Hauptsaison: 1.5.–31.10. – RES empfohlen – (Preise 2009)
Hütten und Bungalows: Hütten für 1-4 Pers. – HS / NS 27.– bis 68.– pro Nacht
1 Bungalow für 10 Pers. – HS / NS 239.– pro Nacht
Ausstattung: 1, 2, 4, 5, 6, 8, 9, 11, 16, 18, 19, 22, 24 (je nach Unterkunft)
Sonstiges: Bettwäsche und Endreinigung incl.

8 8 4 4 2 7 WC 3 2.5 km

6 km 5 km 6 km

GB VISA Maestro AE Master Card

Korvala-Tiainen (FIN-97540) Lappi

Korvalan Kestikievari Camping **0615**

Korvalapolku / GPS: N 66°53'54'' E 26°12'1''
Tel. 0 16/73 72 11 – Fax 0 16/73 72 12
E-Mail: korvalan.kestikievari@co.inet.fi

F 0.2 km

150 m, 15000m² – Geöffnet: 15.5. – 15.10.

➜ Straße 4/E 75 Rovaniemi – Sodankylä bis Korvala

Hauptsaison: 15.5.–15.10. – RES empfohlen – (Preise 2009)
Hütten: Hütten für 2 Pers. – HS / NS 57.– bis 62.– pro Nacht
Hütten für 4+2 Pers. – HS / NS 68.– pro Nacht
Hütte (mit Sauna) für 4+2 Pers. – HS / NS 79.– pro Nacht
Ausstattung: 2, 4, 5, 6, 9, 12, 15, 16, 19 (je nach Unterkunft)
Sonstiges: Übernachtungsgebühr ab der 3. Person – HS / NS 5.– pro Nacht, Bettwäsche und Handtücher mitbringen oder mieten (9.–), Endreinigung incl.

2 8 8 6 6 2 6 WC
8 km D GB F VISA Maestro AE MasterCard

Sodankylä (FIN-99600) Lappi

Camping Sodankylä Nilimella **0616**

Kelukoskentie 5 / GPS: N 67°25'3.18'' E 26°36'25.8''
Tel. 0 16/61 21 81, 0 40/5 22 30 07 – Fax 0 16/61 41 10
E-Mail: antti.rintala@naturex-ventures.fi

F E 0.1 km

100 m, 60000m² – Geöffnet: 1.6. – 31.8.

➜ Straße 4/E 75 von Rovaniemi nach Sodankylä. Ca. 1 km östlich des Ortszentrums

Hauptsaison: 1.6.–31.8. – RES notwendig – (Preise 2009)
Hütten und Bungalows: 35 Hütten für 2-4 Pers. (mit Sauna) – HS / NS 36.– bis 52.– pro Nacht
Bungalows für 2-4 Pers. – HS / NS 65.– bis 95.– pro Nacht
Ausstattung: 6, 7, 8, 9, 11, 15, 16 (je nach Unterkunft)

8 8 10 10 2 WC 4
0.5 km 5 km GB VISA MasterCard

Salla (FIN-98900) Lappi

Sallatunturin Caravan **0620**

Tunturikummuntie 2 / GPS: N 66°45'51'' E 28°45'43.32''
Tel. 0 40/8 32 09 32 – E-Mail: sallatunturincaravan@salla.fi

F

100 m, 20 000m² – Geöffnet: 1.1. – 2.5., 15.6. – 31.12.

➜ Aus Richtung Rovaniemi Straße 82, über Kemijärvi bis Salla. Dort abzweigen Richtung Hautajärvi, noch ca. 10 km

Hauptsaison: 6.4.–19.4. und 21.12.2009-16.01.2010 – RES empfohlen – (Preise 2009)

Hütten und Ferienhäuser: 24 Hütten (30-80 qm) für 2-10 Pers. – HS 530.– bis 950.– / NS 260.– bis 660.– pro Woche

9 Ferienhäuser (81-100 qm) für 4-10 Pers. – HS 710.– bis 1200.– / NS 320.– bis 1100.– pro Woche

2 Ferienhäuser (101-120 qm) für 6+2 Pers. – HS 900.– bis 905.– / NS 400.– bis 745.– pro Woche

3 Ferienhäuser (121-215 qm) für 8-13 Pers. – HS 1175.– bis 1500.– / NS 545.– bis 1100.– pro Woche

Ausstattung: 1, 2, 3, 4, 5, 6, 7, 8, 9, 10, 11, 12, 13, 14, 15, 16, 18, 19, 21, 22, 24 (je nach Unterkunft)

Sonstiges: Bettwäsche mitbringen oder mieten (12.– pro Set), zzgl. Endreinigung (70.– bis 180.–)

2 2 WC 0.7 km 0.1 km 0.7 km 0.4 km 0.1 km GB VISA MasterCard

Sirkka (FIN-99130) Lappi

FIN

Levilehto Apartments 0630

Levintie 1625

Tel. 0 40/3 12 02 00 – Fax 0 16/64 15 43 – E-Mail: levilehto@levi.fi

F

100 m, 30 000m² – Geöffnet: 1.1. – 31.12.

➜ Von Rovaniemi Straße 79 über Meltaus, Lohiniva und Kaukonen nach Sirkka

Hauptsaison: 25.2.–4.5. – RES notwendig – (Preise 2009)

Hütten und Bungalows: 8 Hütten (26 qm) für 2-4 Pers. – HS 690.– bis 720.– / NS 290.– bis 630.– pro Woche

3 Hütten (46 qm) für 4-7 Pers. – HS 910.– / NS 440.– bis 925.– pro Woche

16 Hütten (50 qm) für 4-7 Pers. – HS 945.– bis 960.– / NS 475.– bis 965.– pro Woche

6 Hütten (63 qm) für 4-7 Pers. – HS 1090.– bis 1145.– / NS 505.– bis 990.– pro Woche

2 Bungalows (94-145 qm) für 6-20 Pers. – HS 1750.– bis 2400.– / NS 750.– bis 2400.– pro Woche

Ausstattung: 2, 3, 4, 5, 6, 7, 8, 9, 10, 11, 12, 13, 14, 15, 16, 18, 19, 21, 22, 24, Sauna (je nach Unterkunft)

Sonstiges: Bettwäsche mitbringen oder mieten (6.–), zzgl. Endreinigung (30.– bis 80.–)

6 6 5 0.1 km 0.2 km
0.2 km 3 km 0.2 km 0.5 km 0.1 km

Inari (FIN-99870) Lappi

Uruniemi Camping **0643**

Uruniementie 7 / GPS: N 68°54'13.94'' E 27°4'21.01''
Tel. 0 50/3 71 88 26 – Fax 0 20/64 02 65 70
E-Mail: pentti.kangasniemi@uruniemi.inet.fi

F 0.2 km

110 m, 40 000 m² – Geöffnet: 1.6. – 20.9.

➜ Straße 4/E 75 Rovaniemi – Inari. Ca. 1,5 km südöstlich des Stadtzentrums

Hauptsaison: 1.6.–20.9. – RES empfohlen – (Preise 2009)
Hütten: Hütten für 2-4 Pers. – HS / NS 25.– bis 101.– pro Nacht
Ausstattung: 1, 4, 5, 6, 9, 10, 11, 12, 15, 16, 18, 22, 24 (je nach Unterkunft)
Sonstiges: Bettwäsche mieten (5.–), Endreinigung incl.

3 3 5 5 3 6 3 2 km 2 km
D GB

Palojärvi (FIN-99400) Lappi

Galdotieva Camping **0660**

Tel. 0 16/52 86 30 – Fax 0 16/52 86 04 – E-Mail: info@harriniva.fi

F

400 m, 20 000 m² – Geöffnet: 1.1. – 31.12.

➜ Straße 21/E 8 von Tornio bis Palojoensuu, abzweigen auf Straße 93, über Enotekiö nach Palojärvi. Bei der Tankstelle

Hauptsaison: 28.8.–27.9. – RES empfohlen – (Preise 2009)
Hütten: 11 Hütten für 2-5 Pers. – HS 22.– bis 70.– / NS 20.– bis 60.– pro Nacht
8 Hütten (mit Du/WC und Sauna) für 1-4 Pers. – HS 70.– / NS 60.– pro Nacht
Ausstattung: 1, 4, 5, 6, 7, 8, 11, 12, 15, 16 (je nach Unterkunft)
Sonstiges: Bettwäsche und Handtücher mitbringen oder mieten (10.–)

4 8 8 5 5
GB

Die Camping Card Scandinavia bzw. Camping Card International ist in Finnland obligatorisch. Auf S. 7 haben wir Informationen darüber zusammengestellt.

Gesamtregister

Dänemark

Ærøskøbing [0585] »Ærøskøbing Camping« 79
Ålbæk [0421] »FDM-Camping Ålbæk Strand« 57
Ålbæk-Skiveren [0425] »Skiveren Camping« 58
Ålborg [0408] »Ålborg Camping« 54
Allinge [0824] »Lyngholt Familiecamping« 95
Allinge-Sandvig [0823] »Sandvig Familiecamping« 95
Århus-Højbjerg [0335] »DCU-Camping Blommehaven« 38
Århus-Lisbjerg [0336] »Aarhus Camping« 39
Aså [0414] »Aså-Camping« 55
Asperup-Båring Vig [0525b] »Skovlund Camping« 71
Assens-Sandager [0534] »Sandager-Næs-Camping« 72
Ballen/Samsø [0581] »Strandskovens Camping« 78
Billund [0314] »FDM-Camping Billund« 30
Bjert-Binderup Strand [0260] »Stensager Strand Camping« 24
Blåvand [0398a] »Hvidbjerg Strand Feriepark« 52
Blokhus [0439] »Blokhus Familiecamping« 63
Bogense [0523] »Bogense Strand Camping« 71
Børkop-Gårslev [0304] »Mørkholt Strand Camping« 28
Borre [0671] »Camping Møns Klint« 85
Dalby-Bøgebjerg Strand [0577] »Bøgebjerg Strand Camping« 77
Dannemare-Hummingen [0657] »Hummingen Camping« 82
Ebberup-Aa [0541] »Aa-Strand-Camping« 73
Ebeltoft [0350b] »DCU-Camping Mols« 43
Ebeltoft [0350a] »Ebeltoft Strand Camping« 43
Ebeltoft-Knebel [0348] »Sølystgård-Camping« 42
Ebeltoft-Krakær [0349] »Krakær Camping« 42
Esbjerg [0275b] »Ådalens Camping« 26
Esbjerg Vest-Hjerting [0275a] »Sjelborg Camping« 25
Fåborg-Bøjden [0553] »Bøjden Strand Feriepark« 74
Fakse-Fed Strand [0772a] »Topcamp Feddet« 91
Farsø-Stistrup [0483] »Stistrup Camping« 67
Farsø-Strandby [0485a] »Myrhøj Camp Limfjord« 67
Fjand [0381] »Fjand Camping & Feriecenter« 47
Fjerritslev-Klim Strand [0444] »Klim Strand Camping« 63
Fredericia-Trelde Næs [0302] »MyCamp Trelde Næs« 27
Frederikshavn [0419] »Nordstrand Camping« 57
Frederiksværk [0734] »Frederiksværk Camping« 88
Give-Riis [0320a] »TopCamp Riis« 33
Grenaa [0353] »Grenaa Strand Camping« 44
Grenaa-Gjerrild [0355] »Gjerrild Nordstrand Camping« 45
Grenaa-Stensmark [0354] »Fornæs Familiecamping« 44
Grindsted [0316] »Grindsted Aktiv-Camping« 31
Grønninghoved [0250] »Grønninghoved Strand Camping« 23
Gudhjem-Melsted [0820a] »Sannes Familiecamping« 94
Haderslev-Årøsund [0235] »Gammelbro Camping Årøsund« 22
Haderslev-Diernæs [0228c] »Vikær-Diernæs Strandcamping« 22
Hadsund-Øster Hurup [0404b] »Kattegat Strand Camping« 53
Hals [0411] »Hals Camping« 54
Hals-Hou [0412] »Lagunen Strand Camping« 55
Hampen [0318] »Hampen Sø Camping« 32
Hanstholm [0450] »Hanstholm Camping« 64
Hasle [0830] »Hasle Familiecamping« 96
Havneby-Mølby [0115] »Kommandørgårdens Camping« 17
Hejlsminde [0246] »Hejlsminde Strand Camping« 23
Helnæs [0545] »Helnæs Camping« 73
Henne-Henne Strand [0393c] »Henne Strand Camping« 51
Hesselager-Bøsøre [0567] »Bøsøre Strand Feriepark« 76
Hirtshals [0430] »Hirtshals Camping« 59
Hirtshals-Tornby [0431] »Tornby Strand Camping« 59
Holbæk [0739] »FDM-Camping Holbæk Fjord« 89
Holstebro-Mejdal [0370] »DCU-Camping Mejdal« 46
Horbelev-Bregninge [0663] »Falster Familiecamping« 84
Horsens [0322] »Husodde Strand Camping« 33
Humble-Ristinge [0597] »Ristinge Camping & Feriecenter« 80
Hvide Sande-Årgab [0388b] »Nordsø Camping & Badeland« 50
Hvide Sande-Årgab [0388a] »FDM-Camping Holmsland Klit« 49
Hvide Sande-Bjerregård [0389] »Bjerregaard Camping« 50
Hvide Sande-Nørre Lyngvig [0387] »Nørre Lyngvig Camping« 49
Ishøj Havn [0711] »FDM-Camping Tangloppen« 86
Jelling [0311b] »Jelling Camping« 30
Jelling [0311a] »Fårup Sø Camping« 29
Karrebæksminde [0761] »Camping De Hvide Svaner« 90
Karup [0369] »Hessellund Sø-Camping« 46
Køge [0781] »Vallø Camping« 92
Kolding [0265] »Kolding City Camp« 25
Kruså-Kollund [0211b] »FDM-Camping Kollund« 21
Læsø-Østerby Havn [0498] »Østerby Camping« 69
Læsø-Versterø Havn [0495] »Læsø Camping & Hytteby« 69
Lakolk [0110] »Lakolk Strand Camping« 16
Løkken-Ingstrup [0436] »Grønhøj Strand Camping« 61
Løkken-Nørre Lyngby [0434] »Camping Gl. Klitgård« 60
Lønstrup [0432] »Egelunds Camping« 60
Lundeborg [0566] »Lundeborg Strandcamping« 75
Malling [0334] »Ajstrup Strand Camping« 38
Mariager [0492] »Mariager Camping« 68
Maribo [0653] »Maribo Sø Camping« 81
Middelfart-Vejlby Fed [0526a] »Vejlby Fed Camping« 72
Nærum [0717] »DCU-Camping Nærum« 87
Nakskov [0655] »Hestehovedet Camping« 81
Nakskov-Ydø [0656] »Albuen Strand Camping« 82
Nexø-Dueodde [0815a] »Møllers Dueodde Camping« 93
Nexø-Snogebæk [0816] »FDM-Camping Balka Strand« 94
Nivå [0721] »Camping Nivå« 87
Nordby [0120] »Tempo Camping« 18
Nordskov [0579] »Fyns Hoved Camping« 78
Nørre Snede [0319] »Rørbæk Sø Camping« 32
Nyborg [0575b] »Grønnehave Strand Camping« 77
Nyborg [0575a] »Nyborg Strandcamping« 76
Nykøbing [0741a] »FDM-Camping Nykøbing Nordstrand« 90
Nykøbing-Legind Bjerge [0464] »Jesperhus Resort« 65
Nysted [0659] »Nysted Camping« 83
Odder-Boulstrup [0328b] »Odder Strand Camping« 36
Odder-Hov [0328a] »Hou Camping« 36
Odder-Saksild [0331a] »Saksild Strand Camping« 37
Odense [0511] »DCU-Camping Odense« 70
Otterup-Hasmark Strand [0515] »Hasmark Strand Feriepark« 70
Randers [0365] »Randers City Camp« 45
Resenbro [0338] »Resenbro Camping Jyllandsringen« 39
Ribe [0280] »Ribe Camping« 26
Rindby [0130b] »Rødgård Camping« 19
Rindby [0130a] »Feldberg Familie Camping« 19
Ringkøbing-Hee [0385] »Fish and Fun Camping« 48
Rinkenæs bei Gråsten [0214] »Lærkelunden Camping« 21
Rødovre [0713] »DCU-Camping Absalon« 86
Rønne [0811] »Camping Galløkken« 93
Roskilde-Veddelev [0736] »Roskilde Camping« 89
Ry [0325b] »Birkhede Camping« 35
Ry [0325a] »Holmens Camping« 34
Sæby [0417b] »Svalereden Camping & Hytteby« 56
Sæby [0417a] »Hedebo Strand Camping« 56
Saltum [0438b] »Jambo Feriepark« 62
Saltum [0438a] »Saltum Strand Camping« 61
Silkeborg [0340b] »Silkeborg Sø-Camping« 41
Silkeborg-Laven [0339] »TopCamp Terrassen« 40
Silkeborg-Sejs [0340a] »Sejs Bakker Camping« 40
Skagen-Hulsig [0424] »Råbjerg Mile Camping« 58
Skanderborg [0326] »Skanderborg Sø Camping« 35

Skive [0477] »FDM-Camping Skive Fjord« 66
Smidstrup [0729] »Smidstrup Camping« 87
Sønder Omme [0317] »Omme Å Camping« 31
Sønder Stenderup [0261] »Gammel Ålbo Camping« . . . 24
Spøttrup-Lihme [0474] »Limfjords Camping & Vandland« 66
Stege-Keldby [0672] »Keldby Camping Møn« 85
Storvorde-Dokkedal [0405] »Dokkedal Camping« 53
Stouby [0309] »Løgballe Camping« 28
Svendborg-Tåsinge [0561] »Carlsberg Camping« 74
Sydals-Skovby [0180b] »Drejby Strandcamping« 20
Sydals-Sønderby/Kegnæs [0175] »Sønderby Strand Camping« 20
Thorsminde [0378] »Thorsminde Camping« 47
Thurø [0562] »FDM-Camping Thurø« 75
Toftum [0113] »Rømø Familie Camping« 16
Tranekær-Emmerbølle [0593] »TopCamp Feriepark Langeland-Emmerbølle« 79
Væggerløse-Bøtø [0660] »FDM-Camping Østersøparken« 83
Vedersø Klit [0383] »Vedersø Klit Camping« 48
Vejby [0731b] »Vejby Strand Camping« 88
Vejers Strand [0395a] »Stjerne Camping« 52
Vejle [0310] »Vejle City Camping« 29
Vesløs-Øsløs [0448] »Camping Bygholm« 64
Vordingborg [0771] »Ore Strand Camping« 91

Norwegen

Ålesund [0368] »Prinsen Strandcamping NAF« 124
Alta-Øvre [0813a] »Wisløff Camping« 145
Alvdal [0540] »NAF-Camping Gjelten-Bru« 136
Åndalsnes [0372c] »Mjelva Camping« 125
Åndalsnes [0372a] »Åndalsnes Camping« 125
Åsen [0615] »NAF-Camping Gullberget« 139
Ballangen [0727] »Ballangen NAF-Camping« 141
Biri-Redalen [0428] »Camping Sveastranda« 130
Bøverfjord [0385] »Småøyan Camping« 126
Briksdalsbre [0348] »Camping Melkevoll Bretun« 122
Brusand [0255] »NAF-Camping Brusand« 114
Bud [0378] »Pluscamp Bud« 126
Byglandsfjord [0237] »Camping Neset« 112
Drammen [0125] »NAF-Camping Drammen« 106
Elverum [0450] »Elverum Camping« 132
Evje [0235] »Odden Camping« 111
Fåberg-Hunderfossen [0435] »NAF-Camping Hunderfossen« 131
Fauske [0723b] »Lundhøgda Camping« 141
Fauske-Leivset [0723a] »Fauske Camping og Motell« . . 140
Fevik [0227] »Camping Bagatell« 110
Flåm [0335] »NAF-Camping Flåm« 118
Flekkefjord [0258] »Egenes Camping« 115
Gaupne [0345] »Pluscamp Sandvik« 120
Geilo [0422b] »Øen Turistsenter og Geilo Vandrerhjem« . . 128
Geilo [0422a] »Geilo Camping« 128
Geiranger [0359a] »Geirangerfjorden Feriesenter« 124
Gol [0423] »Pluscamp Gol« 129
Hamresanden [0218] »Pluscamp Kristiansand Hamre Familiecp.« 108
Harstad [0734] »NAF-Camping Harstad« 143
Hauggrend-Fyresdal [0240] »Fossumsanden Camping« 113
Haukeland [0328] »Bratland NAF-Camping« 118
Høvåg [0220] »Skottevik Ferie Senter« 108
Jostedal [0346] »Jostedal Camping« 121
Kabelvåg-Ørsvågær/Lofoten [0730] »NAF-Camping Sandvika« 142
Kinsarvik [0324] »Hardangertun Camping« 117
Koppang [0531] »Koppang Camping og Hytteutleie NAF« . 135
Krokelvdalen [0752] »Skittenelv Camping« 144
Krokstrand [0710] »NAF-Camping Krokstrand« 140
Kyrping [0318] »Pluscamp Kyrping« 115
Lærdal [0337] »Lærdal Ferie- og Fritidspark« 119
Laukvik-Sandsletta/Lofoten [0731] »Sandsletta Camping« 142
Leka [0650] »NAF-Camping Leka« 140
Lillehammer [0433b] »Lillehammer Turistsenter« 130
Lillesand [0222] »Tingsaker Familiecamping« 110
Loen i Nordfjord [0354a] »Pluscamp Sande« 122
Lofthus [0323] »Lofthus NAF-Camping« 116
Lom [0523] »Nordal Turistsenter NAF-Camping« 134
Luster [0347] »Dalsøren Camping« 121
Malvik [0613] »Storsand Gård Camping« 138
Nordberg-Dønfoss [0515] »Dønfoss Camping« 133
Nordkjosbotn [0745] »NAF-Camping Bjørnebo« 144
Oppdal [0605] »NAF-Camping Halsetløkka« 137
Oppdal-Driva [0604] »Smegarden Camping« 137
Oslo [0112a] »Bogstad Camp & Turistsenter« 106
Øvre Eidfjord [0326] »NAF-Camping Sæbø« 117
Risør [0230] »Sørlandet Feriesenter« 110
Røldal [0320] »Saltvold Camping« 116
Sandstad/Hitra [0608] »Hitra Camping« 138
Skarnes [0460] »Sanngrund Camping« 132
Skjåk [0520b] »Gjeilo Camping« 134
Skjåk-Bismo [0520a] »NAF-Camping Bispen« 134
Skoganvarre [0815] »Skoganvarre Camping« 145
Sølenstua [0534] »NAF-Camping Sølenstua« 135
Sømådalen [0536] »Johnsgård Turistsenter« 136
Sortland/Vesterålen [0733] »NAF-Camping & Motell Sortland« 143
Spangereid [0210] »Lindesnes Camping« 107
Stavanger [0251] »NAF-Camping Mosvangen« 114
Steinkjer [0628] »Guldbergaunet Sommerhotell & Camping« 139
Stryn [0356] »Strynsvatn Camping« 123
Tinn-Austbygd [0420] »Sandviken Camping« 127
Tisleidalen i Valdres [0425] »Vasetdansen Camping« . 129
Tretten [0440] »NAF-Camping Mageli« 131
Treungen [0238] »Nisser Camping« 112
Valle [0245] »Flateland Camping« 113
Vangsnes [0339] »Tveit Camping« 119
Viksdalen [0343] »Hov Camping Hyttegrend« 120
Vinje [0418] »Groven NAF-Camping« 127
Voss-Tvinde [0330] »Tvinde Camping« 118

Schweden

Åhus [0319] »Regenbogen-Camp Åhus« 166
Älmhult [0338] »Sjöstugans Camping« 170
Älvdalen [1017] »Älvdalens Camping« 203
Årjäng [0627] »Årjäng Camping & Cabins Sommarvik« . . 183
Arjeplog [1118] »Kraja Camping« 208
Arvidsjaur [1115] »Camp Gielas« 207
Arvika [0631] »Arvika SweCamp Ingestrand« 184
Askim [0208] »Lisebergs Camping Askim Strand« 160
Bolmsö [0351] »Bolmsö Camping« 172
Borgholm-Ekerum [0411b] »Ekerums Camping & Stugor« 175
Borlänge [0813] »Mellsta Camping« 196
Byske [0930] »Camping Byske Havsbad« 198
Byxelkrok [0418] »Krono Camping Böda Sand« 176
Dals Långed [0617] »Laxsjöns Camping & Friluftsgård« . 181
Domsjö [0917] »Gullviks Havsbad Camping« 197
Ed [0250] »Natura-Camping Gröne Backe« 165
Eldsberga [0129] »Camping Gullbrannagården« 155

Falkenberg [0135a] »Skrea Camping« 157
Falköping [0650] »Mössebergs Camping« 188
Färjestaden-Eriksöre [0423a] »Eriksöre Camping« 176
Färjestaden-Möllstorp [0423b] »Möllstorps Camping« 177
Färjestaden-Saxnäs [0423c] »Krono Camping Saxnäs« 178
Fårösund [0517] »Strandskogens Camping Sudersand Fårö« 178
Furuvik [0820] »Furuviks Camping« 196
Gäddede [1107] »Gäddede Camping« 206
Göteborg [0211] »Lisebergsbyn Kärralund« 161
Gränna [0657] »Getingaryds Familjecamping« 189
Hällefors [0670] »Sörälgens Camping« 191
Hällekis [0644] »Camping Kinnekulle« 187
Hallstahammar [0680] »Skantzö Bad & Camping« 192
Halmstad [0131] »Hagöns Camping« 156
Haparanda-Kukkola [0950] »Kukkolaforsens Camping« 199
Hede [1025] »Hede Camping« 204
Hestra [0356] »Isabergs Camping & Stugby« 173
Hoting [1105] »Hotings Camping« 205
Hovmantorp [0348] »Gökaskratts Camping« 171
Huddinge [0715] »Flottsbro Stugor & Camping« 193
Järvsö [1020] »Järvsö Camping« 204
Johannisholm [1016] »Johannisholm Camping« 202
Jokkmokk [1121] »Jokkmokk Camping Center« 208
Jönköping [0656] »Jönköping SweCamp Villa Björkhagen« 189
Kalmar [0328] »Stensö Camping« 168
Karlshamn [0322] »Kolleviks Camping« 167
Karlskrona [0325] »First Camp Dragsö« 168
Karlstad [0625b] »Karlstad SweCamp Bomstad-Baden« 183
Karlstad [0625a] »First Camp Karlstad Skutberget« 182
Katrineholm [0726] »Djulöbadets Camping« 194
Kil [0629] »Frykenbadens Camping« 184
Kolmården [0735] »First Camp Kolmården« 195
Kristinehamn [0635] »Kvarndammens Camping« 186
Kungshamn [0234b] »Solvik Camping & Stugby« 163
Kungshamn-Hovenäset [0234a] »Camping Johannesvik« 162
Leksand [1011b] »VästanviksBadets Camping Leksand« 201
Leksand [1011a] »SweCamp Leksands Camping & Stugby« 200
Lidköping [0647] »SweCamp Krono Camping Lidköping« 188
Linköping [0661] »Glyttinge Camping« 190
Ljugarn [0525] »Ljugarns Camping« 179
Ljungby-Bolmen [0349] »Bolmens Camping« 171
Löttorp [0416a] »Sandbybadets Camping« 175
Luleå [0940] »First Camp Luleå« 199
Mariestad [0641] »Ekuddens Camping« 187
Mellbystrand [0128] »Marias Camping« 154
Mellerud [0615] »Mellerud SweCamp Vita Sandar« 181
Mölle-Möllehässle [0122] »First Camp Mölle« 153
Mölndal [0209] »Krono Camping Göteborg – Åby« 160
Mora [1015] »Mora Parkens Camping« 202
Myggenäs [0215] »Tjörnbrons Park Camping« 161
Nynäshamn [0730] »Nicksta Camping« 194
Örebro [0664] »Camping Gustavsvik« 191
Östersund [1030] »Östersunds Stugby & Camping« 205
Rättvik [1013] »Siljansbadets Camping« 201
Ryd [0335] »Getnö Gård Naturcamping« 169
Säffle [0621] »Duse Udde Camping« 182
Särna [1022] »Särna Camping« 204
Skärholmen [0719] »Bredäng Camping Stockholm« 193
Skellefteå [0927] »SweCamp Skellefteå Camping« 198
Slite-Åminne [0520] »Åminne Camping« 179
Sölvesborg [0320] »Hälleviks Camping« 167
Stockholm-Bromma [0710] »Ängby Camping« 192
Storuman [1113] »Storumans Camping« 207
Strömstad [0241a] »Daftö FerieCenter« 164
Strömstad-Seläter [0241b] »Seläters Camping« 164
Sundsvall [0830] »Fläsians Camping & Stugor« 197
Sysslebäck [0634] »Sysslebäcks Fiskecamping« 186
Tärnaby [1110] »Tärnaby Camping« 206
Torekov [0125] »First Camp Torekov« 154
Torsby [0632] »Torsby Camping Bredviken« 185
Tranås [0370] »Hättebadens Camping« 174
Tvååker [0138] »Björkängs Camping« 157
Tylösand [0132] »First Camp Tylösand« 156
Uddevalla [0231b] »Hafsten SweCamp Resort« 162
Uppsala [0750] »Fyrishov Camping« 195
Urshult [0333] »Urshults Camping« 169
Vadstena [0659] »Vätterviksbadets Camping« 190
Vägsjöfors [0633] »Abbas Stugby & Camping« 185
Vänersborg [0613] »Ursands Camping« 180
Varberg [0141c] »Getteröns Camping« 159
Varberg [0141b] »Apelvikens Familjecamping« 158
Varberg-Södra Näs [0141a] »Södra Näs Camping« 158
Värnamo [0354] »Värnamo Camping« 172
Västervik [0360] »Västervik SweCamp Lysingsbadet« 173
Växjö [0343] »Evedals Camping« 171
Ystad-Österleden [0318] »Sandskogens Camping« 166

Finnland

Espoo [0130] »Espoo Camping Oittaa« 219
Evijärvi [0248] »Sillankorvan Leirintäalue« 223
Hanko/Hangö [0122] »Camping Hanko Silversand« 218
Hartola [0331] »Gasthaus-Camping Koskenniemi« 226
Helsinki [0132] »Camping Rastila« 219
Hossa [0508a] »Erä-Hossa Camping« 236
Iisalmi [0360] »Camping Koljonvirta« 230
Inari [0643] »Uruniemi Camping« 241
Joensuu [0458] »Linnunlahti Camping« 234
Juva [0436] »Juva Camping« 232
Kalajoki [0551] »Top-Camping Hiekkasärkät« 238
Karvio-Heinävesi [0462] »Karvio Camping« 234
Keuruu [0339] »Camping Nyyssänniemi« 229
Kokkola-Karleby [0250] »Camping Suntinsuu« 223
Korvala-Tiainen [0615] »Korvalan Kestikievari Camping« 242
Kotka [0150] »Santalahti Holiday Resort« 220
Kouvola [0160] »Top-Camping Tykkimäki« 221
Kuopio [0470] »Top-Camping Rauhalahti Holiday Centre« 235
Kuusamo [0610] »Rantatropiikki Camping« 241
Lahti-Mukkula [0320] »Camping Mukkula« 226
Lappeenranta [0421] »Huhtiniemi Camping« 231
Luumäki-Uro [0417] »Taavetti Holiday Centre & Camping« 230
Manamansalo [0555] »Manamansalo Camping« 239
Marjaniemi/Hailuoto [0524] »Ranta-Sumppu Camping« 238
Mikkeli [0432] »Top-Camping Visulahti« 231
Naantali [0113] »Top-Camping Naantali Kuparivuori« 217
Nokia [0312] »Nokia Camping Viinikanniemi« 225
Olhava [0514] »Seljänperä Camping« 237
Oulu [0523] »Camping Nallikari« 237
Palojärvi [0660] »Galdotieva Camping« 244
Pankakoski [0576] »Ruunaan Hiking Centre Camping« 240
Pori-Yyteri [0216] »Yyteri Camping« 222
Porvoo [0140] »Porvoo Camping Kokonniemi« 220
Pudasjärvi [0512] »Jyrkkäkoski Camping« 236
Punkaharju [0450] »Camping Punkaharjun Lomakeskus« 233
Puumala [0438] »Camping Koskenselkä« 232
Ranua [0608] »Ranuanjärvi Camping« 240
Rauma [0210] »Camping Poroholma« 221
Rautavaara [0570] »Metsäkartano Camping« 239
Riihimäki [0302] »Lempivaara Holiday Center« 224
Rovaniemi-Saarenkylä [0614a] »Napapiirin Saarituvat Camping« 241
Ruovesi [0337] »Haapasaaren Lomakylä« 227
Saarijärvi-Kolkanlahti [0348] »Ahvenlampi Camping« 229
Salla [0620] »Sallatunturin Caravan« 242
Savonlinna [0446] »Vuohimäki Camping« 233
Sirkka [0630] »Levilehto Apartments« 243
Sodankylä [0616] »Camping Sodankylä Nilimella« 242
Sysmä [0332] »Sysmä Camping« 227
Tammisaari-Ekenäs [0126] »Ormnäs Camping« 218
Tampere-Härmälä [0311] »Top-Camping Härmälä« 224
Teisko-Kämmenniemi [0315] »Taulaniemi Camping« 225
Turku [0111] »Camping Ruissalo« 217
Vaasa [0245] »Top-Camping Vaasa« 222
Vartiala [0475] »Atrain Camping« 235
Viitasaari [0355] »Hännilänsalmi Camping« 230
Virrat [0338] »Lakarin leirintä Camping« 228

Die Platzbeschreibung

Ortsname – **Postleitzahl** – **Region** – **Name des Campingplatzes**

Testhausen (D-24567) Schleswig-Holstein

Camping Mustermann **0000** ← **HFF-Nummer**

Musterweg 22 / GPS: N 42°26'49.7" E 001°56'49.9"
Tel. 0 46 21/3 24 59 – Fax 0 46 21/3 31 22
E-Mail: info@camping.de

Straße / GPS / Telefon / Telefax mit Inlandsvorwahl

E-Mail-Adresse

F E D K FKK

2km

250 m, 45 000 m²

Geöffnet: 1.1.–31.12., 12.30–13.30

→ A 7, Ausfahrt Schleswig-Jagel. B 76 Richtung Kiel-Eckernförde, an der Schlei. Ca. 5 km vom Ortszentrum entfernt

Hauptsaison: 1.6.-1.9. - RES empfohlen - (Preise 2008/2009/auf Anfrage)
Hütten: 5 Hütten (5 qm) für 2 Pers. - HS 210.- je Woche / NS auf Anfrage
11 Hütten (12 qm) für 4 Pers. - HS 330.- je Woche / NS auf Anfrage
4 Hütten (20 qm) für 6 Pers. - HS 450.- je Woche / NS auf Anfrage
Bungalows: 2 Bungalows (68 qm) für 8 Pers. - HS 960.- je Woche / NS auf Anfrage
1 Bungalow (130 qm) für 15 Pers. - HS 1620.- je Woche / NS auf Anfrage
Ausstattung: 1, 2, 3, 4, 5, 6, 7, 9, 10, 11, 12, 13, 14, 15, 16, 18, 21, 22, 24
(je nach Unterkunft)
Sonstiges: Bettwäsche mitbringen oder mieten, Endreinigung

15 5 36 30 10 8 4 26 5 2 6
2 km 1.5 km 4 km
7 km 1.5 km 3 km 5 km 6 km
1.5 km 3.5 km 3.5 km 3 km
2 km 5 km 3 km 1.8 km D GB

Entfernung vom Platz in km

Höhenlage – **Platzgröße**

250 m, 45 000 m²

Öffnungszeiten – **Mittagspause**

Geöffnet: 1.1.–31.12., 12.30–13.30

Anfahrtsbeschreibung

→ A 7, Ausfahrt Schleswig-Jagel. B 76 Richtung Kiel-Eckernförde, an der Schlei. Ca. 5 km vom Ortszentrum entfernt

Anzahl, Beschreibung, Ausstattung und Preise der Hütten und Bungalows